초효율

초효율

타이탄철물점(오윤록)

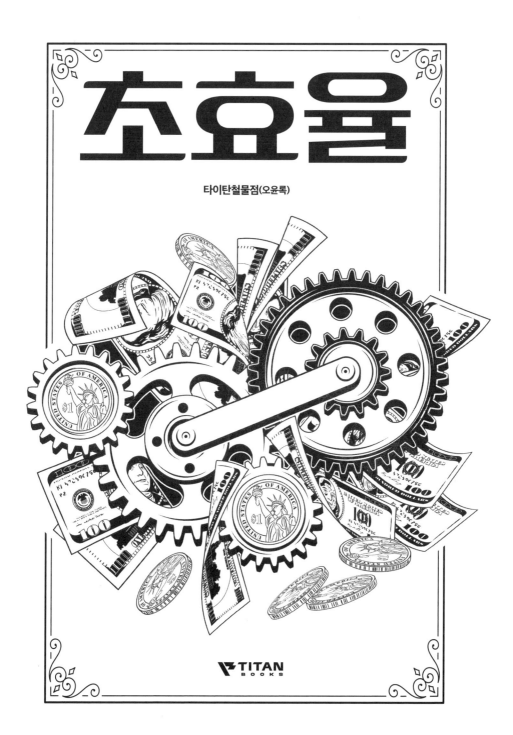

TITAN BOOKS

Contents

─── **Chapter 1** ───

돈 버는 체질

─── **Chapter 2** ───

노력과 생산성의 상관관계

Chapter 3

부를 이루는 변곡점

Chapter 4

신흥 부자 탄생의 공식, 초효율

Chapter 5

부의 알고리즘

평범한 직장인. 부업으로 월 1천만 원을 달성,
그리고 4년 만에 월 매출 25억 원의 사업가가 되다.

**찢어지게 가난했고 지극히 평범했던 청년이 부업을 시작하고,
주체적으로 인생을 살아가는 사업가가 될 수 있었던 이유!**

2024년 10월, 나는 비로소 월 매출 25억 원을 달성했다. 순수익은 대략 25%. 부업을 시작하고 월 천만 원의 소득을 찍은 뒤 불과 4년 만에 달성한 쾌거다. 과거 초등교사 시절 연봉을 하루만에 벌고 있는 것이다. 그때의 나와, 현재의 나에게 주어진 시간은 24시간으로 같다. 하지만 달라진 건 하나다.

바로 '효율'이다.
'효율'이란 말은 '들인 노력 대비 얻은 결과의 비율'을 뜻한다

(위의 매출을 비롯해 기타 법인의 매출을 합하면 30억 원이 조금 넘지만,
자잘한 매출을 모두 빼고 계산했다.)

들어간 노력 대비 얻은 성과가 크다면 '효율이 높은 것'이고, 들어
간 노력은 큰데 얻은 것이 작다면 '효율이 낮다'라고 할 수 있다. 그런
점에서 내 인생은 효율이 낮디 낮은 형편 없는 인생이었다. 분명 잠도
줄이고, 책도 많이 읽고, 네트워킹도 열심히 하며 남들보다 더 열심히
살았음에도, 좋은 결과를 얻지 못하는 일이 부지기수였다. 성공이라
는 근사한 단어보다는 처절한 실패라는 단어가 더 어울리는 그야말로
'하류인생'이었다. 누구보다 열정적으로 살았고, 주어진 일에는 최선
을 다해 노력하며 살았음에도 좋은 결과가 거의 없었던 내 인생은 '저
효율' 그 자체였다.

다만 이러한 이야기는 성공 방법을 다루는 부류의 도서에서 너무 자
주 등장해왔던 진부한 이야기다. 그래서 책의 서두부터 자기계발서에
서 빠지지 않는 소재, '가난'을 이야기하려니 조금 낯부끄럽지만 실제

초효율

로 나는 찢어지게 가난한 어린 시절을 보냈다. '가난'은 평범했을지도 모를 내 인생에 여러 가지 다이내믹한 사건들을 선사했고, 이런 가난에 치이고 가난을 극복하는 과정 속에서 나는 성장을 경험했다. 그래서 이 진부한 이야기를 먼저 시작해야겠다.

우리가 살아가는 자본주의 사회에서 '가난'은 굳이 겪지 않아도 될 불편을 반드시 동반하는 특징이 있다.

그래서였을까?

어려서부터 내 의지와는 상관 없이 가난한 부모로부터 상속된 '이 강제적 빈곤'이 깃든 삶은 종종 원하지 않는 불편을 불러왔다. 이렇게 가난한 유년기를 겪었던 나는 자연스레 '돈을 쫓는 삶'을 살게 되었다. 물론 누구나 그렇듯 '돈을 많이 벌겠다'는 의지와는 별개로 실제 돈을 버는 일은 그리 쉽지 않았다. 마음만 같아서는 돈을 많이 벌어서 부모님께 근사한 집도 한 채 해드리고, 갖고 싶어도 가질 수 없었던 것들을 손에 쥐며 세상의 문물을 마음껏 누리고 싶었다. 그래서 나는 20살, 성인이 되자마자 각종 아르바이트를 비롯, 부업과 사업을 넘나들며 삶의 현장에서 그 누구보다 치열한 삶을 살았었다.

'니는 인생을 뭐 그렇게 빡세게 사노?'

친구들이 나에게 가장 많이 하는 말들 중 하나가 이러했다. 이렇게 친구들이 의아해할 정도로 유별나고 치열한 삶을 살았던 20대였다.

남들이 보기에 다소 과할 정도의 노력을 하지 않고서는 이 막막한 난이도의 삶을 도저히 이겨낼 수 없을 것 같았다. 그런 생각들은 마침내 강박이 되었고, 무의식 속에서 나를 옥죄는 무거운 쇠사슬이 되었다.

내게 있어 '가난'은 태어나면서부터 이미 다른 사람들과 벌어질 대로 벌어져 버린 삶의 격차였다. 다만 나는 그 가난을 원망하기보다는 받아들일 수 있을만큼 상당히 긍정적인 사람이었고, 내 젊음과 그 값진 시간들을 헛되이 낭비하지 않고 그 시간들을 (노동의 형태로) 팔아나간다면 다른 사람들과의 간극을 메울 수 있을 것이라 믿었다. 이렇게 지긋지긋한 '가난'을 탈출하고 싶다는 그 강렬한 일념 하나로 그 누구보다 열심히 살았던 인생이었다.

공부, 아르바이트, 부업, 사업 가릴 것 없이 내게 주어진 과업이라면 최선을 다했다. 그런 최선들이 모이면 분명 내 인생이 바뀔 것이라고 믿었기 때문이다. 그래서 그 노력들의 결과는 어땠을까? 막연한 희망 속에 시간을 내던졌던 나의 20대는 특별한 반전 없이 실패로 끝났다. 그렇게 인생에 있어 봄날과 같은 시절, 나의 '청춘'은 번번한 실패란 얼룩만을 남긴 채 증발해 버렸다.

잦은 실패 끝에 30대에 이르러 나는 평범한 직장인(초등 교사)이 되었다. 10년 가까운 시간 동안 그 누구보다 열심히 살았음에도 내 손에 남은 것은 없었다. 그리고 그 긴 시간 동안 겪었던 실패들은 너무나 아팠다. 하지만 그보다 더 힘들었던 것은 '이후의 도전에도 실패하지 않을까' 하는 끝없는 막연함과, 가슴 깊이 자리 잡은 패배감에 젖은 내 모습이었다. 경험이 부족한 20대에 이런 실패는 분명 한두 번은 있을 것이라고 생각했었기에, 부정적인 경험들 속에서도 끈기라는 이름으로 버티며 달려왔던 20대였다. '아홉 번 실패하면 열 번째엔 성공하지 않을까?' 하는 막연한 기대로 29살이 될 때까지 남들이 만류하는 사업에 부딪히며 살아왔던 나였다. 하지만 점차 나이가 들고 시간이 흐를수록 내 미래는 더욱 캄캄해졌고, 다른 사람들과 비교해서 점점 더 그 격차가 벌어지는 모습 앞에서 서서히 용기를 잃게 되었다.

그래서 비록 부를 이룰 수는 없겠지만, '안정적인 월급'을 받을 수 있는 현실에 만족하기로 하고 스스로와 타협했다. 더 이상 시간을 날릴 여유가 없다고 생각했다. 30살, 비록 남들보다 늦은 나이에 월급쟁이가 되었지만, 사업이라는 이름으로 무작정 헤딩하던 시절과 비교해서 월급쟁이의 삶은 생각 이상으로 안정적이었다. 하지만 그 안정도 그리 오래가지 않았다. 월급은 쥐꼬리만 했고, 적은 월급은 쉽게 오르지 않았다. 결혼 후 아이가 생기고 나갈 돈이 늘어나자 겨우 찾은 이전의 안정은 온데간데없이 사라졌고, 또 다른 위태로움이 되어 나와 나의 가정을 덮쳤다.

위태로운 가계를 바로 세우고 좀 더 사람답게 살기 위해서는 적잖은 돈이 필요했다. 실패뿐이었던 20대의 사업들을 때려치우며 '다시는 사업을 하지 않겠다'고 다짐했던 나였지만, 쪼들리는 생계라는 차가운 현실은 다시 한 번 나를 '남다른 길'에 들어서게 만들었다. 바로 '부업'

이었다. '부업', 얼핏 들어보면 사업과 굉장히 유사한 속성을 가지고 있다. 하지만 새롭게 시작한 나의 부업은 본업을 수행한 이후의 시간을 활용해서 업무를 쳐내고 돈을 번다는 점에서 이전의 사업과는 상당히 다른 양상으로 흘러갔다. 아이러니하게도 현실적인 생계의 위험에 대항해서 시작한 부업은, 나의 인생을 송두리째 바꿔 버렸다. 의도하지는 않았지만 부업을 전개하는 과정 속에서 이유조차 모르고 고통스럽게 경험해야 했던 젊은 날의 '실패 원인'을 찾을 수 있었다.

본업 이후의 자투리 시간을 쪼개어 만들어가던 부수입들은 생각보다 적지 않았다. 본업과 부업을 오가느라 정신없는 와중에도 소득이 늘어났다. 이렇게 부업은 인생이 효율적으로 바뀌어 간다는 사소한 증거가 되어 주었다. 적은 시간 안에서 '최대한의 성과'를 추구해야만 하는 N잡러의 필연적인 운명 속에서 주어진 미션에 집중하다보니, 자연스레 '효율적인 삶'을 사는 방법을 깨달을 수 있었다. 막막했던 내 삶의 모습이 마침내 희망이라는 형태로 바뀌어 가는 순간이었다.

그렇다면 그 어떤 사람보다 최선을 다해서 살았던 내 20대의 도전들이 실패한 가장 큰 이유는 무엇이었을까? 나는 '효율이 낮은 방식의 과업 수행'에 있었다고 생각한다. 들어간 인풋$_{input}$은 컸지만 아웃풋$_{output}$이 작았다. 열정이라는 허명 아래 만들어진 허술한 노력만이 가득했던 20대의 나는 '성공하는 방법'을 전혀 몰랐고, 이는 '밑 빠진 독에 물을 붓고 있던 모습'과 다를 바 없었다. 오히려 잦은 실패를 겪으면서 스스로의 욕심을 내려놓고 직장인이 되었던 30대에 이르러

서야 이전에 없었던 노련함과 경험들이 깃들었고, 이는 성공을 위한 거름이 되어주었다.

세상이 마치 '억까'(억지로 까다는 의미의 신조어)하는 것처럼 느껴졌던 20대와 달리 상반된 결과를 마주할 수 있었던 결정적인 차이는 '고효율을 추구하는 방식'에 있었다. 직장인이라는 특성상 부업을 하기 위해서는 본업을 수행하고, 그 이외에 주어지는 자투리 시간을 활용해서 돈을 벌어야 한다. 따라서 부업을 한다는 것은 부업을 하지 않았던 이전과 비교할 때 훨씬 정신 없고 바쁜 시간들을 보내게 될 것을 의미한다. 그렇게 시간에 쫓기는 삶은 자연스레, 시간을 아끼고 높은 생산성을 추구하는 '효율적인 삶'의 형태로 바뀌어 갔다.

효율이 높아지니, 이전에는 아무리 노력해도 쉽사리 원하는 결과를 얻을 수 없었던 '돈을 버는 일'도 점차 요령이 쌓이기 시작했다. 그렇게 돈을 버는 효율을 높여가던 나는 더 높은 효율을 추구하는 '초효율적인 삶을 사는 방법'을 설계할 수 있었다. 그리고 이는, 이전에는 도저히 상상조차 할 수 없었던 막대한 돈을 버는 바탕이 되어주었다. '효율적인 삶의 설계'가 주는 강력한 효과를 직접적으로 경험한 나는, 점차 더 높은 효율을 만드는 일에 집착하기 시작했다. 그리고 이러한 효율적 노력들이 쌓이고 쌓여, 마침내 직장을 나와 다시 한 번 사업에 도전할 수 있었다.

수많은 실패를 겪고, 직장인의 삶까지 겪으며 많은 시간을 날린 끝에 사업가가 된 나는 현재 월 25억 원의 매출을 내는 중소기업 대표가 될 수 있었다. 이전에는 상상조차 했겠는가?(월 1,000만 원 버는 일도 쉽지 않았는데 말이다.) 얼핏 들어서는 만화 같지만, 이렇게 이룬 성과는 10년 가까운 시간 동안 처절했던 실패들을 겪은 평범한 내가 '우연히 이룩한 성공'에 불과하다. 그래서 성공에 취해 자만하기보다는 늦게나마 성공을 쥐어준 세상에 감사하며 누군가에게 베푸는 삶을 만들어가려 노력 중이다. 이 책의 집필 역시 나의 성공 방식을 나누고 많은 사람과 함께 이 성취를 누리고 싶다는 작은 노력의 일환이라고 할 수 있다.

책을 집필하며, 나처럼 인생을 바꾸고 싶지만 그 방법을 모르는 평범한 사람들에게 도움이 될 수 있도록, 진솔한 이야기와 꾸밈 없는 성장의 과정, 시행착오와 그 속에서 깨달은 그 모든 것을 꾹꾹 눌러 담았다. 서점에서 흔히 마주할 수 있는 각종 자기계발서를 비롯해 성공학을 다루는 유튜브, 인스타그램, 블로그 등 이 세상에 성공을 위한 방법론은 정말 다양한 형태로 존재한다. 하지만 대부분의 성공을 다루는 방법이 그러하듯, 평범한 사람들이 보기에는 거리가 있는 '자기 자랑'들만이 가득할 뿐이다. 그래서 이 책은 다른 자기계발서와 비교해 더욱 더 기름기를 뺐다. 누구나 이해할 수 있도록 예시와 수행과정, 그리고 그 결과 등 나의 뇌피셜이 아닌 진짜 인사이트만을 골라가며 작성했다.

이 프롤로그 뒷면에 등장하는 글들은 '근사한 성공'과는 다소 거리가 있는 찌질하고 가난했던 나의 성장 스토리로 가득하다. 하지만 이

솔직한 이야기들과 그 속에서 얻은 인사이트들이 담긴 책이기에 이 책을 꼼꼼히 완독한다면, 진절머리 날 정도로 평범해서 괴로웠던 당신의 인생을 바꿀 수 있을 것이라 확신한다. 가슴 두근거리는 웅장한 거짓 소설이 아닌, 가슴 아픈 수많은 실패의 리얼 휴먼스토리 속에서 얻은 '초효율적인 삶을 설계하는 이 방법'들이 부디 당신의 인생을 놀랍게 변화시킬 수 있는 '변곡점'이 되길 소망한다.

돈 버는 체질

부자가 되고 싶은
사람들

우리가 발을 딛고 살아가는 이 대한민국은 자본주의 시장 경제를 채택하고 있는 나라이다. 이 말은 쉽게 말해, 자본을 가진 자는 (적어도 현재의 삶에 한해서는) 최고의 혜택을 누린다는 의미이기도 하다.

사람들은 보다 자유로운 삶을 살기 위해, 보다 많은 돈을 벌기를 꿈꾸고 있다. 그리고 좀 더 나아가 돈이 많은 사람을 지칭하는 '부자'가 되는 것을 목표로 한다. 부자가 되면 삶의 어떤 부분이 바뀌는지는 정확하게 알 수 없다. 왜냐하면 진짜 부자들은 그 세계를 평범한 사람들에게 알려주지 않는다. 그럼에도 불구하고 그동안 이 험난한 자본주의 사회를 살아가며 본능적으로 '돈이 최고'인 것을 깨달은 사람들은 돈을 벌기를 꿈꾼다.

사람들은 세상을 살아가는 방식에 대해 저마다의 경험을 갖고 있다. 어떤 경험을 가졌느냐에 따라 나처럼 절박할 정도로 부자가 되고 싶어하는 사람도 있고, 그 정도까지는 아니라는 사람도 있다. 따라서 이 책에서 내가 말하는 이야기가 모두의 공감을 받을 수 없다는 사실도 알고 있다.

사람들은 책이나 영상 등을 통해 알게 된 간접적인 내용보다, 스스로가 겪고 깨달은, 직접적으로 아는 내용에 훨씬 더 강한 영향을 받는다. 그리고 이런 관점에서 바라볼 때, 이 세상은 돈을 가진 자가 그렇지 않은 자들보다 훨씬 더 나은 삶을 보장 받는다는 점을 그 누구도 부인할 수 없다. 누구나 돈 때문에 크고 작은 감정의 변화를 겪어본 적이 있을 것이기 때문이다. 자본주의 사회를 살아간다는 것은 어떤 형태로든 '돈'과 관련된 일들을 겪을 수 있음을 의미한다. 이렇게 세상을 살아가는 과정 속에서 본인도 모르는 사이, 사람들은 특별한 이유가 없어도 '돈'을 동경한다. 돈을 많이 벌면 지금보다 조금이라도 더 희망적이고 자유로운 미래를 맞이할 수 있을 것이라고 믿는다.

나 역시 그러한 사람 중 하나였다.

어쩌다 보니 가난한 가정에서 태어난 나는 자연스레 '부'를 동경하며 자랐다. 혹시나 부유한 가정에서 태어났다면 내 인생도 조금 다른 방향으로 흘러갔을지도 모른다. 하지만 내게 주어진 환경은 그렇지 않았다. 운명적으로 주어진 가난에 맞서 부자가 되기를 꿈꿨다. 그리고 그 꿈을 이루기 위해 그 어떤 사람들보다 열심히 살았던 나는, 우리의 주변에서 흔히 볼 수 있는 평범하디 평범한 그런 사람들 중 하나였다.

그런데 말이다. 안타깝게도 '부'는 주어진 삶 안에서 그저 열심히 사는 것만으로는 쥘 수 없다. 게다가 부를 얻지 못하는 그 이유를 누구도 명확히 알려주지 않는다. 그렇기 때문에 나 같은, 이 세상의 사회 구성원 대다수를 이루고 있는 평범한 사람 대부분은, 부를 얻지 못한 채로 인생을 끝마친다. 비극적이게도 말이다.

참으로 안타까운 현실이지만 우리가 살아가는 세상의 룰인 '자본주의'가 원래 그렇다. 그래서 세상이 돌아가는 '자본주의'라는 원리를 제대로 이해하지 못한 사람들은, 철저하게 불리한 룰 속에서 돈을 벌어야 한다. 기본적으로 게임을 잘 하기 위해서는 그 룰을 파악하는 것이 우선이다. 그런 점에서 이 책을 읽는 독자 여러분들이 기존의 삶을 벗어나, 보다 큰 돈을 벌고, 나아가 성공하고 싶다면 지금부터라도 이 세상의 룰인 '자본주의'의 원리를 명확히 이해하고, 더 나아가 '효율적으로 돈을 버는 방법'들을 익혀야 한다. 나는 이것이 가난이라는 속성에서 탈출하고 나아가 성공을 끌어 당길 수 있는 '거의 유일한 방법'이라고 생각한다.

이렇게 세상이 돌아가는 원리를 깨닫고, 그 원리를 바탕으로 한 '효율적인 삶의 설계'를 마친 이들은, 평범한 사람과는 전혀 다른 형태의 결과들을 성취하며 살아간다. 효율적인 삶을 사는 사람들은 얼핏 봐도, 노력을 크게 하지 않고 많은 돈을 벌거나, 들인 노력 대비 높은 성과를 얻는 특징이 있다. 자본이 최고의 가치가 되는 자본주의에서 살아남을 수 있는 '돈 버는 체질'이 되는 것이다.

효율적인 삶을 설계하기 위해 인생의 방향을 바꾸고, '돈 버는 체질'이 되는 방법들을 본격적으로 설명하기에 앞서 이야기 해두고 싶은 것이 있다.

성공하기 위해서는 '효율적으로 돈을 버는 방법'을 익혀야 한다고 설명했었다. 우선은 돈이 흐르는 배경이라고 할 수 있는 '경제'의 메커니즘에 대한 이해가 필요하다. 나는 그런 점에서 볼 때 참 다행인 부분이 하나 있다. 어릴 적부터 '경제신문'을 통해 돈에 대한 정돈된 생각을 일찌감치 얻을 수 있었다는 점이다. 때는 11살이었다. 다소 이른 나이에 경제와 돈에 관한 생각을 가질 수 있었던 이유는 괴짜 같은 삼촌(작은 아버지) 덕분이었다.

나는 어려서 가난한 사람들이 모여 살던 고바위* 동네에 살았었다. 조부모님을 비롯해 당시 미혼이었던 삼촌과 부모님, 남동생과 함께 일곱 가족이 좁은 집에서 함께 살았었다. 그 때의 나는 대부분의 어린이가 그렇듯 '가난'에 대한 인식이 거의 없었다. 그래서 다른 또래의 친구들이 그러한 것처럼 그저, 어른들이 시키는대로 주어진 삶에 충실하

---

* 지대가 높은 지역의 동네를 부산에서 지칭하는 말

며 살면 된다고 생각했었다.

　그런데 당시 군대를 다녀와서 열정 넘치던 젊은 삼촌의 눈에는 안일한 내 모습이 답답하게 보였던 것 같다. 어린 조카였음에도 불구하고, 내가 현실에 안주하며 가난을 모르는 철부지로 살아간다면 언젠가 그 가난에 동화될 것이라고 생각한 삼촌이었다. 그래서 걸핏하면 나에게 이상한 미션들을 던져줬었다. 종종 주어지는 다양한 미션들 중에서도 특히 이상했던 것은 초등학생인 내게 '경제신문'을 읽게 했던 것이다. 깨알 같이 작은 글씨와 초등학생에게는 어마어마한 분량의 경제신문을 읽는 것은 결코 쉬운 미션이 아니었다. 무엇보다 힘들었던 점은 그걸 읽어도 이해가 되지 않는다는 점이었다. 그럼에도 불구하고 나는 그런 미션들을 꾸역꾸역 수행했다. 왜냐하면 당시의 삼촌은 본인도 용돈을 받아 생활하면서도, 내가 미션을 완수하면 제법 짭짤한 용돈을 손에 쥐어줬었다. 그리고는 '네가 어른이 되어서 가난하지 않으려면 지금부터 세상을 알아야 한다'라고 말하곤 했었다. 이런 괴짜 삼촌 덕이었을까? 삼촌으로 인해 '경제 조기 교육'을 받은 나는, 경제 용어를 비롯해 우리 집안의 사정 등 굳이 그 시기에 몰라도 됐을 차가운 현실을 일찍부터 깨달을 수 있었다.

그렇게 삼촌의 손에 의해 강제로 형성된 '가난에 대한 인식', '경제 관념'은 다소 극단적인 수준의 현실감각을 일깨웠고, 훗날 엄청난 사춘기를 불러왔다. 나의 청소년기는 부모님이 '다시 겪어야 하는 것이라면 너를 낳지 않을 것이다'라고 할 정도로 거칠었던 질풍노도의 시기였다. 엄청난 사춘기라는 부작용을 낳았지만, 지금에 와서 생각해보면 당시 삼촌이 주었던 정제되지 않은 가르침은, 이 거친 세상을 살아가는 '이론'을 정립하는 데 큰 도움이 되었다. 자본이 중심이 되는 자본주의의 사회에서 '자본'이 움직이는 원리를 모르면 당연하게도 돈을 벌 수 없다. 그리고 '자본주의'에 대한 이해가 없으면 삶을 살아가는 모든 전략은 '막연한 추측'에 기인할 수밖에 없게 된다. 막연한 추측은 치밀하고 효율적인 전략과 동떨어지게 만든다. 그러면 아무리 돈을 벌고 싶어도 '돈을 버는 상상'에 그치는 수준에 머물게 된다.

오늘날 사회가 '불황'의 한가운데를 지나고 있다는 데에 동의하지 않는 사람은 없을 것이다. 코로나로 인해 시장에 풀었던 막대한 돈들이 인플레이션(고물가)을 발생시켰고, 미국을 중심으로 전세계에서는 그 물가를 잡고자 금리를 올리고 시장의 유동성을 거두는 긴축정책을 펼쳤다. 그 이유로, 시장에 흐르는 돈이 역대급으로 말라버렸다. 게다가 러시아와 우크라이나의 전쟁, 이스라엘과 팔레스타인의 전쟁 등 각국에서 터지는 전쟁의 여파로 유동성이 말라가고 있음에도 물가는 나날이 치솟고 있다. 오늘날을 한 문장으로 표현하자면 그야말로 '고금리&고물가의 헬파티'이다.

유동성이 넘치던 팬데믹 시절에 자산에 투자하고자 대출이라도 일으킨 사람들은, 치솟은 금리 탓에 월급으로는 도저히 감당하기 힘든 어마어마한 이자 비용을 떠안고 있다. 부동산 등 세상의 필수재들은 그 가격이 치솟아 오르며 역대급 '부익부 빈익빈'을 낳았다. 높은 물가와 각종 이자 비용은 유례없는 '양극화의 시대'를 불러왔고, 우리는 거친 야생과도 같은 오늘날을 살아가게 되었다. 특히나 SNS(소셜미디어)에서 심심찮게 보이는 일부 '성공한 사람들의 삶'은 평범한 우리로 하여금 더욱 박탈감을 느끼게 만들기도 한다. 예전만 같았어도 전혀 다른 세상에 살아서 전혀 몰랐을 '그들이 사는 세상'을 소셜미디어를 통해 강제적으로 겪게 되다 보니, 그 어느 때보다 박탈감이 커진 시대를 살아가고 있다. 이렇게 척박한 세상이다보니 대부분의 사람이 '부자'가 되는 것을 꿈꾼다. 부자가 되면 지금 가지고 있는 고민들 중 상당 부분이 해결될 것 같은 막연한 기대마저 들게 만든다. 그렇게 우리는 꿈을 꾸지만 그것을 쉽게 이룰 수 없는 '부조리한 현실'을 마주하며 살아간다.

나 역시 그런 사람들 중 하나였고, 부자가 되기 위해 정말 많은 도전과 시행착오를 거쳤다. 그렇다면 도대체 '돈 버는 체질'은 어떻게 되는 것이며, 또 부자는 어떻게 되는 것일까?

성공을 꿈꾸던
찢어지게 가난했던 어린 시절

대략 30년쯤 지난 캐캐묵은 이야기다. (현재는 36살이니 정말 어릴 때의 이야기다.)

부산에서 태어난 바다 촌놈인 나는, 정말 높디 높은 산동네에 살았었다. 부산은 인구 수 2위의 도시다. 하지만 많은 인구수 대비 평지가 적고 산이 많은 도시다 보니, 가난한 사람일수록 높은 지대에 사는 특징이 있다. 아버지는 종종 '미국은 비싼 동네가 언덕에 위치한다'며 농담을 하곤 하셨지만, 그 정도 농담으로 웃어넘기기엔 우리집은 높아도 너무 높은 산동네에 위치하고 있었다. 집이 가난하다는 것은 초등학교에 입학하기 전부터 어렴풋이 알고 있었다. 다만 어린 시절의 나는, 이 가난이 인생에 얼마나 큰 영향을 끼치게 될 지 알 수 없었기에 태어난 환경에 수긍하고 만족하며 살았던 것 같다.

초효율

당시에는 '가난'이 조금 불편한 정도였다. 앞서 설명한 삼촌이 내렸던 미션으로 인해 '경제와 돈'에 대한 지식이 조금씩 쌓여가던 나는, 당시 겪고 있던 빈곤한 환경을 벗어나겠다는 막연한 목표를 세웠다. 하지만 막막했다. 돈을 버는 방법이나, 돈을 벌기 위해 인생을 효율적으로 살아가는 방법을 학교에서 알려주지 않았기 때문이다.

가난하고 쓸 돈이 없었던 탓이었을까? 지금과 달리 유난스레 곱슬거렸던 내 머리카락은 늘 집에 계신 할머니가 잘라주었다. 그래서 거울을 바라보면 뭔가 대칭이 맞지 않았다. 게다가 맏이였던 나는 옷이 몇 벌 없었다. 차라리 새 옷도 사고, 내 옷도 물려 받아서 입는 동생이 부러울 정도였다. 늘 같은 옷을 돌려 입었고, 친구들에 비해 가진 것이 부족했던 나는 소심한 유년기를 보냈다. 현재의 나를 아는 사람들은 내가 워낙에 많이 바뀐 탓에 이런 이야기를 믿지 못하겠지만, 가난한 환경 탓에 그 시절의 나는 숫기도 없고, 종종 말을 더듬을 정도로 자기 확신이 부족한 사람이었다. 그렇게 소심한 탓에 나는 드라마 속 뻔한 클리셰처럼 친구들의 놀림감이자 사냥감이 되기 일쑤였다.

어리숙한 초등학교 생활을 마치고, 중학교에 입학했다. 몸에 맞지 않는 커다란 낯선 교복(3년 내내 입어야 한다며 유난히 큰 사이즈의 교복을 맞췄던 기억이 있다.)과 퀴퀴한 나무 복도의 냄새는 초등학교와는 사뭇 달랐다. 매일 교문 앞에서 지각생들을 잡아 몽둥이로 두들겨 패는 학생 주임 선생님과 유난히 엄격해진 선생님들, 초등학교 때는 겪지 못했던 선후배 문화, 모두가 똑같이 입은 교복 등 급격히 달라진 환경은 가뜩이나 소심하던 나를 더욱 움츠러들게 만들었다. 그나마 초등학교와 달리 쉬는 시간에 달려가 허기를 채울 수 있는 매점이 있다는 점이 '중학생이 되고 유일하게 좋았던 점'이었다. 하지만 그런 기쁨도 잠시였다. 나는 매점에서 음식을 배부르게 사먹을 돈이 없었다. 그리고 그러한 현실은, 친구들과 나를 비교해 내 처지를 알려주는 매우 객관적인 지표가 되어주었다. 심지어 이 매점은 훗날 나를 빵셔틀로 만드는 씁쓸한 장치가 되었다. 빼빼 마르고 숫기 없던 나는, 매점에 가는 일이 귀찮은 친구들에게 표적이 되기 십상이었다. 당장 내가 매점에서 먹을거리를 사먹을 돈도 없어서 억울한데, 친구들의 빵 심부름을 하느라 누구보다 많이 매점을 들락거리는 현실이 참 우스웠다.

중학교 2학년이 되자, 가뜩이나 힘들었던 나의 학교 생활은 더욱더 힘들어졌다. 지금에서야 생긴 신조어이지만, 중학교 2학년들이 뿜어내는 주체할 수 없는 '중2병' 탓인지 사춘기를 맞이한 친구들은 더욱 날뛰기 시작했다. 성장기를 맞아 더욱 몸집이 커진 친구들은 이전보다 훨씬 더 거칠었다. 서열이란 것이 등장했고, 높은 서열은 학교 내에서 압도적인 권력이 되었다. 그래서 학교 내에서는 높은 서열을 차지하기 위한 과시적인 싸움이 잦아졌고, 나는 거기 휘말리지 않기 위해 안간힘을 써야만 했다. 그럼에도 불구하고 키작고 빼빼한 나는 중2병의 폭풍을 피할 수 없었다. 그들의 서열 다툼에 있어, 권력 증명을 위한 희생양으로 안성맞춤이었던 나였기에 친구들에게 두들겨 맞거나 괴롭힘을 당하는 일은 더욱 잦아지게 되었다.

그 시절 철없던 내가 가장 많이 가졌던 생각은 '왜 우리집은 가난해서 이런 거지 같은 학교를 다녀야 하는 것일까?'였다. 중학생 시절 학군지로 유명한 부산 동래구에 위치한 학원을 다니며, 내가 살아가는 현실이 다른 동네에 사는 평범한 학생들과는 다르다는 것을 간접적으로 배울 수 있었다. 가난한 사람이 많은 동네여서였는지 유난히 거친 친구들이 많았다. 가끔 심하게 친구들에게 괴롭힘을 당한 날에는 나약한 자신에 대한 탓보다 이 모든 것이 '가난'해서 생긴 일이라고 생각했다. 그렇게 가난에 대한 끝없는 피해의식이 자라나면서, 나의 불만들은 당시 집안의 생계를 책임지던 아버지에게 튀기 시작했다. 그나마 불행인지 다행인지 집이 가난했던 탓에 가진 돈이 없으니까 삥 뜯길 일은 없었다. 하지만 그에 상응하는 폭력에 노출되어야 했고, 그 시기부터 '가난'은 불편한 것이라는 인식을 넘어, 내 생존을 위협하는 무시무시한 흉기가 되었다.

가난에 대한 피해의식, 그리고 학교에서 노출되는 폭력 탓이었을까?

집에 돌아오면 반겨주시는 부모님이 더 이상 반갑게 느껴지지 않았던, 서글펐던 시절이었다.

지금에서야 이야기하지만 당시 아버지에 대한 원망은 특히나 컸다. 당시의 아버지는 여느 아버지들과는 다르게 온라인 게임을 즐겼다. 일을 마친 이후에는 'MU'나 '디아블로2', '월드 오브 워크래프트'와 같은 온라인 RPG 게임을 즐겼고, 같은 동네에 사는 길드원들을 만나 늦은 저녁까지 PC방에서 함께 게임을 즐기다 오시곤 했다. 나는 '돈을 벌기 위해 바쁘게 살아도 모자랄 시간에 어찌 저리 태평하게 사는 걸까?'하는 생각을 가졌다. 학교에서는 아무 소리 못하고 두들겨 맞으면서 빵셔틀이나 하던 나약한 내가, 유일하게 불만을 표출하고 덤빌 수 있었던 게 만만한 아버지였다.

중학교 시절 겪었던 남모를 아픔은, 어른이 되어 돈을 충분히 번 뒤에야 아버지에게 털어 놓을 수 있었다. 그래서 지금도 가끔, 아버지는 술을 과하게 마신 날이면 어김없이 '가난한 유년기를 보내게 해서 미안하다'는 이야기를 하곤 하신다. 이렇게 돈에 대한 원망, 한이 될 정도로 사무치는 감정들을 느끼며 사춘기를 보내던 내게 자리 잡은, 세상을 향한 부정적인 인식들은 나를 '돈미새'(돈에 미친 새끼)로 만들었다.

돈에 대한 집착이 유난히 컸던 탓에 '돈'과 관련된 것들에 관심이 많았다. 그러던 어느날 중학생에 불과했던 내게, 큰 돈을 벌 기회가 생겼었다. 당시에는 '인포마스터'라는 콘텐츠 유료 거래 플랫폼이 존재했다. 웹하드와 다소 비슷하지만, 프로그램이나 문서 등 콘텐츠를 업로드하고 가격을 매길 수 있는 플랫폼이었다. 보통의 학생이라면 그냥 지나칠 사이트였지만, 돈을 너무도 벌고 싶었던 나는 이런 플랫폼을 그냥 넘기지 않았다. 언젠가 판매할 것이 생기면 이 플랫폼을 통해 돈을 벌어야겠다는 생각을 가졌다.

마침내 '내 용돈은 내가 벌겠다.'는 강력한 주장 앞에 어머니가 기회를 만들어 주었다. 유료로 거래되고 돈이 통용되는 플랫폼인 만큼 미성년자는 가입할 수 없었다. 그래서 어머니의 명의를 빌려 콘텐츠 판매 플랫폼에 가입했고 상품을 등록하고 판매를 시작했다. 당시의 나는 아버지가 즐겼던 게임 콘텐츠(게임 공략집, 아이템 조합식, 캐릭터 육성트리, 애드온)들을 판매했고, 그걸 500~2,500원 사이의 가격을 매겨 업로드 했었다. (당시 게임에 푹 빠져 있었던 아버지가 게임 내 랭커였던 점이 판매에 큰 도움이 됐었다.) 지금에야 돈을 주고 지식 상품을 구입하고, 콘텐츠를 다운로드 하는 방식이 흔하지만 당시에는 콘텐츠 거래라는 것이 상당히 생소했다.(기껏해봐야 게임 공략집이나 게임 버그 등을 얻기 위해 다음 카페를 쓰던 시절이었으니 말이다.) 이렇게 온라인 시장이 충분히 성장하지 않았던 당시의 시기는, 내게 기회가 되어주었다. 공급 부족은 곧 수요 집중 현상을 만들었다. 처음에는 인지도가 낮아서 방문자도 별로 없고 잠잠했던 내 콘텐츠 마켓이 점차 이름을 알리며, 마침내 내 콘텐츠는 불티나게 팔리기 시작했다. 그저 돈을 벌고 싶은 마음으로 우연히 시작한 콘텐츠 판매였지만, 이 때의 경험은 내 인생에 강력한 흔적을 남겼다. 당시 하루 평균 3만 원에서 많게는 10만 원 정도의 매출을 냈었고, 월 평균 100만 원에서 150만 원 정도를 벌었을 만큼(당시의 물가나 일반 직장인의 소득을 생각해보면 어마어마한 돈이었다.) 큰 돈을 벌 수 있었다. 당시 '인포마스터'의 거래 수수료는 출금 수수료를 포함해서 약 30% 정도로 엄청나게 비싼 편이었다. 그럼에도 불구하고 한 달 평균 100~150만 원의 수입을 냈다. 콘텐츠 판매가 누적되며 차곡차곡 쌓여가는 돈은, 잃어버렸던 내 자존감과 자신감을 찾아주었다. 돌이켜보면 이게 내 인생의 첫 콘텐츠 판매이자, 인생에 있어 처음으로 설계한 '효율'이었다. 그러나 갑작스럽게 얻은 돈은 그동안 짓눌려있었던 내 피해의식에 불을 지폈다.

너무 상승한 자존감 탓이었을까?

이전의 나약했던 나는 없었다. 친구들이 걸어오는 폭력과 시비에 나는 더 이상 참지 않았다.(몸집이 불어난 것도 아니었는데 어디서 그런 용기가 났었는지 모르겠다.) 돈에는 그동안은 몰랐던 '힘'이 숨어 있었다. 우리집이 상대적으로 더 가난했을 뿐, 내가 살았던 동네는 가난한 사람들이 모여 사는 곳이었다. 그런 곳에서 나에게 그 동네의 최상위급 '용돈력'이 생긴 것이다. 당시의 어린 내가 감당할 수 없던 큰 돈이 생기고, 쓸 수 있는 돈이 많아지니 내가 가진 돈을 보고 다가오는 친구들이 점차 늘어났다. '혹시나 돈이 생겨서 삥 뜯기면 어떻게 하나?'하는 걱정도 부질 없는 것들이었다. 그동안 내가 힘들게 겪어야 했던 그 모든 부조리가 이렇게 허망한 것들이었나 하는 생각이 들 정도였다.

갑작스레 만들어진 '부'였다. 그리고 이렇게 번 돈은 친구들로 하여금 나를 '아주 대단한 사람'으로 보이게끔 만들어 주었다. 그렇게 친구들이 늘어나고 더 이상 외톨이가 아니게 된 나는, 더는 맞지 않는 학생이 될 수 있었다. 그 때부터 늘 움츠러 있었던 '소심한 나'라는 사람의 성정이 크게 바뀌기 시작했던 것 같다. 생각보다 '부'는 강력한 힘을 가지고 있었다. 그리고 나의 두뇌 안에 자리 잡은, 돈에 대한 끝없는 집착은 이 날을 기점으로 시작되었다.

어렸을 적, 나는 막연하게 얼른 20살이 되고 싶었다. 특별한 이유 따위 없이 성인이 되고 나면 아무런 불편함 없이 돈을 벌 수 있지 않을까 하는 생각 때문이었다. 이런 마음을 가슴 속에 품은 채 자란 사람이니 학창시절이 어떠했겠는가? 돈을 벌고 스스로 주체할 수 없는 강력한 힘이 생기자, 나는 점점 통제할 수 없는 '천방지축'이 되어갔다. 그동안 쌓아올렸던 피해의식, 그리고 가진 것이 없다는 열등감은 분노를 낳았고, 주체할 수 없이 끓어오르는 분노는 매번 사고로 발현됐다. 지금 생각해보면 차라리 돈을 많이 벌고, 친구도 많이 사귀었으니 부모님께 좋은 아들로 지냈어도 좋았을텐데, 왜 그렇게 모든 일에 불만이 있었는지 모르겠다. 다만 돈이 생기고, 나이에 걸맞지 않는 힘이 생길수록 부모님이 통제하기 어려운 상태에 이르게 되었고, 그야말로 '꼴통'이 되어갔다. 물론 우리 부모님도 보통이 아니었다. 치기 어린 행동으로 사고를 몰고 다니던 나의 '사춘기'는 부모님이 내린 '전학'이라는 강력한 결단 앞에 막을 내리게 되었다.(이대로 두었다가는 정말 인간 쓰레기가 될 것이라고 생각했던 것 같다.) 게다가 친구들과의 관계를 형성함에 있어 막강한 권력이 되어주었던 내 통장(사실 어머니의 통장)까지 빼앗으며, 질풍노도 같았던 내 사춘기를 강제로 끝내버렸다.

다만, 이렇게 가난에 대한 피해의식이 극에 달해 만들어진 가치관과, 짧지만 적지 않았던 소득을 만든 경험들은, 내 의사결정이 더욱 자유로워진 20대에 이르러 또 한번 독특한 방향으로 튀게 된다.

돈을 벌기 위해
막연히 사업을 시작한 20대

부산에서 태어난 내가 경남 김해로 전학을 가니, 자연스레 주변에 돈을 보고 몰려들었던 불량한 친구들은 자취를 감추었다. 이후 주어진 학업에 전념하며 시간을 보냈고, 마침내 꿈에 그리던 20살이 될 수 있었다. 다만 집안 형편이 여전히 좋지 않았던 터라 대학교는 내가 원했던 '경영학과'나 '시각디자인과'를 갈 수 없었다.(미대를 간다고 했었을 때는 아버지한테 싸대기를 맞을 뻔 했을 정도로 그 반발이 엄청났었다.) 그래서 그나마 학비가 매우 저렴한 편에 속했던 부산교육대학교에 입학하게 되었고, 내가 기대했던 것과는 전혀 다른 캠퍼스 라이프가 시작됐다.

교육대학교를 졸업하면 '초등학교 교사'가 될 수 있는 '초등교원 자격증'이 나온다. 말 그대로 '교대'는 다른 목적 없이 초등학교 교사만을 양성하기 위해 만들어진 전문 교육 기관이다. 그래서 전과목을 가르쳐야 하는 초등 교원의 업무적 특성에 맞춰 정말 다양한 과목을 대학에서 가르쳤다. '국영수과사'로 대표되는 주요 과목 외에도 단소 불기, 장구 치기, 가창, 피아노 연주, 허들, 높이 뛰기, 텃밭 가꾸기, 뜨개질, 서예 등 기상천외한 공부들을 하고 평가를 받아야 했다. 엄청난 과목의 수, 그리고 임용고시에 영향을 주는 시험들, 그 시험을 치기 위한 준비들로 인해 내 캠퍼스 라이프는 일반적인 대학생들과 비교해서 훨씬 바쁘고 정신 없었다. 예를 들어 피아노 연주 수업에 대한 평가를 받는다고 하면 며칠을 피아노 연습실에 박혀서 반주 치는 연습을 해야했다. 게다가 0.5학점짜리 과목임에도 시험이 적지 않았고, 그 성적이 임용고시에도 반영되다 보니 교대생들은 정말 치열하게 그 수업에 임했다. 그래서 상대적으로 다채로운 재능이 없는 나 같은 사람들은 늘 낮은 성적표를 받을 수밖에 없었다. 그 때마다 찾아오는 것은 앞으로 수행하게 될 교사라는 직업에 대한 기대감보다는 '현타'에 가까운 회의감이었다. 집안 형편에 맞춰 대학에 왔는데, 배우는 학문들이 내 적성에 맞지 않았으니. 그래서 오히려 오래 전부터 생각해왔던 '어른이 되면 열심히 일을 해서 돈을 많이 벌어야겠다'는 목표 의식이 다시 한번 넘실거리기 시작했다.

보통의 교대생들이 가장 선호하는 '과외'와 같은 아르바이트는 가급적 하지 않았다. 물론 과외는 돈이 되지만, 내게 주어지는 '하루'란 시간을 낭비 없이 다채롭게 쓰고 싶었다. 그래서 정말 다양한 일들에 도전했었다. 내가 도전한 일 중에는 큰 돈이 되지 않는 일도 있었지만,

어딘가에 있을 내 적성을 찾기 위해서라도 업종을 가리지 않았다. 당시에는 그저 돈을 준다는 일이라면 험한 일도, 낯선 일도 마다하지 않았다. 일에 부딪히는 그 자체가 내게는 삶이고, 생존 이유였다.

이제 갓 20살이 된 내게는 경험이 없었다. 그래서 열심히 일은 했는데 지나고 보면 금전적인 이득을 얻은 경우가 거의 없었다. 하지만 다양한 일들을 거치며 다채로운 지식과 돈을 버는 방법에 대해서 배울 수 있었던 좋은 시간이었다. 이 과정에서 한 가지 깨달음을 얻을 수 있었는데, 많은 아르바이트를 했고 최선을 다해서 일을 했음에도 불구하고 돈을 버는 사람은 항상 내가 아닌, 내가 모셨던 '사장님'들이라는 점이었다. 사장이 돈을 버는 것은 정말 당연한 일이라고 여기며, 왜 나는 그런 돈을 벌지 못하는지에 대해 의문을 갖지 않는 사람들이 많다. 나는 어린 나이였음에도, 시간은 내가 더 많이 쓰지만 돈은 나를 고용한 사장들이 더 많이 버는 모습을 보며 본능적으로 '사업을 해야만 돈을 벌 수 있다'는 것을 알 수 있었다. 그렇게 언젠가는 사업을 하겠다는 꿈을 키워가던 중 정말 좋은 기회가 찾아왔다.

20살이 끝나가던 제법 쌀쌀한 가을 즈음이었다. 상세페이지 디자인을 배우며 디자인 외주 아르바이트를 시작했던 나는 '별로 돈이 되지 않는'(당시에는 그래픽 디자이너들의 외주 단가가 엄청 저렴했었다.) 상세페이지 디자인을 잠시 접어두고, 제로보드라는 CMS*를 활용해 홈페이지를

---

* 콘텐츠 관리 시스템 : Content Management System, 홈페이지 제작을 위한 도구로 활용된다

제작하기 시작했었다. 배운지 얼마 되지 않았던 터라, 홈페이지를 제작하는 실력이 그리 좋지 않았다. 그럼에도 기술은 어떻게든 실무를 통해서 익혀야 한다는 생각으로 살았던 시절이라, 실력이 그다지 없었음에도 홈페이지 제작을 맡겨줄 '사장님'을 찾기 시작했다.

그러던 어느날 당시의 알바천국과 같은 아르바이트 모집 플랫폼을 통해, 홈페이지 제작자를 찾는 한 사장님을 만날 수 있었다. 나는 실력이 그리 좋지 않으니 비싼 돈을 요구할 수 없었고, 당시 그 사장님은 직원이 한 명밖에 없을 정도로 사업의 규모가 크지 않아 비싼 돈을 지불할 수 없었다. 이렇게 서로 조건에 맞았기에 만들어질 수 있었던, 정말 필요에 의한 관계였다. 그런데 이 사장님과의 만남은 내 인생에 있어 큰 변화를 낳게 되었다.

> "나는 앞으로 최소 50명 이상의 직원을 갖춘 회사를 키워낼걸세. 그러려면 자네가 만들어주는 홈페이지의 역할이 아주 중요하니 잘 부탁함세."

첫 만남에서 그 사장님과 나는 업무에 대한 이야기를 나누며 짬뽕을 시켜 먹었다. 철가방에서 꺼낸 짬뽕을 먹으며, 저토록 대담한 꿈을 한 번의 망설임 없이 말하는 그 사장님이 당시에는 참 신기하게 보였다. 지금 들어보면 다소 오글거리는 말투지만, 고작 직원이 한 명 밖에 되지 않으면서 직원 50명이라는 거대한 야망을 내뱉는 당시의 사장님의 모습이 참 이상하면서도 싫지 않았다. 이렇게 이상했던 첫 만남에 나는 홈페이지 제작 단가로 100만 원을 요구했고, 사장님은 그걸 굳이 깎아서 90만 원을 주겠다고 했다.(진짜, 돈이 얼마 없는 사장님인 것이 분명했다.) 먼 거리에 위치한 사무실까지 직접 찾아왔음에도 굳이 10만 원을 깎는 사장님의 태도가 조금 아쉬웠다. 하지만 20살의 내게 90만 원은 그리 작은 돈도 아니었고, 홈페이지 제작 기술을 더욱 갈고 닦겠다는 내 욕심과도 일치했던 터라 일을 수주했다. 90만 원을 받았다고 해서 90만 원 수준의 웹사이트를 만드는 것은 아마추어라고 생각했다. 경험이 많지 않았기 때문에 주문 받은 홈페이지를 제작하면서도 인터넷 상에 떠도는 홈페이지 제작과 관련된 팁들을 배워가며, 실력을 가다듬고 정말 최선을 다해 홈페이지를 제작했다. 그 과정에서 지금은 사라졌지만, 당시에는 혁신적인 웹 애니메이션 도구인 플래시Flash도 익힐 수 있었다. 그렇게 풀 다운 네비게이션(마우스를 메뉴에 대면 하위 메뉴가 나오는 형식의 네비게이션이다. 당시에는 굉장히 어려운 기술이었다.)을 비롯해 플래시 슬라이더(슬라이더를 부착한 사이트도 귀했다.)까지 붙였다. 홈페이지 제작을 수주하고 약 1달의 시간이 지나 플래시와 제로보드를 활용해 만든 멋진 홈페이지가 완성되었다. 홈페이지 제작을 마치면 해당 홈페이지를 활용하는 요령과 사용법에 대해서 주문한 클라이언트에게 브리핑을 해야 한다. 오늘날의 ZOOM처럼 화상 회의 시스템이 존재하지 않던 때라 홈페이지 제작을 마치고 최종적인 보고를 하기 위해 사장님을 찾아 뵈었다. 내가 만든 홈페이지가 가진 특장점을 열심히 설명하고, 그동안 어떤 것을 익히고 그걸 적용하기 위해서 얼마나 많은 애를 썼는지 어필했다. 지금에야 기술을 익혀가며 홈페이지를 제작했다고 하면 그 전문성이 심히 의심될테지만, 당시의 나는 어렸고 기술도 얼마 없었다는 것을 사전에 말씀드렸던 터라 큰 문제가 되지는 않았다. 그렇게 1달이라는 시간을 공백 없이 투입했던 길고 길었던 프로젝트가 끝났다. 브리핑을 마치고 사무실을 나와 홀가분한 마음으로 지하철로 걸어가던 중 사장님으로부터 문자가 왔다.

"자네가 정말 일을 잘 해준 덕분에 일이 잘 풀릴 것 같네. 어려서부터 이렇게 열심히 살아가는 것을 보니 언젠가는 더 큰 일을 할 것 같구만. 다음에 내가 일이 잘 풀리면 꼭 초대하겠네."

대충 이런 내용의 문자였다. 그리고는 내 통장으로 수고했다며 50만 원을 더 부쳐 주셨었다. 2008년 당시, 20살인 내게는 정말 큰 돈이었기에 참 감사하기도 하고 정말 기뻤던 기억이 난다. 그렇게 1년 조금 넘는 시간이 흘렀을까? 조그마한 사무실에서 직원 한 명을 데리고 있으면서, 삼국지의 유비 마냥 본인의 야망을 사극 말투로 줄줄이 늘어놓던 사장님에게서 연락이 왔다. 오랜만에 시킬 일이 있으니 얼굴을 보자는 연락이었다.

그리고선 지난 만남과는 전혀 다른 주소를 보내왔는데 해당 주소지는 다름 아닌 부산신항, '항만'이었다. 바다가 넘실거리는 부산에 사는 사람이었지만 생각해보면 관련업에 종사하지 않는 이상 항만에 갈 일이 없기 때문에 그 주소가 참 낯설게 느껴졌었던 기억이 난다. 이번에도 돈을 두둑하게 챙겨주시지 않을까 하는 부푼 마음으로 사장님을 찾아뵈러 간 나는 정말 큰 충격을 받았다. 당시 사장님은 원양으로 나가 먼 바다를 누비며 자연적으로 손상되는 컨테이너들을 전담해서 수

리하는 컨테이너 수리업을 하고 있었다.

> "자네가 열심히 만들어 준 홈페이지와 디자인 자료 덕분에 이렇게 현대
> 상선에 들어와서 사업을 하고 있다네. 또 새로운 프로젝트가 있어 지난
> 번처럼 자네에게 신세 한 번 더 지려고 하는구만."

사장님의 오글거리는 삼국지 말투는 여전했다. 하지만 그 말투에 걸맞지 않았던 어색했던 뒷 배경은 완전히 바뀌어 있었다. 대충 상주하는 정직원만 60여 명이나 되는 큰 기업을 운영하고 있었고, 입고 있는 옷차림이나 뿜어내는 기세만 보더라도 이전과는 완전히 다른 사람이 되었다는 것을 알 수 있었다. 실제로 내가 만든 홈페이지가 프레젠테이션(당시 '현대상선'의 일을 따내기 위해 발표를 한다고 했었다.)에 얼마나 도

움이 되었을지는 모르겠다. 하지만 이전과 다르게 거인이 된 사장님의 모습을 보며 형용할 수 없는 이상한 기분이 들었다. 홈페이지 제작이나 디자인 외주가 참 재미있는 일이긴 했지만, 사장님 정도로 큰 성장을 이룰 수는 없을 것 같다는 생각이 들었다. 일을 시작하고 처음으로 내가 하는 일은 '재주는 곰이 부리고 돈은 사람이 버는' 전형적인 구조가 아닌가 하는 의문이 차올랐다.

정말 치열하게 살아왔음에도 나는 여전히 제자리였고, 사장님의 회사는 엄청나게 성장해 있었다. 그리고 유난히도 습했던 그 날, 마음 속에 조금이나마 남아있었던 '교사가 됨으로써 얻을 안정'에 대한 미련이 완벽하게 사라졌다. 반드시 사업을 해서 눈 앞에 보이는 사장님처럼 '부'를 뿜어내는 사람이 되고 싶었다. 그러나 그때의 나는, 내가 가진 포부와 다르게 사업가로 살며 성공하는 방법을 전혀 몰랐다. 당장 사업을 어떻게 하는 것인지도 잘 모르니, 내 결심과는 다르게 내가 갈 길은 막연함, 그 자체였다.

"사장님, 제가 가진 기술을 어떻게 사업적으로 쓸 방법은 없을까요? 저는 정말 열심히 살고 있는데, 너무 막연하고 버는 돈도 마땅치 않은 것 같아요. 저 정말 부자가 되고 싶은데 그 방법을 배우고 싶습니다."

사장님이 단시간에 이룬 성과를 보며, 나는 망설일 틈도 없이 사장님 곁에서 배울 수 있는 배움의 기회를 요청했다. 놀랍게도 사장님은 몇 번 본 적 없는 나의 호기로운 요청을 흔쾌히 수락해주었다. 그것도 앞으로 함께 만들어 갈 성공에 대한 계약금이라고 거금 500만 원을 던져주며 말이다.

아무나 보일 수 있는 모습도 아니었겠지만, 지금보다도 훨씬 어렸던 당시의 나는 사장님의 호쾌한 모습을 보며 굉장한 충격을 받았었다. 그리고 그때부터 사업가가 되어야겠다는 생각은 더 이상 몽상이 아닌, 두근거리는 '꿈'이 되었다.

정말 오랜만에 만난 그 자리에서 전폭적인 지원을 약속한 사장님은, 막대한 현금력을 활용해 부산 센텀시티에 내가 지낼 공간을 만들어주었다. 그리고 거기에 그치지 않고, 내 능력을 마음껏 펼칠 디자인 법인 회사를 설립해 주었다. 법인의 설립 절차에 필요한 발기인은 당시 어머니의 명의를 활용했었다.(당시의 나는 ROTC 장교 후보생을 앞두고 있었기에 겸업 논란 등 괜한 분란의 씨앗을 남겨선 안 됐다.) 이후 사장님은 새로이 설립된 디자인 법인 회사의 지분 30% 정도를 떼어주고, 사장님이 활동하는 네트워킹(모임)에서 얻게 되는 일들을 던져주었다.

당시에는 '일은 내가 다 하는데 30% 밖에 안 주네?'라고 생각했었다. 하지만 법인 대표로 지내는 지금은 그 수치가 얼마나 대단한 것인지를 잘 알고 있기에, 그런 생각을 가졌던 것만으로도 참 부끄럽게 생각한다. 사장님은 당시의 나에게 '사업'은 무엇이며, 평범한 사람이 돈을 벌기 위해서는 반드시 '사업'을 해야한다는 것을 알려줬다. 평범한 아르바이트생과 사장님의 관계로 만나 내게 사업을 알려준 그 사장님

덕에 사업을 꿈꿀 수 있었고, 명확한 실천 방향을 세울 수 있었다. 그러나 내 욕심은 '소사장'에 그치지 않았다. 혼자서 사업을 하면 더 큰 돈을 벌 수 있지 않을까 하는 욕심에 시야가 어두워지고 있었다. 그리고 나아가 더 다양한 사업을 하고 싶다는 욕심에 '그 분의 대범한 제안과 함께 시작되었던 동행'을 멈춰설 수밖에 없었다. 어린 마음에 가졌던 '일은 내가 다 하는데 돈은 사장님이 다 벌고 있네?'라는 옹졸한 생각도 이러한 결정을 내리는 데 한몫했었다. 이 선택이 잘못된 선택이었던 것은 그리 오랜 시간이 지나지 않아 깨달을 수 있었다. 사장님을 떠나 스스로 사업에 도전하며 내린 사업적 결정은 모두 다 실패로 끝났으니 말이다.

바닥인 줄 알았던 결말,
지하를 마주하다

그동안 상상으로만 그쳤던 '실패'를 피부로 직접 겪어보니 알 수 있었다. 그 사장님 밑에서 좀 더 깊게 배워야 했다는 것을 말이다. 왜냐하면 사업이 가진 복잡한 메커니즘에 대해 진정으로 이해하지도 못했고, '노동'으로는 절대 해결할 수 없는 '부의 간극'을 채우는 사업가들이 활용하는 요령들을 제대로 배우지 않고 그 분을 떠났었기 때문이다. (물론 이 사실도 훗날 사업으로 성공한 뒤에야 내가 놓친 것들을 제대로 알 수 있었다.)

즉, 사업을 했으나 사업적인 마인드는 전혀 구축하지 못한 상태였던 나는, 이후 마주한 사업적 선택지에서 '나쁜 선택지'만을 골라 선택하게 되었다.

초효율

지금 생각해보면 '재주는 곰이 부리고 돈은 사람이 번다.'는 얄팍한 생각을 가지지 않았어야 했다. 조금 더 곁에 남아서 선행자의 시야를 배웠어야 했다. 가끔씩 사장님이 내 실수들에 대해 호통칠 때도 좀 더 참았어야 했다. 그런데 당시의 어린 나는, 그 지분이 갖는 의미와 이미 성공한 사람들이 구축한 네트워킹을 통해서 떨어지는 '다루기 쉬운 일'이 주는 가치를 전혀 몰랐었다. 사장님은 분명 내 인생에 있어 '귀인'이 되어주었음에도, 그게 가진 자가 내게 행사하는 수탈처럼 느꼈었다. 그렇게 점차 옹졸한 마음과 분노, 원망을 키웠던 것 같다. 이 책에서 주로 다룰 내용이지만, 인생을 효율적으로 만들고 성공에 다가서기 위해서는 지금 당장 내가 가진 것이 없더라도 부자들의 생각과 행동을 배우는 것이 중요하다. 그들을 적대시하고 배척하면 할수록 그들이 가지고 있는 '돈의 속성'을 더욱 이해할 수 없게 된다. 그들이야말로 '앞서서 돈을 번 살아있는 선행 자료'이자 우리가 성공하기 위해 해킹해야 할 벤치마킹 자료이다. 그런데 나는 부를 생산할 능력이 있는 사람을 이른 나이에 만났음에도, 마음 속에서 자리 잡은 '욕심'을 주체하지 못했고, 부를 만드는 방법을 깨닫기도 전에 그 기회를 박차고 나와버렸다.

좋은 기회를 만난 20대 초반과 비교해, 20대 중반 이후의 인생은 결코 순탄치 않았다. 돈을 벌고자 하는 욕망이 커진 만큼 '돈 욕심'이 큰 사람들을 많이도 만났던 것 같다. 그리고 돈 욕심이 큰 사람들일수록 '돈'에 대해 쉽게 말하는 경향이 있었다. '~하면 떼돈을 벌 수 있다는 말'을 어렵지 않게 했었고, 그런 듣기 좋은 말들에 이끌려 내가 가진 기술을 그들에게 저렴하게 제공했었다. 아르바이트의 효율을 높이고 내 시간의 가치를 더 높이기 위해 배웠던 디자인이었다. 디자인으로 인해 귀인을 만나기도 했지만 정작 제대로 써먹을 기회가 그리 많지 않았다. 그런 내게 '디자인'을 조금이나마 저렴하게 사고 싶었던 사람들은 '~하면 큰 돈을 벌 수 있다'는 등의 달콤한 말로 날 유혹했었다. 그래서 20대 중반 이후로는 자리를 제대로 잡지 못했고, 정말 많은 사업자등록증을 만들고, 폐업하는 일을 반복하며 귀한 시간을 날려보냈다.

- 성인용품 쇼핑몰(핫소스)

- 여성 패션 액세서리 쇼핑몰(스위트민트)

- 모텔 홍보 대행업(락고파)

- 인쇄 / 광고업(와이와이 프로젝트)

- 시각디자인 및 홈페이지 제작업(디자인 땡초)

- 웨딩박람회 주최업 및 웨딩컨설팅(오웨드)

- 예물 브랜드(몽씨엘)

위의 이름들은 실제 내 이름을 걸고 만들었던 사업들이다. 돈을 벌고 싶은 욕구가 유난히 컸던 만큼 돈이 된다는 일은 그 어떤 것이든 다 했었다. 결과가 썩 좋지 않았으니 폐업도 그만큼 많이 했었고 말이다. 이외에도 꼭 내 명의가 아니어도, 지분을 보장 받고 함께 한 프로젝트까지 한다면 열 개가 넘는 사업을 거치며 실패를 누적했다. 그 과정에서 언행일치가 되지 않는 사기꾼도 많이 만났었고, 내 인생을 갉

아먹는 테이커[*]도 많이 마주했다.

　돈을 버는 방법은 정말 다양하다. 그리고 직업에 귀천이 없다는 말이 있듯, 돈을 버는 방법도 '위법성'만 없다면 문제가 없다고 생각했다. 하지만 여러 가지 일에 도전해볼수록 유독 특정 업종을 거칠 때에 겪지 않아도 될 문제들을 겪는 경우가 많았다. 내게 있어서 웨딩업이 그러한 업종 중 하나였다. 사업을 함에 있어 사건 사고가 생기고 우여곡절을 겪게 되는 것은 피할 수 없는 당연한 일이지만, 웨딩 업체를 운영할 때는 특히나 문제가 많이 발생했다. 결이 맞지 않았던 웨딩 컨설팅 사업은 심적으로 나를 정말 많이 괴롭혔다. 그리고 가뜩이나 쉽게 풀리지 않던 내 인생을 단시간에 산산조각 내버렸다. 그래서 지금도 일을 함에 있어 웨딩 업계와 비슷한 속성을 가진 업계는 진절머리를 치며 회피하고는 한다. 그렇다면 도대체 웨딩 업계는 어떤 특징이 있었길래 그토록 많은 문제를 일으킨 것일까?

- 일회성의 구매 (재혼을 하지 않는 이상 재구매가 없다.)
- 한 명의 손님이 다양한 상품을 구매해야 하는 특성 탓에 손님이 갑이다. (손님을 웨딩홀/스튜디오/드레스샵/스냅/예복/메이크업/폐백/혼수/예물/허니문 등 돌리면 돌릴수록 리베이트(판매 장려금)가 떨어지는 구조)
- 고객 DB가 황금이 되는 업계 특성
- 경기가 어려워질수록 마케팅 비용은 오르고, 구매전환은 떨어지는 특성

---

[*] Taker : 받기만 하는 사람

- 웨딩플래너가 이직하면, 힘들게 계약한 고객들이 웨딩플래너를 따라 이탈하는 문제
- 결혼 인구가 감소하고 있는 인구적 특성

이런 웨딩 업계의 특성 탓에 어제의 아군이 오늘의 적이 되기도 하고, 조금이라도 관련 업계와 관계를 더 깊게 맺어야 돈이 되는 리베이트 구조 때문에 접대도 잦았다. 또한 워낙에 폐쇄적이고 그들만의 리그라는 풍토가 자리 잡은 탓에 새로운 사업자가 유입되기 어려운 구조마저 가지고 있었다. 그래서 이 웨딩 업계를 거치는 동안 내 마음은 심신이 지치는 단계를 넘어 너덜너덜한 걸레짝이 되어가고 있었다. 웨딩 사업을 하며 몇 번의 배신을 겪고, 수차례 사람 때문에 시달리기도 했다. 그렇다고 돈이 되느냐? 그렇지도 않았다. 결혼을 하는 사람이 줄어가는 전형적인 쇠퇴 업종이었던 터라 내가 꿈꾸던 '부자의 길'과도 거리가 있었다. 그럼에도 불구하고 이 업종에 매달렸던 이유가 하나 있었다.

바로 '복수'였다.

컨테이너 수리업을 하던 사장님 곁을 떠나, 영세한 디자인 업체를 운영하며 그 업계를 전전하던 시절, 클라이언트(고객)와 에이전시라는 관계로 웨딩업체 대표를 만났다. 이런 저런 업종을 거치며 다방면에 재능을 보이고 있던 20대 중반의 내게 큰 관심을 가진 웨딩업체 대표는 나에게 거절하기 어려운 제안을 했다. '직원 2명 분의 월급을 지원

할테니, 앞으로 자신의 웨딩 업체를 위한 디자인을 정기적으로 만들어 달라'는 내용이었다. 당시의 나는 초보 사업가이기도 했고, 나날이 늘어나는 고정비 탓에 고민이 많았던 터라 웨딩업체 대표가 건네는 그 제안을 거절할 이유가 없었다.(월급이라도 아낄 수 있으니 그게 어딘가?)

그렇게 내 인생 전체를 통틀어 거대한 악연이 될 웨딩업체와의 인연이 시작되었다. 당시 나의 회사는 웨딩업체의 광고소재를 만들고, 고객 DB를 위한 랜딩페이지를 만들었다. 또한 고객 DB획득을 위한 퍼포먼스 마케팅까지 도맡게 되며 '받은 돈보다 훨씬 많은 일을 하는 비정상적인 관계'가 되어 갔다. 직원 2명과 나까지 총 3명이 해결하기에는 도저히 감당하기 어려운 업무량이었지만, 당장 그 일을 던지면 직원 2명 분의 월급을 감당할 방법이 없었다. 그래서 나는 직원들을 독려하고 매일 같이 야근을 하며 업무를 쳐냈었다. 이 비정상적인 클라이언트와의 관계는 처음과 달리, 점차 우리 회사가 그의 '자회사'처럼 자리 잡기 시작했고, 직원들은 이에 큰 불만을 품고 있었다.

그러던 어느날, 내 인생에서 지울 수 없는 사건이 하나 일어났다. 나의 거래처였던 웨딩업체는 직원들과의 단결을 위해 '워크숍'을 떠나기로 예정되어 있었고, 군이 우리 회사를 그 워크숍에 참여시키고 싶어했다. 보통 웨딩업체는 얼마나 많은 웨딩플래너를 데리고 있느냐에 따라 그 '사세'가 드러난다. 그래서 웨딩업체는 거래처였던 우리 회사까지 워크숍에 참여시킴으로써 회사가 더욱 커보이는 효과를 만들고 싶었던 것 같다. 인간의 육감이라는 게 참 신기한 것이 그날따라 유달리 그 워크숍에 참여하기 싫었다. 심지어 직원들도 워크숍 일정이 하루 남은 시점에서 '굳이 거길 왜 가야하느냐?'며 나를 만류했었다. 그럼에도 어쩌겠는가? 싫어도 하는 것이 일이거늘.

참여한 워크숍에는 보호장구를 착용하고 '페인트볼'을 쏘며 상대를 맞히면 탈락시키는 익스트림 스포츠, '서바이벌'이 예정되어 있었다. 2017년 6월, 경남 산청에서 이뤄진 워크숍에서 나는 영구적으로 우측 시력을 잃었다. 비가 보슬보슬 내리는 축축한 장마철이었다. 바닥이 미끄럽고 인원들이 다칠 수도 있는 워크숍 현장에서 굳이 위험을 무릅쓰고 서바이벌 게임이 감행되었다. 어쩌면 그 날 내가 겪었던 끔찍한 사고는 예정되어 있던 것이나 다름 없었다. 대표 입장에서는 예약한 워크숍 활동 비용이 아까울 수도 있었겠지만 비용을 아끼다 보니 제대로 신고도 하지 않은 스포츠 업체와 계약하게 되었다. 보호장구는 정말 허술하다 못해 조악했다. 특히 눈을 보호하는 고글의 경우 고무 밴드가 늘어나고 삭아서 내 두상이 굉장히 큰 편임에도 자꾸 흘러내렸다. 게임이 시작되고 두 팀으로 나뉘어진 양팀은 빗물로 웅덩이 진 진흙탕을 달리며 페인트볼을 쏘아대기 시작했다. 승패가 갈리는 승부였기에 양팀은 치열했다. 그렇게 과격한 활동 중에 얼굴에서 느슨했던 고글이 갑작스레 흘러내렸고, 어디선가 날아온 페인트볼이 거짓말처럼 고글이 흘러내린 내 오른쪽 눈의 망막을 뚫어버렸다. 그렇게 시신경이 90% 이상 모여있는 황반에 구멍이 뚫리며(황반원공) 나는 한 쪽 시력을 영영 잃게 된다.

그렇게 생각도 없었던 웨딩업을 시작했다. 다른 이유는 없었다. 내가 시력을 잃자마자 디자이너로서의 가치가 없다고 판단한 웨딩업체 대표는 나를 책임지지 않고, 팽해버렸고 그렇게 직원을 지탱할 수 없었던 내 디자인 회사는 망해버렸다. 한 쪽 시력까지 잃게 되자 가뜩이나 '가난하고 사연 많은 내 인생은 언제까지 이 모양 이 꼴일까' 생각하며 끝없이 몰아치는 절망감에 나는 무너져 내리고 말았다. 한 쪽 시력을 잃었음에도 보험사에서 제시하는 돈은 150만 원 남짓이었다. 결국 나는 보험 전문 변호사까지 선임하며 그보다 많은 보험료를 받아낼 수 있었고, 내 눈을 잃어서 얻게 된 이 돈을 마중물로 삼아 '복수'를 계획했다. 웨딩업계로 들어가 치열하게 달리고 달려서 그 업계의 정상에 서서 경쟁사로서 내 인생을 망친 대표를 망하게 만들고 싶었다.

계획과 달리 폐쇄적인 웨딩업에서의 시작은 순탄치 않았다. 정체도 모를 20대의 젊은 대표에게 웨딩 관련 상품 거래를 터주는 업체는 없었다. 그래서 접대도 많이 하고, 내가 차별화해서 보여줄 수 있었던 '디자인과 마케팅'을 무기 삼아 업계에서 자리 잡는 일에 성공했다. 복수는 어떻게 되었을까? 다행인지 불행인지 성공할 수 있었다.

이후, 국정농단 사태가 터지고 촛불 집회가 열리며 웨딩 업계는 엄청나게 큰 타격을 입었다. 겨우 자리를 잡고 벌고 있던 매출이 줄어들기 시작했다. 그동안 모아뒀던 유보금이 서서히 바닥을 드러내기 시작했고, 웨딩 업계의 고질적인 문제라고 할 수 있는 '알까기'(직원들이 다 같이 퇴사함으로써 회사를 뺏는 방법)가 일어났다. 그렇게 나는 한 쪽 시력을 잃으며 얻은 보험료까지 다 날려먹고 한 순간에 빈털터리가 되었다.

치기 어린 마음에 '부자를 꿈꿨던 20대 초반'만 하더라도 내 인생은 바닥이었다. 그렇기에 노력만 하면 더 이상 떨어질 곳은 없고 오직 '성장과 성취'만이 있을 것이라고 믿었다. 하지만 아니었다. 바닥 아래에는 지하도 있다는 것을 깨닫는 순간이었다. 그후 지나온 길들을 돌이켜 보니 내 인생은 개판이 되어 있었다. 디자인을 잘하는 것이 내 최대의 장점이었는데, 한 쪽 눈은 보이지 않았고, 그 과정에서 얻은 보험료도 다 날려 먹었다. 게다가 하는 사업마다 다 끝이 좋지 않았던 탓에 모아둔 돈도 없었고, 사람도 다 잃어버린 상태였다. 그렇게 인생에 있어 푸른 봄이라고 할 수 있는 청춘, 20대를 아무런 소득도 없이 날려먹었다는 생각에 꽤 오랜 시간 좌절하고 낙담했다.

"나는 사업가가 될 거다. 내가 개폭망하지 않는 이상, 교사가 되는 일은 없을끼다. 그러니까 혹시나 내가 임용고시를 치고 있으면, 그때는 ㅈ망한거니까 내한테 술 한 잔 사도. 알겠제? 근데 아마도 니네가 술을 살 일은 없을끼다. 왜냐면 나는 존나 잘 될 거니까. 사업으로 부자가 될끼다. 잘 봐래이."

교대생은 기본적으로 3학년이 끝나고, 4학년이 시작될 때쯤부터 임용고시 공부를 시작한다. 그리고 졸업 전, 임용고시를 친다. 나는 교대생임에도 불구하고 그 자리에 없었다. 대신, 교육대학교를 졸업하며 친구들에게 저런 말을 했었다. 하지만 결과적으로 나는 20대를 완전히 날렸고, 완전히 망했다. 29살, 집 구석에서 임용고시 공부를 하는데 스스로가 너무 한심하게 느껴져 눈물이 흘렀다. 이미 친구들은 6년차 교사가 되어가는데 그제서야 꿈을 접고 임용고시를 공부하고 있는 내 꼴이 정말 우습게 느껴졌다. 공부가 답이 보이지 않거나, 인생이 답이 없다고 생각이 들 때 극단적인 생각이 들기도 했고, 또 어떨 때는 세상이 내게 던지는 극악의 난이도가 이해가 되지 않아서 헛웃음이 나기도 했다.

　나의 20대는 '지하' 그 자체였다.

월급 230만 원과
막막한 미래

30살이 되던 2018년 3월, 나는 초등학교로 출근을 시작했다. 교대를 갔지만 절대 교사가 될 일이 없을거라고 장담하던 내가 '신규 교사'로서 학교에서 일을 하다니 참 묘한 기분이 들었다. 이미 내 동기들은 적게는 4년차 내지 많게는 7년차의 교사가 되어있었다. 공무원들은 기본적으로 연공서열제이기 때문에 '연차가 짧은' 나는 동기들과 비교해서 적은 월급을 받았다. 아마도 맨 처음 받았던 월급은 약 230만 원 정도였을 것이다.(군 복무를 장교로 복무했기 때문에 해당 기간을 호봉으로 합산받아서 그나마 이 정도였다.)

그래서일까? 열심히 일을 해도 이미 벌어진 호봉을 절대로 따라잡을 수 없을 것이라는 생각이 마음을 답답하게 만들었다. 승진을 하지 않는 이상 나는, 이미 교사가 된 내 동기나 후배들의 월급을 평생 따라잡지 못하고 은퇴할 것이 분명했다. 돌고 돌아 '초등교사'가 되었으니 그런 질서에 순응하는 것이 맞을텐데, 매월 찍히는 쥐꼬리만한 월급은 힘든 20대를 보내며 가뜩이나 박살난 자존감을 더 무너지게 만드는 요인이었다. 그럼에도 온갖 음모와 배신이 도사리고 있었던 '야생'을 벗어나 생전 처음으로 느껴보는 월급이란 '제도권'은 생각보다는 달콤했고, 더 이상 치열하게 살지 않아도 된다는 생각으로 위안을 얻으며 교사 생활을 이어갔다. 월급이 적은 탓에 할 수 있는 것은 거의 없었다. 전세 대출금 등의 주거비, 매달 찍히는 통신비와 교통비 공납금 등을 제외하고 나면 모을 수 있는 돈은 거의 없었다. 그나마 다행인 점은 와이프가 돈을 벌고 있었다는 점이었는데(시력을 잃었던 27살, 당시 여자친구와 결혼해서 나는 기혼자였다.) 우리는 당시 삶의 풍파를 견뎌내느라 따로 자식도 갖지 않았던 터라 맞벌이의 힘으로 그럭저럭 먹고 살 수 있었다.

30살, 월급쟁이로서 이전과는 전혀 다른 삶을 시작한 나는 적어도 학교 내에서는 남들보다 적게는 5년에서 많게는 7년 정도 뒤처진 상태였다. 무리한 사업과 연이은 실패로 모아둔 돈도 없었고, 그렇다고 부모님에게 기댈 수 없는 현실 탓에 괜히 마음이 다급해지곤 했었다. 그럼에도 산전 수전 공중전 다 겪고 지나간 20대를 지나와서일까? 마음이 급해졌다고해서 이전처럼 무리한 시도를 하지는 않았다. 참 공교롭게도 임용고시를 합격하던 날, 장인어른과 장모님 등 처가식구를 비롯해 나의 가족들은 내가 예상한 것 이상으로 크게 기뻐했다. 우여곡절이 많은 인생을 곁에서 지켜보기가 어지간히 힘이 드셨었구나라는 생각이 들 정도로 '평범한 삶'을 살게 될 나를 반기셨다. 그래서 나는 더 이상 가족의 속을 썩이는 일을 하지 않겠다는 다짐과 함께, 힘들게 얻은 '안정'과 '평화'를 어떻게든 유지하기로 마음 먹었다.

그렇지만 마음 속에 남은 한 가지 고민거리가 있었다면 출발선부터 가난했던 내가 잘 풀려도 모자랄 마당에, 다 말아먹고 이전보다 더 좋지 않은 상태로 뒤처졌으니 평생 남들과의 간극을 바라보며 살아야 한다는 것이었다. 그래서 어떤 수를 써서든 그 '간극'을 좁히고 싶었다. 공무원의 특성상 벌이도 시원찮았지만, 앞서 설명한 연공서열 탓에 일반적인 방법으로는 영원히 이미 벌어질대로 벌어진 간극을 좁힐 수 없었다. 그래서 나는 와이프의 명의를 활용해 '부업'을 해야겠다는 계획을 세우고 이를 실행에 옮기게 된다.

기본적으로 공무원은 '겸직과 영리업무가 금지'된 직업이다. 그래서 내 명의가 아닌 '와이프의 명의'를 활용해 부업을 계획할 수밖에 없었다. 이전에 사업을 할 때와 달리 '부업을 하는 N잡러'로서의 인생은 생각보다 나쁘지 않았다. 왜냐하면 월급이라는 안정적인 기반은 지키면서 돈을 벌겠다는 생각이 견지되니 사업을 하던 때와 비교해서 멘탈이 흔들리는 일이 거의 없었고, 큰 돈은 아니지만 자연스레 수익을 만들어 갈 수 있었다.

30살이 된 해의 여름은 유난히도 더웠다. 그럼에도 그 더위를 느낄 새도 없이 순식간에 30살이 지나갔는데, 그 이유는 처음으로 시작한 부업인 '로고디자인 외주 부업'이 생각보다 너무 잘 됐기 때문이었다. 학교를 마치고 집에 오면 씻을 새도 없이 컴퓨터를 켜서 로고디자인을 해야 할 정도로 일이 많았다. 생각 이상으로 일이 너무 쏟아져서 이런 현상이 일시적일 수도 있겠다고 생각했는데, 예상과 달리 일은 시간이 지날수록 더욱 늘어났다. 보통 초등 교사들은 오후 4시 30분이면 퇴근하는데 업무를 정리하고 퇴근해서 집에 돌아오면 오후 5시 30분 정도였다. 그래서 간단히 요기를 한 후 가볍게 씻고 옷을 갈아입으면 오후 6시 정도가 되었다. 그 때부터 부업 업무를 시작했는데, 일이 많이 붙으니 처리해야 할 업무가 너무 많아, 일을 새벽까지도 지속하는 경우가 많았다. 그래서 내 시간을 온전히 쏟아 부을 수 있는 주말은 당연하게도 잔업 처리를 위해 반납하며 살아야 했다. 고객이 늘어나고 일이 많아짐에 따라 소득은 점차 기하급수적으로 늘기 시작했다.

첫 부업임에도 불구하고 그 성과는 생각보다 아주 컸다. 공무원이라는 '안정' 위에 쌓아올린 부업임에도 불구하고 월 순수익 1,000만 원을 넘길 정도였으니 말이다. 30살의 나는 대학 동기들과의 간극을 좁힐 수 없다는 것이 가장 큰 스트레스 요소이자 고민거리였는데, 그게 어느 정도 해결되자 생전 처음으로(워낙에 실패가 많았었기에) 기분 좋은 희망을 품을 수 있었다. 다만 그렇게 쏟아지는 일들을 필터 없이 계속 쳐내다보니, 과로가 누적되어 갔고 심신은 점차 지쳐가고 있었다. 특히 컴퓨터를 많이 사용해야 하는 나의 업무 특성상 어깨를 비롯해 손목까지 아프지 않은 곳이 없을 만큼 관절과 인대가 상했었다. 이 일을 지속하다간 머지 않아 어딘가가 굉장히 심각하게 고장나지 않을까 싶을 정도였다. 아마도 그즈음 '노동'만으로는 부자가 될 수 없다는 깨달음과, 단순히 부업이라고 하더라도 그 가치를 절대 무시해서는 안 된다는 생각을 처음으로 가졌던 것 같다.

로고디자인이 잘되기 시작한 뒤, 두 번째로 시작한 부업은 '상세페이지 디자인 외주'였다. 내가 31살이 되던 해, 유튜버 '신사임당'의 '창업 다마고치'가 엄청난 히트를 쳤었다. 어찌나 그 조회수가 장난이 아니었는지 많은 사람이 이커머스에 관심을 가지고 온라인 셀러 창업을 하면서 상세페이지 디자인에 대한 수요가 폭증했었다. 내가 20살 때 상세페이지 디자인을 아르바이트 했던 그 시기와는 차원이 달랐다. 상세페이지 디자인 외주는 상대적으로 다른 부업을 하기 위해 익혀야 하는 기술과 비교해서 기술이 쉬운 편이라 진입장벽이 낮았다. 게다가 나는 이미 상세페이지 디자인을 해본 경험이 있고, 포토샵도 어느 정도 능수능란하게 다룰 수 있었던 터라 좀 더 빠르게 시작할 수 있었다. 게다가 이미 성공적으로 운영하고 있는 로고디자인 부업을 하면서 얻은 고객 케어 노하우를 바탕으로, 상세페이지 디자인 외주 부업 역시 성공시킬 수 있었다.

부업이 잘 된다는 것은 정말 기쁜 일이었다. 할 수 없었던 것들을 얼마든 할 수 있었고, 이전에는 꿈도 꿀 수 없었던 것들을 '언젠가는 할수 있다'는 형태로 희망을 품을 수 있게 만들어 줬다. 하지만 휴식 없는 과로가 켜켜이 쌓일수록 멘탈은 망가져 갔다. 이후에는 '이 돈을 벌어서 내가 뭘 누리자고 이렇게 힘들게 살까?'하는 자조적인 생각이 들 정도로 멘탈이 흔들리고 있었다. 결국 얼마 안 가 불안불안하던 내 멘탈이 터지고 말았다. 와이프가 임신을 하면서 업무를 더 이상 도울 수 없게 되었고, 그와 더불어 그동안 누적되었던 피로가 한 방에 터지고 말았다. 디자인 외주 부업은 '납기'가 매우 중요한데 납기를 어기는 일이 늘어났고, 그만큼 먹지 않아도 될 욕을 먹기 시작하니 의욕은 더욱 빠르게 꺾였다. 그렇게 공무원의 막연한 월급에 맞서 시작한 내 첫 부업은 막을 내렸다. 멘탈이 고장나니 '억만금을 준다고 해도 하기 싫다'고 말할 정도로, 시간을 태워서 하는 그 부업이 싫었다.

부업을 내려놓고 얼마 지나지 않아 코로나가 터지고, 첫째 아들이 태어났다. 아이가 생기면서 와이프는 자연스레 일을 그만두게 되었고, 부업을 하고 있지 않았던 우리 가족은 월 230만 원의 월급으로 생계를 유지해야 하는 상황에 처하게 되었다. 다만, 한 번의 성공적인 부업 경험 덕분이었는지 그 상황이 그렇게 비관적으로만 느껴지지는 않았다. 다시금 로고디자인을 하든, 몸을 갈아 넣든, 어떤 수든 쓰면 그 결과가 나올 것을 알고 있었기 때문이었다. 다만 앞으로 와이프가 도와줄 수 없는 상황이라는 점과, 시간을 갈아 넣어서 만드는 수익은 그 천장(한계)이 명백히 존재한다는 점을 깨달은 터라 조금이라도 더 효율적인 방법을 찾아 돈을 벌고 싶었다.

돈을 잘 버는 체질

돈을 잘 버는 체질이라는 것이 있을까? 나는 그것이 있다고 생각한다. 다만 이는 타고나는 체질은 아니고, 후천적으로 개인의 노력에 따라 얼마든 만들 수 있는 것이라고 생각한다. 그렇기에 돈을 잘 벌고 싶고 나아가 부자가 되고 싶다면 '돈을 잘 버는 체질이 되는 방법'을 빠르게 파악하는 것이 중요하다고 생각한다.

최근 SNS(소셜미디어)를 보면 어디서 튀어나왔는지 부자들이 너무 많아졌다.(물론 돈도 별로 없으면서 부자 코스프레를 하는 관심종자들도 함께 많아졌다.) 특히나 시대의 변화와 기술의 발전을 적극적으로 이용한 '젊은 부자'들이 코로나를 거치며 유독 크게 늘어났다. 그래서 그들이 촬영해서 올리는 좋은 외제차나 명품 사진, 그리고 그들의 부를 과시하는 이미지를 담은 영상이나 사진 등의 소셜미디어 콘텐츠 때문에 상대적 박탈감을 느끼는 사람들이 많아지고 있다.

나 역시 부업을 그만두고 쉬고 있던 중 갑작스레 코로나가 터지면서 급작스럽게 바뀌는 소셜미디어를 통해 그런 생각들을 많이 가졌었다. '사회적 거리두기'는 사람들로 하여금 실내에서 보내는 시간이 늘어나게 만들었고, 오프라인이 축소되자 온라인을 배경으로 하는 사업들은 엄청난 성장을 했었다. 그도 그럴 것이 소비를 할 수 있는 곳이 온라인밖에 없다 할 정도로 오프라인 사업자와 온라인 사업자 간의 온도차가 엄청났던 시기가 '코로나 시대'였다. 그리고 그런 격변의 과정에서 온라인에 일찌감치 자리 잡았던 사람들이 상상 이상의 돈을 벌어들이며 '신흥 부자'가 되었다.

당시 부업을 잠시 동안 접은 상태였던 나는 꽤나 한가한 상태였다. 코로나로 인해 학생들이 등교하지 않았고 모든 수업이 Zoom 등의 화상 시스템으로 이뤄지는 온라인 수업으로 대체되었다. 개인 시간이 부쩍 늘어난 나는 집에서 하염없이 스마트폰을 통해 소셜미디어를 보는 시간이 늘었다. 그리고 그 때마다 찾아오는 '대체 나는 뭘 했나?' 싶은 생각이 들 때가 가장 고통스러웠다. '신흥 부자'들의 재력 자랑 콘텐츠는 정신 건강에 결코 도움이 되지 않는 것들이었다. 남들과 스스로를 비교하는 내 자신이 한심스러웠고 인스타그램 등의 소셜미디어를 잠깐이지만 모조리 지워야 했을 정도로, 변화를 피부로 느낄 정도의 역대급 격변기를 거쳐야 했다.

확실히 아들이 태어나고 외벌이의 삶으로 돌아오니 생활은 빠듯해 졌고, 이러한 환경은 자연히 '부업 소득'에 대한 욕구를 꿈틀거리게 만들었다. 특히나 소셜미디어를 통해 나보다 훨씬 어린데도 불구하고 성공하는 사람들이 보이기 시작하자, 30살의 나이로 초등교사가 되며 내려놨던 '부자'라는 꿈이 다시 한 번 일렁였다. 다만 가족들과의 약속은 지키고 싶었다. 자식까지 생기고 나니 '안정의 필요성'은 더욱 커졌고, 부업의 포지션을 유지하면서도 효율적으로 큰 돈을 벌고 싶다는 생각이 들었다. 그래서 아래와 같은 조건을 가진 '효율적 부업'을 찾기로 마음을 먹었다.

- 수익화 구조가 완성될수록 들어가는 시간이 줄어들 것
- 꼭 내가 아니어도 다른 사람이 업무를 대체할 수 있을 것
- 유튜브, 인스타그램 등 소셜미디어 계정이 크지 않아도 트래픽 확보가 가능할 것
- 필요한 경우 매각이 가능한 부업 구조일 것 (깔끔한 엑싯 구조)

이러한 조건을 설정한 이유는 이전의 부업 경험 때문이었다. 30살에 교사가 되며 시작했던 부업은 운이 좋게도 제법 좋은 소득을 만들어줬지만 결정적인 문제가 있었다. 서비스업의 특성상 일이 잘 풀리면 풀릴수록 쓸 수 있는 시간이 줄어들었다. 우리가 돈을 버는 이유는 결국 경제적인 자유를 얻어 시간을 얻기 위함인데, 돈을 벌고 있음에도 건강을 해칠 정도로 시간이 줄어드는 것은 장기적이고 지속적인 측면에서 좋지 않다고 판단했었다. 또한 로고디자인과 상세페이지 디자인

의 경우, 수익의 천장이 정해져 있었다. 돈을 벌기 위해서는 내가 하는 일이 성장하고 일이 많아질수록 그걸 효과적으로 다른 사람에게 위임하는 것이 중요하다. 그렇게 다른 사람이 제공하는 시간을 지렛대 삼아 돈을 벌어야 하는데, 디자인 외주를 제공했던 당시의 부업은 '나의 업무'를 다른 사람이 대신해서 하기 어려운 특징이 있었다. 부업만 아니었더라도 직원을 뽑아 직접 교육하는 것이 가능했겠지만, 집에서 처리하는 부업의 특성상 다른 사람이 내 일을 배워서 일을 하는 게 불가능했다. 그러다보니 심신에 누적되는 피로도를 어찌할 방법이 없었고, 결국 지칠대로 지친 나는 일을 던질 수밖에 없었다. 또한 교사라는 공무원을 직업으로 가지고 있었던 나의 직업적 특성으로 인해 '스스로를 노출시키고 소셜미디어를 키워 트래픽'을 확보하는 것은 사실상 불가능했다. 2020년만 하더라도 유튜브나 인스타그램 등 소셜미디어를 통해 영향력을 확보한 인플루언서들이 큰 이익을 창출했던 시기였다. 그래서 효과적으로 돈을 벌기 위해서는 소셜미디어를 시작하고 퍼스널 브랜딩을 하는 것이 당연한 것이었고, 정석처럼 받아들여졌지만 나는 그럴 수 없었다. 그리고 마지막으로 할 수만 있다면 필요한 시점에 매각이 가능한 부업을 만들고 싶었다. 내가 지쳐서 포기한 상세페이지 디자인 외주업이나 로고디자인 등을 다른 사람에게 팔 수 있었다면 얼마나 좋았을까 싶었다. 그만큼 고객이 넘쳤었고, 돈도 벌리는 부업이었던 터라 접는 순간까지도 정말 아까웠던 기억이 난다. 다만, 이런 기술 기반의 부업은 내가 아니고서는 다른 사람이 할 수 없는 형태의 부업이었기에, 그동안의 수고를 마치 쓰레기통에 버리듯 마무리를 해야 했던 게 늘 마음에 걸렸다.

이렇게 4가지 조건을 충족하는 부업을 찾으려니 여간 쉽지 않았고, 누구에게나 엄청난 기회가 열려있었던 2020년을 고민만 하다가 그대로 날리게 되었다. 그러던 2021년, 정말 예상하지 못한 형태로 내 인생을 바꾸는 부업을 만나게 되었다. 엄청난 창업 아이템이었을까? 아니었다. 이미 많은 사람이 손을 대서 레드오션의 한 가운데라고 할 수 있는 '스마트스토어 창업'이었다. 온라인을 통해 상품을 판매하는 이커머스가 대중적인 부업 아이템이 된 지금 보면 더 고리타분하게 보일 수 있겠지만, 나는 판매하는 상품의 종목이 남달랐기 때문에 치열한 온라인 비즈니스 시장에서 생존할 수 있었다. 모두가 유튜브를 보며 '도매꾹'과 같은 도매 플랫폼에서 소싱해서 상품을 팔 때 나는 '꿀고구마'라는 농산물을 판매했기 때문이었다.

운명이라는 것이 참 재미있다. 정말 열심히 살고 치열하게 부딪히며 살았던 20대 때는, 뒤로 넘어져도 코가 깨지는 것 같은 악운들이 나를 따라다녔는데, 어찌된 영문인지 30대는 그렇지 않았다. 새롭게 만난 부업 역시 '우연'에 기인했었다. 다만 20대 내내 경험했던 사업 실패들 속에서 나만의 노하우를 몇 가지 얻을 수 있었다. 비극적인 20대를 보냈지만 그 시절 쌓아올린 시행착오가 아니었다면, 30대에 찾아왔던 우연한 기회를 놓쳤을 것이 분명했다.

장교로 군 전역을 하고 다시 한 번 사업을 시작하던 26살, 함께 군생활을 했던 동생에게 소개받은 한 사업가 친구가 있었다. '과일과 채소 등 농산물을 판매하는 청과 가게'를 운영했었는데 나랑 동갑임에도 불구하고 당시 정말 귀했던 AMG G바겐 63을 타고 다니던 돈이 많은 친구였다. 그 친구가 두르고 다니는 옷이나 차를 보면 자연스럽게 농산물이 큰 돈이 된다는 것을 알 수 있었다. 아무튼 내가 부업을 찾아헤매고 있던 33살 가을, 정말 오랜만에 이 친구에게 연락이 왔다. 인스타그램 등을 통해 고구마와 단호박 등 다이어트에 좋은 채소를 판매할 계획인데, '상세페이지'를 제작해달라는 부탁이었다. 하지만 나는 이미 상세페이지 디자인 외주에 지칠대로 지쳐서 진절머리가 나있는 상태였고, 이런 심리적 상태 탓에 해당 업무를 수주하지 않고, 그 친구에게 전혀 색다른 제안을 했다.

"차라리 나도 니가 파는 고구마 한 번 팔아보면 안 되겠나? 내가 상세페이지 네 것도 만들고 내 것도 만들어 볼테니까 혹시나 내 스토어에서 고구마가 팔리면 니가 고구마를 보내도."

당시에는 이런 개념을 잘 몰랐지만, 오늘날 '농산물 위탁판매'로 불리는 부업의 시작이었다. 당연한 이야기지만 우리가 판매한 고구마는 기대와 달리 그리 잘 팔리지 않았다. '고구마'를 온라인으로 팔아보지 않았던 우리에게 이커머스는 생소한 사업이었고, 대부분의 사업 초기에 겪는 문제가 그렇듯 매출 없이 애꿎은 시간만 갈아 넣었다. 그럼에도 내 재고 없이 고구마를 판매하겠다는 생각은, 앞서 내가 부업을 하기 위한 4가지 조건에 모두 부합했기에 최선을 다했다. 고구마 판매는 결코 쉽지 않았기에 그걸 팔기 위해 네이버 블로그도 시작했고, 생판 모르는 남한테 DM을 보내 공동구매 제안을 하기도 했다. 초반의 성적표는 누가 비웃어도 할 말이 없을 만큼 별로였지만, 그런 성적표를 뒤집기 위해 정말 최선을 다했다. 그렇다면 그렇게 우당탕 시작한 고구마 판매는 어떤 결과를 낳았을까? 내 스토어는 판매를 시작하고, 약 7개월 만에 월 매출 2억 원을 넘어서기 시작했다. 친구의 스마트 스토어 역시 월 매출 4억 원을 넘어서며, 단순히 실력을 떠나 '아이템이 참 좋았다'는 것을 확인할 수 있었다. 로고나 상세페이지 디자인 외주 부업 이후에 또 한 번의 성공적인 부업을 거치며 나는 '돈을 버는 체질'을 명확히 이해하게 되었고, 그렇지 않은 체질을 변모시키는 방법을 깨달을 수 있었다.

돈을 번다는 것은 생각보다 간단한 개념을 가지고 있다

이 책의 뒤에서 더 자세하게 설명할 내용이지만 짧게 설명하자면, '돈 = 팔 것×살 사람의 수'라는 매우 간단한 공식을 통해 결정된다. 돈을 벌기 위해서는 팔 것이 필요하고, 그걸 사줄 사람이 있을 때 돈은 만들어진다. 이렇게 간단한 공식이 먹히는 이유는 애초에 돈은 가치가 없기 때문이다. 돈은 오래 전부터 물물교환을 편히 하기 위한 목적으로 만들어져, 지금껏 이어져 온 거래를 위한 매개체이다. 즉 '누군가'에게 '무언가를 판다'는 행위를 통해서만 '돈을 번다'는 개념이 성립될 수 있다. (자본소득과 같은 심오한 개념은 좀 더 뒤에서 다룰 예정이다.)

이전의 나는, 팔 것을 찾고 그걸 사줄 사람을 찾는 일에 집중했었다. 그래서 월 1,000만 원 정도의 부수입을 얻을 수 있었음에도 그 '부업'

은 끝끝내 접을 수밖에 없었다. 그 이유는 돈을 버는 만큼 내 시간과 몸뚱이가 갈려나가는 '노동 소득'을 벗어나지 못하는 수익의 형태였기 때문이다.(나는 그동안 나의 기술과 나의 시간을 팔고 있었던 것이다.) 그래서 여기서 우리는 '효율'이라는 키워드를 찾는다. 돈을 번다는 개념은 위의 공식에서 크게 바뀌지 않지만, 여기서 효율적으로 돈을 번다는 개념은 완전히 달라진다. 그리고 나는 '효율적으로 돈을 벌 수 있는 능력'을 가질 때 '돈을 버는 체질'이 비로소 만들어졌다고 생각한다. 그렇다면 어떻게 할 때 우리는 '돈을 잘 벌 수 있는 체질'로 바뀌는 것이고 '효율적인 삶'을 쟁취할 수 있는 것일까? 평범한 사람도 이전과는 다른 삶을 설계할 수 있는 '초효율'의 인생을 사는 방법을 지금부터 알아보자.

Chapter 2

노력과 생산성의 상관관계

워라밸,
허무한 그 망상

'워라밸'이라는 말을 들어본 적이 있는가? 이제는 너무도 많은 사람이 사용해, 대부분이 알고 있는 단어다. 워크 앤 라이프 밸런스는, 영어권에서는 1970년대부터 work-and-life balance라는 의미로 사용 되었던 '일과 삶의 균형'이라는 뜻의 용어이다. 한국에서는 2017년부터 '워크 앤 라이프 밸런스'의 앞글자만 딴 신조어로서 '워라밸'이라는 말로 정착되었고, 고된 업무에 지친 현대인들에게 있어 반드시 쟁취해야 할 '꿈'과 같은 용어로 자리 잡았다.

'일과 삶의 균형', 1970년대 후반 영국의 여성 노동자 운동에서 처음 등장한 말이라고 한다. 당시의 여성들이 직장 일과 가정일을 모두 감당하려면, 정부와 기업에서 출산 휴가와 육아 휴직 등 모성 보호 관련

휴식 제도를 강화하고 유연한 근무 시간제를 실시해야 한다는 뜻이었다. 세계 각국에서는 2000년대에 들어, 일과 삶의 균형이 사회적으로 주목받으면서 정책화되기 시작하였고, 일과 삶의 균형이라는 개념은 초기에는, 일과 가정 사이의 갈등 문제를 해결하기 위해 등장하였으나 차츰 삶의 질을 향상시키기 위한 개념으로 발전했다.

요즘 들어 젊은 사람들은 '워라밸'을 중요시 한다. 힘든 직장에서 착취 당하기 싫어하고, 본인의 시간과 삶을 보장 받고 싶은 사람들은 자연스럽게 '워라밸이 좋은 회사'를 선호하기 시작했다. 그래서 기업들은 경쟁사와 비교해서 보다 뛰어난 인재를 확보하기 위해서 '워라밸'이라는 형태의 복지를 만들기 시작했다. 즉 워라밸 자체가 나쁜 의미는 아닌 것이다. 그런데 우리가 앞으로 알아볼 '초효율적인 삶'을 설계하기 위해서는 이 워라밸이라는 '멋진 꿈'과 조금 거리를 둬야 할 지도 모르겠다. 왜냐하면 효율적 삶을 설계하는데 있어 가장 방해가 되는 것이 아이러니하게도 이 아름다운 의미를 지닌 '워라밸'이기 때문이다. 특히 요즘은 이 워라밸이라는 말이 조금 다르게 사용되고 있는 것 같다. 요즘 워라밸이라는 개념은 '일은 적당히 하고 나의 시간은 충분히 취하겠다'는 말로 변질되었고, 삶을 즐긴다는 명목으로 귀한 시간을, 넷플릭스 같은 OTT나 유튜브, 인스타그램 등의 소셜미디어에 과도하게 쏟는 청년들을 보면 가슴이 아프다.

그럼, 워라밸은 언제 추구해야 하는 것일까?
일과 삶의 균형은 그저 망상에 불과한 것일까?

결론부터 이야기하자면, 현재의 나는 매일 같이 출근하지 않아도 돈을 번다. 왜냐하면 내가 100%의 지분을 소유하고 있는 기업에는 직원이 있고, 이 직원들이 본인이 맡은 업무를 처리함에 따라 나는 '사업소득'을 얻을 수 있기 때문이다. 즉, 내가 꼭 일하지 않아도 일을 대신할 사람들이 있는 것이다. 어떻게 보면 일과 삶의 균형을 만들 수 있는 '꿈의 상태'에 도달해 있다고도 할 수 있다. 그렇다면 '워라밸'을 누리고 있는 내가, 역설적이게도 사람들로 하여금 워라밸을 경계하라는 말을 하는 이유는 무엇일까? 이는 '워라밸 추구'가 갖는 생각하지 못한 함정 때문이다.

퀴즈를 하나 내보겠다. 평범한 사람에게 있어서 가장 큰 무기는 무엇일까? 물론 이건 내 주관적인 생각이기 때문에 정답이 아닐 수도 있다. 어떤 사람은 '건강'이라고 말할 수도 있고, 또 어떤 사람은 '행복'이라고 말할 수도 있겠지만 나는 그게 '시간'이라고 생각한다. 사실 이 세상은 여러 부문에서 굉장히 불공평하게 설계되어 있다. 나 역시 태어날 때부터 가난한 가정에서 태어남으로써, 남들보다 훨씬 많은 불편과 고충이 존재했었다. 또 다른 누군가는 몸이 약하게 태어날 것이고, 슬프게도 IQ가 낮게 태어날 수도 있다. 그런 점에서 비추어 보면 '공평'한 것을 기대하는 게 어리석어 보일 정도로, 이 세상은 불공평한 요소로 가득차있다. 애초에 인간인 우리가 결정할 수 없는 변수가 너무도 많은 것이다. 그런데 딱 한 가지 공평한 게 있으니 그건 '시간'이다. 그 대단한 삼성전자의 이재용 회장도, 신세계의 정용진 회장도 하루가 24시간이라는 점에서 '시간' 만큼은 모든 인간에게 있어 굉장히 공평하게 작용하는 룰이라고 할 수 있다. 그런 점에서 평범한 우리가 이미 '부'를 이룬 사람들과 비교해서 상대적으로 뒤처지지 않는 유일한 무기가 '시간'이라는 것이다. 그래서 이 귀중한 시간을 어떻게 사용하느냐에 따라 우리 인생의 모습이 크게 달라질 수 있다.

지나고 보니 나의 한심했던 20대는, 시간이 귀한 줄도 모르고 그저 도전하며 맨땅에 헤딩하기 바빴지만, 30대는 달랐다. 왜냐하면 내 도전의 형태는 '본업'이 아닌 '부업'이라는 틀에서 이뤄졌기 때문이다. 의도하진 않았지만, 부업은 필연적으로 본업 이후에 주어지는 작디 작은 자투리 시간을 사용할 수밖에 없었다. 그렇기에 습관처럼 시간을 아껴쓰고, 가급적 적은 시간을 쓰고 많은 아웃풋을 만들기 위해서 노력하게 되었다. 이렇게 시간을 아껴 쓰는 과정을 통해 '효율'을 설계하는 게 얼마나 중요한지를 깨달을 수 있었고, 그 과정에서 시간이 갖는 의미를 발견할 수 있었다.

돈은 아껴쓸 수 있다. 당장 삼시세끼를 라면만 먹으며 하루에 쓰는 돈을 극단적으로 줄일 수도 있다. 그러나 시간은 그렇지 않다. 그 시간을 사용하든, 그렇지 않든 시간은 항시 흐른다. 그렇기 때문에 모두에게 똑같은 시간이 주어졌음에도 불구하고 하루 24시간, 365일을 어떻게 살아가며 누적하느냐에 따라 우리의 인생은 완전히 다른 모습이 된다.

만약 본인이 직장인이라면 생각해보자. 직장에서 우리에게 월급을 주는 그 의미를 말이다. 내가 회사를 나가지 않아도 돈을 벌 수 있는 이유는 나를 대신해서 일을 수행하는 직원이 있기 때문이고, 나는 '그들의 시간'을 '월급'이라는 형태의 돈으로 구입하고 있는 것이다. 직장이 우리를 고용하는 이유도 내 경우를 생각해보면 바로 알 수 있다. 우리 개개인이 특별해서가 아닌, 회사가 굴러가기 위해서는 '업무'를 수행하는 사람이 필요하고, 그 업무에는 시간이 들어가며 그 시간을 월급이라는 형태의 비용을 지불하며 레버리지로 활용하고 있는 것이다. 이 말을 조금만 깊숙이 생각해보면, 평범한 우리가 그나마 제대로 된 대가를 받고 팔아 먹을 수 있는 가장 값진 상품은 '시간'이라는 것이다.

그런데 만약 이것을 별 의미도 없는 일에 날려버린다면 어떤 결과를 자초할까? 당연히 세월이 흘러 남아 있는 것은 '빈곤'과 '나태', '후회' 뿐일 것이다. 나는 그래서 워라밸이라는 말을 통해 '나태'하게 살아가는 사람들을 보면 가슴이 아프다.

다시 한 번 이야기 하지만 돈을 벌려면 무언가를 팔아야 한다. 무엇을 팔든 그것은 자유지만 그 과정에는 반드시 '시간'이라는 것이 들어간다. 그래서 워라밸과는 거리를 두어야 한다고 한 것이다. 본인이 스스로 생각하기에 충분한 경제적 자유를 이뤘다면 지금 당장이라도 그 아까운 시간을 보다 의미있는 삶을 만들기 위해 써도 상관 없다. 그런데 그렇지 않다면 지금 당장은 조금 힘들더라도 시간을 파는 일을 시작해야 한다. 이 과정에는 당연히 자유도가 떨어지며 하기 싫은 일을 수행해야 한다. 잠을 줄이고 일을 하거나, 직장에 다녀온 뒤 피곤한 몸을 이끌고 또 한 번 스스로를 노동 전선에 던져야 하니, 그게 내키는 사람은 없을 것이다. 그럼에도 내가 워라밸을 멀리하고 시간을 팔아야 한다고 주장하는데는 이유가 있다.

시간에도 가치가 있다. 당연한 이야기겠지만 건강하고 에너지 넘치는 20대의 24시간과, 80대의 24시간은 그 가치가 달라진다. 그래서 시간은 언제나 현재가 가장 값지다. 왜냐하면 오늘이 가장 젊은 순간이기 때문이다. 신체 건강한 20대에는 노가다도 뛸 수 있지만, 나이가 들고 노쇠하면 할 수 있는 일의 가짓수도 줄어들게 된다. 기업에서는 그래서 나이가 든 사람들을 '정년'이라는 형태로 방출한다. 말이 좋아 정년퇴직이지 기업 입장에서는 몸값이 오를대로 오르고 생산성이 떨어지기 시작한 '가치가 떨어진 직원'을 정리함으로써 기업 운영 효율을 높이려고 하는 것이다. 나는 그래서 젊은 청년들이 추구하는 워라밸이 허황된 망상이라고 생각한다. 지금은, 허무하게 날리고 있는 그 시간이 얼마나 가치있는 줄 모르지만, 10년 뒤에 돌이켜 봤을 때 가장 창창한 나날이고 끊임없이 기회가 쏟아지는 순간이 바로 그때다. 돌이켜 보면 내 20대는 참으로 허망했다. 돈을 벌기 위해 시작한 모든 일들이 실패로 끝났고, 들어간 인풋 대비 얻은 아웃풋이 없었다. 아니, 없다고 생각했다. 그러나, 20대에 부딪히며 돈을 벌지는 못했을지언정 기술과 경험, 노하우를 얻을 수 있었다. 20대의 팽팽 돌아가는 두뇌와, 밤을 아무리 새도 지치지 않는 체력이 없었다면 결코 가질 수 없는 것들이었다.

부를 이루고 싶다면 지금이라도 아깝게 낭비되는 시간들을 줄여서 이를 가치있는 것들로 바꾸어야 한다. 돈도 좋지만 경험이든 지식이든 무어라도 얻어야 하는 것이다. 이 과정이 없다면 우리는 인생에 있어 '진정한 워라밸'을 절대로 얻을 수 없다. 일과 삶의 균형은 당장 그 순간의 여유가 아니다. 우리가 나이 들고 힘이 빠졌을 때도, 시간적으로 그리고 경제적으로 자유로울 수 있어야 진짜 '워라밸'이라고 생각한다. 그래서 지금 당장 '가장 가치 있는 순간의 시간'은, 늙고 힘이 빠진 노쇠한 시기의 나를 위해 뜨겁게 태워야 한다.

지식과 시간, 레버리지를 활용하는 방법

30살의 나는 20대의 연이은 실패로 돈이 없었다. 게다가 한쪽 시력을 잃어 장애까지 얻은 상황이니, 누가 봐도 최악이라고 할 수 있는 출발선에서 30대를 시작했다. 그리고 그로부터 6년이란 시간이 흘렀다.

오늘날의 나는 법인 매출 월 기준 약 25억 원 정도를 달성했으며, 개인 소득 또한 월에 5천만 원에서 1억 원 사이를 벌고 있다. 이전과 다르게 버는 돈이 커지니 당연히 삶의 수준도 높아졌고, 과거에는 누리지 못했던 것들을 마음껏 누리며 살아가고 있다. 그리고 이런 돈을 만드는 데 있어 '부업'이 가장 큰 역할을 했다. 본업으로 얻는 소득 외에 조금 더 수입을 키우고 싶다는 생각으로 시작한 부업은 무럭무럭 자라나 본업의 소득을 아득히 뛰어넘었고, 퇴사에도 성공할 수 있었다.

부업이 새로운 사업의 든든한 기반이 된 것이다.

그런데 부업 외에도 인생을 바꾸는 데 있어 엄청난 역할을 한 것이 하나 있었다. 바로 '부동산 투자'였다. 갑작스런 부동산 투자 이야기가 뜬금 없겠지만 운명처럼 찾아온 우연한 사건 하나가 나의 사고 체계와 인생 전반을 바꿔버렸다. 혹시 '밥상머리 경제교육'이라는 말을 들어본 적이 있는가? 아무리 경제라는 용어가 어렵다고 하더라도 부모가 경제에 관심을 가지고 있으면, 자식은 자연스레 생활 속에서 그 지식을 익히게 된다는 개념이다. 사람은 식사를 하며 나누는 담소에서도 본인이 관심있어 하는 주제들을 이야기로 나누기 때문이다. 이러한 사소한 이야기들은 자식의 인생을 바꿀 수 있을만큼 엄청난 위력을 지닌다. 그런데 가난한 가정에서 자란 나는 이런 이야기 자체를 접할 기회가 전혀 없었기 때문에 부동산 투자의 개념 자체를 모르고 살았었다.(투자는 고사하고 오히려 하락론자와 비슷한 의견을 가지고 있었다. 그래서 집을 사는 사람들이 어리석어 보이기까지 했다.) 그래서 30살이 되던 해에도 나를 비롯해 우리 부모님은 본인 명의의 집이 없었고, 당장 나랑 연관된 것들이 없었기에 부동산 투자는 먼 나라 이웃 나라의 이야기였다.

그러던 어느날, 정말 우연한 계기로 부동산 투자를 하게 되었다. 아무런 계획 없이 벌어진 이 사건은 내 인생을 바꾸고, 부업에 대한 열망을 더욱 촉진시키는 강력한 촉매제가 되어주었다. 로고디자인과 상세페이지 디자인 외주라는 부업을 통해 돈을 벌던 시절, 앞서 언급한 것처럼 퇴근 이후 모든 시간을 다 쥐어짜도 업무를 다 처내지 못할 정도로 업무량이 엄청났었다. 자투리 시간을 모두 쓰는 것은 물론, 주말까지 쏟았음에도 일이 많아 나의 하루는 오직 본업과 부업, 수면으로 나뉘었을 정도로 팍팍한 시간을 보내야 했었다. 정말 정신 없는 시간들 속에서 얻은 것이 하나 있었는데, 바로 '저축'이었다. 돈을 벌어도 소비를 할 시간적 여유가 없었고, 딱히 예/적금을 들지 않았음에도 쓸 시간이 없어 쓸 수 없었던 돈은 통장잔고로 차곡차곡 쌓이고 있었다.

그러던 어느날, 대학 동기에게 한 가지 제안이 들어왔다.

'윤록아 너, 형이랑 같이 부동산 투자 하나 같이 해볼래?'

누가 봐도 의심스러운 연락이었다. 가뜩이나 부동산 투자에 대해서는 지식이 전무한데 갑작스런 공동 투자 제안에 나쁜 의심이 먼저 고개를 드는 것은 당연한 일이었다. 하지만 나는 그 제안을 덜컥 수락하고 말았다. 평소 같았으면 당연히 거절했을 투자 제안이었다. 그런데 차곡차곡 통장에 쌓여가는 돈을 보며, 주인을 잘못 만나 제대로 된 활용처도 찾지 못하고 있는 이 돈들을 어딘가로 흐르게 만들고 싶다는 생각을 늘 갖고 있었고, 마침 상황과 시기가 맞아 떨어진 것이다. 그렇게 대학 동기인 형과 나는 각각 4,500만 원의 돈을 모아 9,000만 원의 돈으로 부산의 '부암1구역' 조합원 입주권을 구입하게 된다. 물건은 빌라였는데 이미 멸실(철거가 끝난 상태)이 된 상태였다.

조합원은 무엇이고, 입주권이 무엇인지도 모른 채 그저 돈이 될거라는 동기의 말만 덜컥 믿고 난생 처음 구입한 부동산이었다. 그동안 힘들게 번 돈이 더욱 불어날 것이라는 두근거리는 마음도 잠시였다. 부동산 투자에 대한 기본적인 지식도 없이 벌인 투자였기 때문에 시간이 흐를수록 점점 불안해졌다. 특히 유튜브를 통해 부동산 하락론을 접하거나, 인터넷을 통해 접하는 부동산 투자에 대한 좋지 않은 견해나 여론을 만나면 심장이 어김없이 콩닥거렸다.

'괜한 일을 벌인 게 아닐까?' 조마조마한 마음을 떨칠 수 없었고, 이런 불안감은 아무 것도 모르는 데에서 생기는 것이라는 생각에 반강제적으로 부동산 공부를 시작했다. 누가 봐도 순서가 잘못됐지만 공부를 시작하고 나서야 조합은 무엇이며, 입주권은 무엇인지 알 수 있었다.

그렇다면 매일 불안함과 설렘에 밤잠을 설치게 만들었던 첫 부동산 투자의 결과는 어떠했을까? 우리는 약 6개월을 소유하고 매도 계약을 체결했다. 이 부동산의 가치는 고작 반 년만에 2억 3천만 원이 되어있었고, 내가 생각할 때엔 터무니 없다고 생각한 가격에 매수하겠다는 매수자가 나타났다.(이 부동산은 매도 후 더 많이 오르게 된다.) 세금을 제했음에도 내게 떨어진 돈은 약 9,000만 원이었다. 투자한 돈이 두배로 상승했으니 아주 성공적인 투자라고 할 수 있었다. 게다가 부업을 통해 힘들게 돈을 벌어왔던 내가 투자를 통해 '노동'없이 돈을 벌었으니 그 기분이 참 묘했다. 그렇게 자신감이 붙은 나는 재건축을 준비 중인 아파트 한 채와 우암1구역이라는 재개발 입주권을 하나 더 구입하게 된다. 넉넉한 자본이 없었기에 교직원 공제회에서 나오는 대출을 이용했었다. 부업은 내게 시드머니가 되어줬고, 무엇보다 투자를 실행할 수 있는 용기가 되어주었다. 그리고 그 과정이야 어쨌든간에 반강제적으로 부동산 공부도 하면서 까막눈 상태를 벗어날 수 있었다.

우리는 이런 것들을 두고 '레버리지 효과'라고 부른다

레버리지는 지렛대라는 뜻이다. 들어가는 노력을 줄이고 다른 매개체(예를 들어 대출이나 공동 투자)를 활용해 돈을 효과적으로 버는 방법을 두고 '지렛대 효과'라고 한다. 그래서 레버리지는 일명 '지레 효과'로, 차입금을 통해, 자신이 가진 자본에 비해 매우 큰 이익을 올릴 수 있는 효과를 의미한다. 거칠게 말하자면 '빚 내서 돈 벌기'. 방향만 맞다면 손실없이 돈만 벌 수 있다는 의미로도 쓰일 수 있다. 얼핏 들어서는 굉장히 공격적이고 위험한 방법처럼 느껴지는 '레버리지'이다. 그런데 이 책에서 말하고자 하는 것은 그런 터무니 없는 이야기가 아니다. 시간과 지식을 활용해 만드는 진정한 레버리지를 통해 인생의 효율을 높이는 방법에 대한 이야기를 하고 싶다. 당연한 이야기겠지만 평범한 인생일수록, 어떠한 계기나 방법을 통해 '인생을 어떻게 살아가느냐'에 따라 그 형태가 '변화무쌍'해진다.

그리고 그 변화무쌍한 인생의 형태에서도 '평범한 사람이 본인이 가진 잠재력 모두를 발휘해 최적의 상태를 만드는 것'을 두고 나는 '초효율의 경지'라고 부른다. 이러한 초효율의 경지가 되기 위해서는 반드시 필요한 재료가 있는데 하나는 앞서 강조했던 '시간'이고, 나머지 하나는 '지식'이다. 시간과 지식이 모이고 결합될 때 우리가 가진 시간의 가치를 더욱 위력적으로 증폭시키는 레버리지 도구가 만들어 진다.

  대학동기와 함께 투자했던 부동산을 시작으로 내 사고의 방식도 크게 바뀌었다. 그동안 시간과 몸을 갈아가면서 돈을 버는 법만 알았다. 투자를 통해 가진 돈을 불릴 수 있다는 것을 알고만 있었지, 나의 이야기라고 생각해본 적도 없었다. 그리고 매일밤 부업에 시간을 쏟느라 투자를 공부하겠다는 의미도, 여유도 없었다. 하지만 우연한 이 사건은 자연스레 나를 '부동산 공부'에 빠져들게 만들었다. 부동산에 대해 공부할수록, 어떤 부동산을 사면 그 가치가 오를지 점차 명확히 보이기 시작했다. 그리고 함께 투자했던 대학 동기는 전업 투자를 시작했고, 월급이 적은 교사임에도 불구하고 가지고 있는 아파트의 물건을 5개까지 늘렸다. 사업을 하는 것이 아님에도(버는 소득이 크지 않음에도) 투자를 통해 자산이 크게 늘어나는 대학 동기의 모습을 보며, 그동안 바쁘게만 살아왔던 내 인생에 대해 되돌아보게 되었다. 10년 넘게 사업과 부업에 올인한 나보다 그 동기의 돈 버는 방식이 훨씬 효율적이고 효과적이었기 때문이다. 이런 생각의 변화는 힘을 들이지 않고 돈을 버는 '레버리지'의 방식에 더욱 심취하게 만드는 계기가 되었다. 하지만 문제가 하나 있었다. 아무리 좋은 매물들이 보여도 그걸 살 수 있는 돈이 없다는 점이었다. 이미 대출을 일으킬대로 일으킨 터라 또 다른 투자를 하기 위해서는 '시드머니'가 필요했다. 당시 부동산의 상승세가 엄청났기 때문에 하루가 다르게 오르는 부동산의 가격을 보며 돈이 없는 게 한이 될 정도였다. 그래서 다시 한 번 부업을 찾게 되었고, 그렇게 시작하게 된 새로운 부업이 바로 '농축수산물 위탁판매'였다.

처음 돈을 벌기 시작한 이유는 그저 '가난 탈출과 여유로운 삶을 위해'라는 막연한 목표였다면, 두 번째 부업은 훨씬 확실한 목표지점을 가지고 있었다. '돈을 벌기 위한 돈(시드머니)의 확보'였다. 나는, 폭등세를 보이는 부동산을 사기 위해서라도 '빨리' 돈을 벌어야 했다. 이런 생각의 변화는 돈을 버는 방식마저도 바꾸게 만들었다. 나에게 있어 부동산이라는 그 자체가 인생의 레버리지가 된 셈이다.

시간의 가치를
높이는 방법

평범한 사람이 돈을 벌고 부를 축적하기 위해서는 결국 무언가를 팔아야 한다. 돈은 '판매'라는 행위를 통해서 얻을 수 있는 매개체이다. 그런데 우리는 마땅히 팔 것이 없다. 그렇기에 우리가 가지고 있는 것 중 가장 가치있고, 희소성이 가장 높은 '시간'을 팔아야 하는 것이다. 시간이야말로 인간에게 있어 가장 공평하게 주어지는 '가치재'이기 때문이다. 하지만 모두에게 공평한 시간이라고 할지라도 그 가치가 달라질 수 있다. 삼성전자를 다니는 평사원의 1시간이 이재용 회장의 1시간과 가치가 같을 수는 없다. 그럼 우리가 가지고 있는 가장 가치있고 희소성이 높은 시간을 어떻게 팔 때 가장 높은 가치를 인정 받을 수 있을까?

바로 '시간'을 써서 '지식'을 익히고, 나아가 '기술'을 활용함으로써 내 몸값을 키우는 것이다. 당장 인테리어 현장만 가봐도, 잡부보다 도배 기술을 가진 사람, 목공 기술을 가진 사람의 몸값이 더 비싸다. 그런 점에서 볼 때 내 시간을 팔아서 '시드머니'를 확보하려는 사람이라면 기술을 익히지 않을 이유가 없다. 누구나 할 수 있는 기술은 희소성이 떨어진다. 그래서 누구나 도전할 수 있는 블로그 체험단이나 구글 애드센스와 같은 부업은 그보다 더 상위 기술과 비교한다면 훨씬 더 낮은 페이를 받을 수밖에 없다. 반대로 아무나 할 수 없는 기술은 시장에 공급자가 그리 많지 않기 때문에 희소성이 높아진다. 자연스레 수요자들은 이런 '희소한 기술의 공급자'를 두고 경쟁을 하게 되고, 이는 가격의 상승을 불러온다.

당연한 소리지만 '어려운 기술'을 익힐수록 내가 판매하는 시간의 가치는 높아지는 것이다. 그러나 현실적인 부분도 생각해야 한다. 허들이 높은 기술은 그만큼 폐쇄성을 갖게 되고 쉽사리 배울 수가 없다. 설령 기술을 가르쳐 주는 사람을 만난다고 할지라도, 그걸 내가 학습하지 못할 수도 있다. 그렇다면 내 시간의 가치를 올리는 일을 포기해야 하는 것일까? 이런 경우에는 공급자와 비교해 수요자가 훨씬 많아, 상대적으로 '수요 초과' 상태에 놓여 있는 기술을 공략하면 된다. 대표적으로는 '상세페이지 디자인 외주'가 있다. 그 이유는 아래를 한 번 살펴보자.

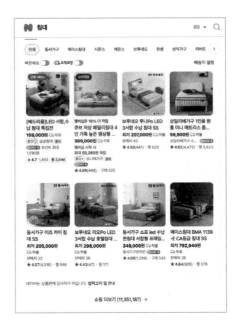

출처 : 네이버

　네이버에서 '침대'란 키워드를 검색한 결과이다. 우리는 살면서 과연 침대를 몇 번이나 바꿀까? 솔직히 말해 침대는 재구매율이 높은 상품은 아니다. 나의 경우만 하더라도 처음으로 자취를 시작할 때 첫 구매를 했었고, 이후 결혼을 하면서 혼수로 구매했고, 최근 집을 이사하면서 새 침대를 샀다. 기껏해봐야 3개를 산 것이다. 누가 봐도 수요자가 적은 상품임에도 불구하고 침대를 검색해서 나타나는 상품은 무려 1,100만 개에 육박한다. 그럼 다음 예시도 한 번 살펴보자.

출처 : 네이버

    이번에는 식탁을 검색해봤다. 역시나 자주 구매하게 되는 상품이 아님에도 불구하고 680만 개에 달하는 엄청난 수의 상품이 등록되어 있다. 코로나가 발생하기 이전만 하더라도 이커머스 시장은 제법 할만한 블루오션이었다. 그런데 코로나가 발생하고 너도 나도 이커머스에 뛰어들면서 지금은 엄청난 수의 판매자가 경쟁하는 전형적인 레드오션 시장이 되었다. 그렇다면 '이커머스'에서 생존할 수 있는 방법이 없을까?

    아니다. 방법은 있다.

이커머스에서 생존할 수 있는 대표적인 방법 두 가지를 말해주겠다. 첫 번째는 아직 경쟁의 마수가 닿지 않은 블루오션 아이템을 찾는 것이다. 물론 아무도 거들떠보지 않는 구매율이 떨어지는 상품이 아닌, 구매도 많으면서 매출액도 높은 상품군을 찾아내는 것이다. 한 번 아래의 두 상품을 비교해보자.

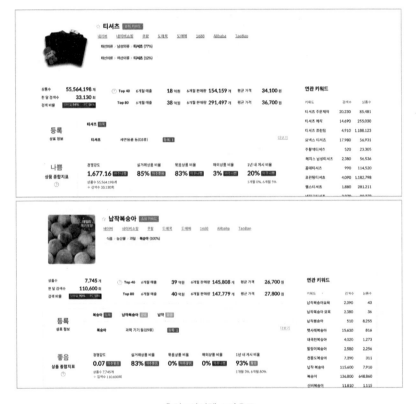

출처 : 아이템 스카우트

우선 이 화면은 이커머스 상품 분석 도구인 '아이템 스카우트'라는 사이트의 화면이다. 그리고 위의 사진들은 '티셔츠'와 '납작복숭아'를 검색한 결과를 비교한 모습이다. 우리가 흔히 사게 되는 '티셔츠'를 검색하면 5,500만 개의 상품이 나온다. 그리고 고객의 예비 수요라고 할 수 있는 검색수는 3만 3천여 개가 나온다. 엄청난 경쟁자 수와 비교하면 터무니 없이 적은 수요라고 할 수 있다. 당연하게도 경쟁강도는 1,600:1 정도로 초보 셀러가 들어가면 '반드시' 패배할 데이터가 나온다. 시장 규모도 TOP 40위의 6개월 매출액 합계가 18억 원 정도로 그리 크지 않다.

반면에 유럽의 복숭아로도 유명한 신품종 '납작복숭아'는 티셔츠와 대비해서 엄청나게 좋은 지표를 보여준다. 상품 수도 1만 개가 채 되지 않으며(티셔츠와 대비해서 약 7,100배 차이가 난다.), 예비 수요를 뜻하는 검색수는 11만 개 정도로 오히려 더 많다. 그래서 0.07:1로 아주 낮은 경쟁강도를 가지고 있어, 초보자도 충분히 경쟁을 해볼 수 있는 지표가 나온다. 시장 규모는 티셔츠보다도 무려 2배 가량 크다.

이런 사례에서 볼 수 있듯, 아무리 레드오션이 된 이커머스 시장이라고 하더라도 분명 기회는 존재한다. 하지만 평범한 사람들은 어떤 상품이 가치 있는 상품이고 경쟁을 할 만한 상품인지 알기 어렵다. 왜냐하면 경험이 그리 많지 않기 때문이다. 그래서 이커머스에서 생존하는 방법 중 아래의 두 번째 방법을 강력하게 추천한다.

그 방법은 이미 피터지는 경쟁자들을 협력자로 만드는 것이다. 악어들이 득실거리는 늪지에 새끼 악어로 참여하는 것이 아니라 악어새라는 전혀 다른 플레이어로 참여하는 것이다. 그 예시가 바로 '상세페이지 디자인 외주'가 될 수 있겠다. 기본적으로 얼굴을 마주하지 않고 상품을 판매해야 하는 온라인 비즈니스의 특성상, 오프라인과 비교해서 상품 정보를 전달하는 '상세페이지'는 아주 중요한 역할을 하게 된다. 똑같은 상품이라고 하더라도 상세페이지의 디자인이나 후킹 멘트, 그리고 정보전달력에 따라 판매량이 달라질 수 있는 곳이 이커머스 시장이다. 그래서 대부분의 판매자들은 상세페이지 제작에 많은 신경을 쓴다. 앞서 검색해 봤던 5,500만 개의 티셔츠 판매자, 1,100만 개의 침대 판매자 등 수많은 판매자는 경쟁자와 비교해서 더 뛰어난 상세페이지를 만들기 위해 부단히 힘을 쓰고 있다. 그런데 이런 수요와 비교해서 상세페이지 제작을 담당하고 있는 그래픽 디자이너의 수는 어떨까? 사실 그 수요를 따라가지 못할 정도로 공급이 터무니 없이 부족하다. 그래서 별 실력이 없는 상세페이지 디자이너라고 할지라도 늘 일에 파묻혀 사는 현상이 발생한다. 당연히 상품을 떼어다가 판매하는 이커머스와 비교해서 '포토샵'과 같은 그래픽 디자인 툴을 활용하는 '상세페이지 디자인 외주'는 조금 더 많은 기술 숙련도가 필요하고 그 난이도도 더 높을 수 있다. 하지만 결국 우리가 하는 일은 최대한 적은 노력으로 가급적 많은 수익을 얻는 '효율'적인 방식으로 시간을 판매하는 것이기 때문에, 두 번째 방식이 수익화 초보자에게 있어서는 더 적합한 방법이라고 할 수 있다.

실제로 이런 기회의 장들을 일찌감치 포착한 N잡러들은 포토샵, 피그마 등 그래픽 디자인 툴을 배우는 일에 뛰어들고 있다. 뭐든 처음하는 일이 그렇듯 새롭게 기술을 익히는 일은 결코 쉽지 않다. 그럼에도 기존에 없던 지식을 쌓고, 나아가 기술을 익히는 방법은 우리가 판매할 수 있는 '시간'의 가치를 더욱 높게 만들어 줄 수 있는 거의 유일한 방법이기에 우리는 '효율적이고 남다른 인생'을 위해서라도 새로운 것들을 익히는 일을 두려워해서는 안 된다.

'열심히'만 살면
부자가 될 수 없는 이유

그동안 우리는 어릴 적에 어른들에게 또는 학교에서 '열심히' 살아야 한다고 배웠다. 열심히, 혹은 성실하게 살아야만 더 나은 삶을 보장받을 수 있다고 배운 우리는 '열심히'라는 말을 늘 입에 붙이고 살아왔다.

그래서일까? 아마 스스로 생각해서 열심히 살고 있지 않다고 생각하는 사람이 거의 없을 정도로 이 사회의 구성원들은 모두 하루하루를 열심히 살아가고 있다. 하지만 인생의 필수덕목처럼 간직하며 살아왔던 이 '열심히'는 성공을 보장해주지는 않는다. 왜냐하면 부자의 필요조건이 '열심히'일지는 몰라도 충분조건이 되지는 않기 때문이다. '노력'만 가지고 성공할 수 있었다면 세상 모든 사람들은 부자가 되었어야만 했다. 그럼 이쯤에서 이 세상을 움직이는 알고리즘이 뭔가 잘못되었거나, 절대 다수의 우리를 속이고 있는 것은 아닌지 의심을 해봐야 한다.

20대의 나는 도전에 얼굴을 맞대고 살았었다. 새로운 도전을 마주할 때 마다 그 도전을 성공시키고 싶어서 정신이 나갈 정도의 노력을 곁들였다. 이렇게 살면 언젠가 한 번은 내게도 '성공'이 찾아올 것이라고 믿었다. 하지만 그런 기대들은 이뤄지지 않았다. 10년 가까운 실패 끝에 부질 없는 것이라고 판단한 나는, 결국 임용고시를 봤고 원치 않았던 월급쟁이 생활을 해왔다. 이런 스토리는 이미 많은 사람이 겪은, 어디서 한 번은 들어봤을 법한 시시하고 고리타분한 이야기다. 지금 월급쟁이 생활을 하는 사람 중에 '꿈이 월급쟁이'여서 하는 사람은 어디에도 없을 것이다. 그들도 나처럼 어디엔가 존재할 '좋은 날'을 기다리며 그저 버티고 있을 뿐인 것이다.

이런 내게 성공은, 전혀 예상하지 못한 곳에서 찾아왔다. 230만 원의 외벌이 월급 생활을 타파하기 위해 시작했던 '부업'은 나를 한계까지 몰아부쳤다. 잠을 아무리 줄이고, 공휴일을 아무리 갖다 바쳐도 내가 만들어 내는 생산성보다 더 많은 일이 몰아쳤다. 그리고 그제서야 알 수 있었던 사실 하나는, 한낱 인간의 '노력'만으로는 이러한 과제들을 해결할 수 없을 뿐더러 얻을 수 있는 생산성의 한계가 아주 명확하다는 점이었다. 게다가 나는 부업을 통해 수익을 창출하고 있었기 때문에, 가끔 본업이 바빠지면 가뜩이나 정신 없는 과업들이 더없이 꼬였다. 그렇게 해결해야 할 과업이 누적될수록, 돈을 번다는 기쁨보다 '잠을 잘 수 없다는 고통'이 더 커지기 시작했다. 지독할 정도의 가난과 실패를 겪었던 나였던터라 웬만큼의 노동은 감흥이 없을 정도로 정신력이 높은 편이었다. 그런데 그런 나였음에도 몰아치는 업무와 그로 인해 줄어드는 잠은 참을 수 없었다. 그래도 나를 믿고 일을 맡겨준 고객들에게 기대에 부응하지 못하는 결과물을 전달할 수 없었기에 스스로를 쥐어짰고 그 결과, 건강했던 심신 상태가 결국은 망가져 갔다.

결국에 나는 살기 위해서 '노력'을 줄여야 했다. 그런데 아이러니하게도 이러한 노력을 줄여갈수록 일은 더 잘 풀리기 시작했다. 이런 아이러니한 결과를 직접 목격하고 난 뒤 나는 한참을 생각해야 했다. 단순무식하게 도전하고 노력하는 삶을 조금 벗어났을 뿐임에도 내가 만들어내는 생산성이 달라졌기 때문에 그 이유를 명확히 찾아야만 했다. 그리고 오랜 고민 끝에 내가 도달한 진실은 생각보다 간단했다. 애초에 내가 하는 일의 방식은 '돈이 되는 방식'이 아니었던 것이다. 여러분들이라면 '돈이 되는 일'과 '그렇지 않은 일' 중 어떤 것을 고르겠는가? 당연히도 '돈이 되는 일'일 것이다.

그렇다면 다시 한 번 스스로에게 물어봐야 한다. 지금 내가 하고 있는 일이 진정으로 돈이 되는 일인지 말이다. 기본적으로 세상에 돈을 번 사람들은 몸이 아닌 머리를 써왔다. 그런데 우리는, 우리도 모르는 사이에 머리를 쓰는 것이 아닌 몸을 쓰는 일, 단순히 시간을 갈아 넣는 일만을 하고 살았던 것이다. 결국 몸으로 '열심히' 하는 일은 스스로 뿌듯할지언정 절대로 돈이 되는 일은 아니라는 것이다. 그런 점에서 볼 때 세상의 성공한 사람 대부분은 게으른 사람들이 많다. 이렇게 게으른 사람이 성공하는 이유는 자신도 모르는 사이, '돈이 되는 일'을 선택했기 때문이다. 게으른 나머지 몸을 굴리는 것보다 머리를 굴리는 것을 더 선호했고, 몸을 쓰는 일은 본능적으로 남들에게 위임해왔다. 하지만 대다수의 평범한 사람들은 내가 그러했듯, 다른 사람을 믿지 못하고 내가 다 해내야만 안심이 되기에 성공과는 거리가 먼 삶을 사는 것이다.

  나도 내 디자인 능력을 철석같이 믿고 있었고, 혹시나 다른 사람에게 위임하면 내 고객이 퀄리티에 실망하고 떨어져 나가지는 않을지 걱정했었다. 그래서 일을 맡기는 것보다는 조금 고통스럽더라도 스스로 감내하는 선택을 했었다. 결국 이러한 선택을 부순 것은 부끄럽지만 내 자신이 아니었다. 몰아칠대로 몰아쳐서 도저히 감당할 수 없는 상황이 나를 '위임'의 길로 들어서게 만들었고, 그 길은 결과적으로 옳은 길이 되었다. 생각보다 고객들은 둔감했고, 아웃소싱을 통해 만들어진 '위임'의 결과물을 눈치채지 못했다. 이럴 줄 알았으면 진작 남들에게 시켜서 더 많은 일을 수주하고 더 많은 것들을 생산했으면 좋았겠다 싶었다.

  이러한 나의 의견이 납득되지 않는다면, 종이를 펼쳐 지금 하고 있는 일들을 마인드 맵으로 적어보자. 그리고 그 일이 '두뇌를 쓰는 일'인지, '몸을 쓰는 일'인지를 분류해보는 것이다. 그러면 놀랍게도 우리가 하루 중에 쳐내는 과업 대다수가 몸을 쓰는 일이라는 것을 찾아낼 수 있다. '노력'을 멀리하고, 게으른 삶을 사는 사람들 중에 더 성공하는 사람들이 많은 이유는 그들은 겉으로는 게으를지 몰라도 그 누구보다 머리를 쓰는 일을 잘 하는 사람들이며, 그 과정에서 더 효율적인 방향을 찾을 줄 알기 때문이다. 하루의 과업 중에도 중요한 일이 있고, 그렇지 않은 일들이 있다. 우리는 중요하지 않은 일에도 많은 정성을 쏟는다. 신의와 성실의 원칙에 따라 '열심히' 사는 것이 미덕이라고 배워왔기 때문이다. 그러나 성공을 하고 나아가 부자가 되기 위해서는 그 굴레를 벗어나야만 한다. 하루 중 스스로에게 쏟아지는 과업들 중에서도 중요도가 낮고, 누구나 할 수 있는 일부터 남들에게 위임하는 습관을 길러야 한다.

그래서 나는 막연한 '노력'을 하지 않는 사람들이야말로, 성공의 자격을 갖추고 있는 사람들이라고 생각한다. 게으른 사람들은 본인의 과업을 조직하는 데 있어서 매우 창의적이다. 그들은 불필요한 문제에 시간을 낭비하지 않고, 요점을 파악하려 노력한다. 그들은 일반적으로 과업에서 반복되는 단순한 프로세스들은 시스템, 프로그램, 인력 등 다양한 요소들을 활용해 최적화하고 자동화하는 방법을 찾아낸다. 게으른 사람들에게 있어 단조로운 일만큼이나 짜증나는 일은 없다. 게으름이 막연히 나쁜 게 아니다. 땅을 팔 때도 부지런한 사람은 삽질을 하지만, 삽질이 싫은 사람은 땅 파는 기계를 발명한다. 이런 점에서 보면 노력이 반드시 옳은 것은 아니란 것을 발견할 수 있다.

가만히 살펴보면, 이 세상에는 정말 똑똑하고 고학력임에도 불구하고 성공하지 못하는 사람들이 많다. 그 이유는 무엇일까? 내가 그러했듯, '억센 부지런함'만 잔뜩 키웠기 때문이다. 실제로 코카콜라 회장은 매우 게으른 사람이었다. 맥도날드 회장 또한 게으르기로 유명했다. 그래서 그는 복잡한 기교가 들어가는 요리를 하는 대신, 빵 두 조각 사이에 소고기를 끼우고 양념을 칠해서 팔았다. 계단을 오르기 귀찮아 하는 사람이 엘리베이터를 발명했고, 걷기 귀찮아 하는 사람들이 각종 교통수단을 만들었다. 모든 일에 열심히인 사람들이 성공하지 못하는 이유는 생각보다 간단하다. 모든 일에 최선을 다하면 두뇌는 자연스레 그 긴장감을 유지하게 된다. 그리고 그만큼 '실패해서는 안 된다'는 강박을 갖게 되고 이런 긴장감은 '여유'를 배제하게 만든다. 그러나 게으른 사람들은, 상황을 느긋하게 보고 판단한 뒤에 업무의 배치를 새로이 함으로써 더 효율적인 삶을 사는 특징이 있다. 그래서 그들은 일을 마주해도 바로바로 하는 법이 없다. '왜 해야 하는지', '하면 어떤 점이 좋은지', ' 어떤 일이 더 중요한지'를 고민한다. 그런데 많은 사람은 이런 잡념이 실행력을 가로막고 있다고 착각한다. 그만큼 '실행력'의 중요성이 강조되는 시대이다. 물론 실행은 중요하지만, 그보다 중요한 것은 '효율적인 업무의 배치'와 '위임'을 통한 진정한 '속도의 상승'이다.

나는 여전히 노션, 에버노트와 같은 정리 앱을 쓰지 않는다. 그저 낡은 몽블랑 노트와 몽블랑 펜을 항시 들고 다니며 회의를 하고, 사람을 만나서 이야기를 나눌 때에도 직접 글을 쓰고 메모한다. 그 이유는 '사고의 속도'보다 필기라는 형태로 이뤄지는 '행동의 속도'가 더 느리기 때문이다. 일을 '왜 해야 하는지' 생각하지 않고 행동부터 앞서는 사람들은 나중에 가서 일을 놓치거나, 그 일을 '왜 했는지' 이유를 놓치는 경우가 많다. 여기서 하고자 하는 말은 실행력이 중요하지 않다는 것이 아니다. 실행력은 무척 중요하다. 하지만 이 실행도 사고력이 뒷받침되지 않으면 표류해버리고 만다. 게으름은 사회악처럼 비치는 경향이 있다. 그래서 스스로 생각하기에 게으름을 피운다고 생각하는 사람들은 자책하거나 스스로 실패자가 된 것이라 여길 때가 많이 있다. 하지만 그 누구보다 뜨거운 열정으로 최선을 다하며 살았던 20대의 나는 실패했다. 오히려 본업의 과업과 육아라는 일에 지쳐 게으른 모습으로 살았던 30대의 나는 성공할 수 있었다.

적게 일하고 부자가 되는 생산성을 만드는 방법

'열심히' 살면 부자가 될 수 없는 이유를 살펴보았다. '성공하기 위해서는 성실해야 한다'는 사회가 세뇌시킨 강박만이 존재했을 뿐, '노력'은 '성공'의 충분조건이 되지 못한다. 모든 사람은 어느 정도의 게으름을 가지고 있다. 성향에 따라 더 게으른 사람과 덜 게으른 사람으로 나뉠 뿐이다. 물론, 게으른 것이 마냥 옳다는 것이 아니다. 하지만 게으름을 어떻게 활용하느냐에 따라 성공하는 데 큰 도움이 될 수도 있다. 게으른 사람들은 공통적으로 지루한 것을 굉장히 싫어한다. 단순하거나 반복되는 것을 무척이나 싫어하는 그들은 '싫어하는 과업의 수행'을 회피하기 위해 업무를 '위임'하려는 성질을 갖는데, 이런 '그들의 특징'은 성공을 위해 반드시 갖춰야 하는 생산성과 큰 관계를 갖고 있다.

한 가지 예시를 들어보겠다.

33살, 우연한 계기로 농산물을 판매하기 시작했던 나는 늘어나지 않는 매출 탓에 엄청난 스트레스를 받고 있었다. 고객이 없으니 매출이 늘지 않는 것은 당연한 이치였다. 하지만 어떻게 매출을 늘려야 할지 그 방법을 찾을 수 없었다. 아무리 내가 판매하던 농산물(고구마)이 경쟁강도가 낮은 상품군이라고 하더라도, 트래픽(방문자)이 없으면 판매는 일어나지 않는다. 그래서 늘지 않는 트래픽을 어떻게 하면 늘릴 수 있을지 전전긍긍하고 있던 중, 함께 고구마를 팔고 있던 친구의 매출이 급격히 상승했다는 소식을 들었다.

분명 비슷한 조건에서 시작했고, 상품의 가격도 별로 다르지 않은터라 그 친구만의 특별한 비결이 있을 것이라고 생각한 나는, 곧바로 친구에게 전화해서 그 비결을 물었다. 생각보다 친구는 그 비결을 쉽게 털어놓았는데 그 비결로 '공동구매'를 활용했다고 이야기했다. 고구마 판매를 시작한 오픈 초기, 친구 역시 나와 비슷한 고민이 있었다고 했다. 당시 팬데믹 중기를 지나며, '사회적 거리두기'와, 건강에 대한 관심이 급격히 상승하여 모두가 유행처럼 너도 나도 홈트레이닝을 하던 시기였다. 그래서 대표적인 다이어트 식품인 고구마와 단호박이 잘 팔릴 것이라고 생각했었다. 그러나 우리의 기대와 달리 판매가 이뤄지지 않자, 친구는 좀 더 퀄리티 높은 사진 촬영과 상세페이지 내의 소구점(Sales point)을 다듬는데 집중했고, 판매는 다른 사람에게 위탁했다는 것이다. 본인을 대신해서 고구마를 판매해줄 인플루언서들을 섭외했고 판매된 상품 마진을 인플루언서와 약정된 비율로 나누는 조건으로 공동구매를 진행했으며, 그게 성공적으로 매출을 견인했다는 것이었다. 친구는 본능적으로 본인이 어렵게 느끼는 '판매'를, 막강한 트래픽을 가진 '인플루언서'들에게 '위임'하고 있었다. 얼핏 보면 이 방식이 상품 판매 마진을 확 깎아먹는 것 같아 보이지만, 10개를 판매하고 100%의 이익을 다 보는 것보다 인플루언서가 가진 영향력을 이용하여 100개를 판매하고 50%의 이익만 보는 것이 더 남는 장사였기 때문에, 굳이 하지 않을 이유가 없는 '효과적인 위임'이었다.

이렇게 친구의 판매 비결을 알게 된 나는 공동구매를 해줄 인플루언서를 섭외하기 시작했다. 인플루언서를 섭외하기 위해서는 먼저, 인스타그램에서 인플루언서들을 찾고 그들의 계정 운영 주제와 업로드 된 게시물을 파악한 뒤, 거기에 맞춰 DM을 보내 '공동구매 의사'를 물어야 한다. 그런데 문제가 있었다. 나는 단순 반복 작업을 병적으로 싫어하는데, 매일 같이 100명에 가까운 인플루언서에게 비슷한 내용을 보내고 답장을 기다리는 그 시간들이 너무 괴로운 것이다. (물론 가끔 가다 인플루언서 컨택에 성공하고, 공동구매가 진행될 때는 갑작스레 튀어오르는 매출을 지켜보는 재미가 있었다.)

공동구매를 직접 해보니 분명 효과적인 방식이었으나, 그걸 매일 같이 DM을 보내려니 정말 죽을 것 같다는 생각이 들었다. 그래서 나는 한 번 더 이렇게 하기 싫은 일을 '위임'하기로 결정한다.

고구마 하나를 위탁 판매로 판매하면 남는 수익은 대략 40% 정도였다. 여기서 인플루언서가 판매한 매출액을 기준으로 15%의 수수료를 지급하기로 했으니 내가 기대할 수 있는 기대 마진은 25% 정도였다. 하지만 DM이 죽어도 보내기 싫었던 나는, DM을 대신해서 보내줄 사람들을 모집하기 시작했다. 생각보다 많은 주부가, 집에서 가사일을 보느라 돈을 벌고 싶어도 일을 할 수 없는 경우가 많았고, 스마트폰만 있다면 어디서든 할 수 있는 이 일에 지원했다. 이렇게 결성한 DM특공대가 인플루언서를 섭외하는데 성공하면, 인플루언서의 매출에 따라 매출액의 5% 전후로 수수료를 지급해주었다. 그럼 내게 남는 마진은 약 20%가 되고, 여기서 이커머스 플랫폼 수수료를 제외하고 나면 약 14%의 수익이 남았었다. 40%나 남던 수익이 14%가 되었으니, 다른 사람이 보기에는 수지타산이 맞지 않는 장사를 하고 있다는 생각이 들 수도 있다. 하지만 한 달에 1,000만 원도 채 뽑아내지 못하던 매출은 이 '위임'을 계기로 단숨에 5,000만 원까지 뛰었고, 내가 하는 일은 거의 없게 됐다.

- 상품을 보내주는 일(위탁판매) : 친구
- DM을 보내고 인플루언서를 섭외하는 일 : 주부로 구성된 DM특공대
- 상품 판매를 위한 트래픽을 만드는 일 : 인플루언서
- 상품 주문이 들어온 뒤 발주서를 쓰는 일 : 와이프

매출이 1,000만 원이 나올 때는 수수료를 제외하고 약 340만 원이 남았었다. 그런데 위와 같이 대부분의 일을 위임하고 더 효율적인 구조를 설계한 이후, 매출은 5,000만 원이 되었고 남는 돈은 700만 원이 되어 생산성은 거의 2배로 올랐다. 매출 대비 적은 소득처럼 보일 수

도 있겠지만 5,000만 원의 매출을 올리는 데 내 시간은 거의 들어가지 않았기 때문에 '시간'을 거의 온전한 상태로 보전할 수 있었다.

이런 경험은 더욱 '생산성'을 높이는 일에 집착하게 만들었고, 이후 사업을 설계하고 소득을 만드는 일에 있어 내 시간을 최대한 쓰지 않는 형태를 추구하게 되었다. 그렇다면, 적게 일하고도 생산성 높은 성과를 만들기 위해서는 어떻게 해야 할까?

우선 비즈니스를 설계할 때, 그 비즈니스를 수행하는데 있어 필요한 과업들을 세부적으로 리스팅listing하는 것이다. 단순히 방 청소를 할 때도 순서가 있다. 침구 정리, 책상 정리, 어지러진 물건들의 정리, 바닥 먼지 청소, 널부러진 옷 개기 등 어떤 일이든 그 과업 안에는 세부적인 수행 사항들이 있기 마련이다. 우선 여기서 가장 효율적인 순서를 정해주는 것이다. 바닥에 옷이 널부러져 있고 물건들이 어지러져 있는데 방 바닥의 먼지를 청소할 수는 없을 것이다. 즉 바닥 먼지 청소보다 먼저 수행해야 하는 일들이 존재한다. 이렇게 세부적으로 과업 수행 리스트를 만들고 그 순서를 정하면 생산성은 자연스레 높아진다. 이후 반드시 본인이 처리해야 하는 '중요한 일'과 꼭 내가 아니어도 누구나 할 수 있는 중요도가 낮은 업무를 구분하는 것이다.

여기서부터 중요하다.

이렇게 과업을 세부적으로 리스팅하고, 그 중요도를 나눴다면 중요도가 낮은 업무들은 과감하게 위임해야 한다. 하나의 사업을 운영할 때(과업을 수행할 때) 세부적인 과업 리스트를 하나부터 열까지 대표가 모두 챙긴다면, 그 사업은 결코 더 발전적인 방향으로 성장할 수 없다. 당장의 외주 비용을 줄이기 위해 작은 일도 모두 직접 처리하려고 한다면 대표만 할 수 있는 사업 성장에 대한 고민과 외부 활동 등에 쓸 시간과 에너지가 사라진다. 물론 이런 위임을 효과적으로 하기 위해서는 '비용'이 필요하다. 그래서 사업 초반에는 무조건 스스로를 갈아 넣는 과정이 들어갈 수밖에 없는데, 이 과정에서 수익이 만들어졌다면 그 때부터 빠르게 '위임'을 시작해야 한다. 제대로 운영되는 사업장은 '직원이 대표보다 더 많이 알고, 일을 더 잘 할 수 있어야 한다'라는 말이 있다. 얼핏 들어보면 대표가 제일 많이 알아야 하는 것이 아닌가 하는 생각이 들 수 있지만, 사업의 확장, 그리고 성장을 위해서는 하나의 사업장을 운영하고 관리하는 것은 메뉴얼화되어 '위임'이 '위임'을 낳으며 지속성을 갖는 것이 필요하다. 대표는 사업의 성장을 위한 고민을 함으로써 더 나은 방향을 모색하는데 그 에너지를 집중해야 한다. 같은 시간을 살더라도 대표는 짙은 농도의 시간을 살아야 한다. 누구나 수행할 수 있는 단순한 일들은 과감하게 위임하고 이를 통해 얻은 시간을 더 복잡하고 어려운 일에 투자하는 것, 그게 '생산성'을 높이는 방법이다. 직장 안에서 수많은 직장인들이 R&R에 따라 각자의 역할에 충실하고 부여 받은 업무를 처리하는 모습을 떠올려보면 쉽게 이해할 수 있다. 그 회사의 대표가 모든 일을 처리하지 않고 직원들을 고용하고 업무를 위임하기 때문에 대표는 더 큰 돈을 벌 수 있는 것이다. 여러분들도 더 효율적인 삶을 살고 싶다면 지금부터라도 어떻게 하면 더 효과적으로 위임할 것인지를 생각해야 한다.

Chapter 3

부를 이루는
변곡점

목표를 10배로
크게 세워야 하는 이유

많은 사람이 목표를 현실적으로 세워라고 말한다. 그 이유는 무리하게 목표를 잡고 행동하면 금방 포기하게 될 것이라는 생각을 하기 때문이다. 하지만 〈10배의 법칙〉의 저자 그랜드 카돈은 목표를 오히려 10배는 크게 잡으라고 했다.

사실 남들보다 10배는 큰 목표를 세우기 시작한 것은 그랜드 카돈을 알기도 전부터였다. 그랜드 카돈은 훨씬 나중에 알게 된 사람이지만, 그가 쓴 〈10배의 법칙〉을 읽으며 꽤나 많은 부분에서 공감했었다. 애초에 나는 성공과 부의 성취라는 꿈을 이루기 위해 남들보다 '높은 목표'를 세워야 하는 사람이었다. 그만큼 뒤처진 출발점에서 시작했다고 생각해왔기 때문이다.

실제로도 나의 성공은 현실적인 목표를 세워 이뤄졌다기보다는 오히려, 터무니 없이 높은 목표를 세웠을 때 이뤄졌다. 사람들은 본인도 모르는 사이, '현실적으로'라는 말을 많이 쓴다. 지금 내가 할 수 있는 최고 수준의 노력을 제대로 파악하지도 못한 채 '현실'이라는 자기 위안에 스스로를 가두는 것이다. 그러나 지금 할 수 있는 최고 수준의 노력은 남들도 모르거니와, 본인 스스로도 알 수 없다. 왜냐하면 무작정 '열심히' 사는 것이 성공을 보장하는 절대 키워드가 아니었던 것처럼 현실적인 목표 역시 목표 달성과 별 관계가 없다. 솔직히 내가 지금 판단한 '목표의 무게'가 현실적인 것인지 더 할 수 있는 것인지도 확실치 않다.

그래서 나는 '현실적인 목표'를 세우는 것을 병적으로 싫어했다. 이 말 자체가 본인 스스로를 과소평가하는 것일 뿐만 아니라, 다른 사람의 역량을 바탕으로 '현실'의 사이즈를 재단한 것이기 때문이다.

오히려 정말 높은 목표를 잡게 되면 그만큼 느끼는 압박감도 커진다. 그렇게 '다소 과하다' 싶은 그 목표 과제를 수행하기 위해서는 일반적인 방법만으로는 해결할 수 없었다. 그래서 동원할 수 있는 모든 방법을 총동원하는 형태로 과업을 수행했다. 혼자서 도저히 할 수 없는 업무량은 직원을 뽑아서 일을 시키거나 프리랜서를 찾아 해결했었다. 이렇게 '위임'을 통해 내 시간을 절약하고, 좀 더 중요한 곳에 그 시간을 집중투자했던 '레버리지' 역시 목표를 10배는 크게 잡았기 때문에 가능한 일이었다. 정말로 내가 할 수 있는 '현실적인 노력'으로 해결할 수 있는 목표가 '나를 성장시키는 진정한 목표'일까? 나는 아니라고 생각한다. '하루는 24시간'이라는 절대적이고 공평한 시간의 룰로 인해, 아무리 뛰어난 능력을 가진 사람이라고 한들 혼자서 해결할 수 있는 과업의 크기는 한계를 갖는다. 그래서 '현실적인 목표'를 세운다 한들 스스로의 한계 안에 갇혀버리는 것이다.

이 한계를 넘기 위해 가장 중요한 한 가지는 '불가능'에 위축될 것이 아니라, 무엇이든 할 수 있다는 자신감을 갖는 것이다. 그 목표가 너무 커서 꼭 이룰 수는 없더라도 '다소 과중한 과업 수행'은 스스로가 지닌 한계를 넘어 새로운 방법을 발견해낸다.

그래서 자신감은 아주 중요한 덕목 중에 하나이다. 우리나라는 겸손이 중요한 덕목이 되는 문화를 바탕에 둔 국가여서 그런지, 사람들은 자신의 능력을 과소평가하는 경향이 있다. 이렇게 자신이 얼마나 가지고 있을지도 모르는 그 가능성을 과소평가한다면 목표를 크게 세우기란 불가능하다. 목표를 작게 세우면, 처음부터 우리의 행동은 그 목표에 따라 위축되고 엄청난 수준의 행동력을 발휘할 수 없게 된다. 이런 '현실에 안주하는 버릇'은 '현실'이라는 허울 좋은 핑계 속에 우리의 가능성을 가두게 되며 우리를 그저 흘러가는대로 살게 만든다. 그것이 '평범한 것'이라고 믿으며 말이다. 그런데 사실 이런 사람들일수록, 가슴에 꿈틀거리는 뜨거운 욕망을 가지고 있다. 그걸 직접적으로 실현할 수 없기 때문에 소셜미디어에서 마주하는 '젊은 부자'나, '잘 나가는 사람'들을 보며 시기하고 질투하는 것이다. 앞서 설명한 것처럼 '노력'은 성공을 위한 필요조건일 뿐 충분조건이 되지 못한다. 열심히 사는 것도 중요하지만, 그것보다 훨씬 중요한 것은 내 귀중한 시간을 얼마나 값진 곳에 쏟아 부었느냐다. 그리고 이렇게 값진 목표는 평범하고 현실적인 생각에서 만들어지는 것이 아니다. 남들이 보기에는 '점마, 저거 미친거 아이가?' 싶을 정도로 무모한 목표여야 한다. 왜냐하면 우리는 평범한 사람들처럼 살기를 꿈꾸는 자가 아니지 않은가? 비범한 목표 아래 비범한 사람이 탄생하는 것이다. 즉, 엄청난 목표는 남다른 방향을 제시하게 되고, 이렇게 남다른 방향을 발견하고 수행하다 보면 평범한 사람들은 가지지 못한 안목과 강력한 인사이트를 장착할 수 있게 된다. 안타깝게도 우리가 12년이란 시간을 바친 공교육에서는 이런 중요한 사실을 알려주지 않는다. 오히려 보통 수준을 강요하고, 눈에 띄는 행동을 억제시킨다. 주변 사람들도 그런 사상을 교육 받고 세뇌되어 '너는 왜 그렇게 유난을 떨며 힘들게 사냐?'라며 제대로 된 방향의 노력을 방해한다. 그래서 나는 목표가 작은 사람들, 보통 수준에 머무르며 남을 깎아내리기 바쁜 사람들을 멀리하고 있다.

아마 나는 그랜드 카돈의 〈10배의 법칙〉을 몰랐더라도 아주 무식한 목표를 세우며 살아갔을 것이다. 내가 겪었던 가난을 탈출하려면 '엄청난 돈'이 필요했고, 그만한 돈을 벌기 위해서는 일반적인 노력이 먹히지 않을 것 같았다. 그래서 일반적인 규정을 아득히 벗어난 노력은 물론, 더 높은 생산성을 위해 남들과는 다른 방식의 사고를 해야 했다. 비행기가 운항 중 언제 가장 많은 연료를 소모하는지 아는가? 정답은 '이륙'할 때이다. 비행기는 육중한 기체를 공중으로 띄우기 위해 이륙

할 때 전체 연료의 50% 이상을 소모한다.

 그래서 일반적인 목표라고 한들 그 목표를 위한 노력을 실행하기 위해서는 엄청난 에너지가 소모된다. 10% 성장을 위한 노력에도 거대한 실행력이 동반된다. 그렇다면 100% 성장하기 위해서는 10배 더 노력해야 할까? 아니라고 생각한다. 마치 비행기의 이륙과 같이 초반이 정말 힘들 뿐, 막상 기체를 띄우고 나면 제트기류에 올라타 적은 에너지로 비행을 하는 비행기처럼 큰 목표도 초반이 힘들 뿐 막상 실행하기 시작하면 그리 힘들지 않다. 만약 우리가 거래처 확보라는 목표를 세운다고 가정해보자. 100개의 거래처를 확보하는 게 일반적인 목표라면 10배의 목표는 무려 1,000개의 거래처를 확보해야 한다. 이 목표를 얼핏 보면 미친 소리처럼 들릴 수도 있겠지만, 이런 막연한 미션은 우리를 새로운 관점으로 나아가게 해준다. 이렇게 10배의 목표는 우리의 사고를 전환시켜주며, 대부분의 평범한 사람이 넘지 못했던 높은 벽을 뛰어넘을 수 있게끔 해준다.

 인생이 가진 관성은 그 힘이 결코 약하지 않다. 따라서 우리가 평범한 삶을 벗어나 부를 이루기 위한 변곡점을 맞이하고 싶다면, 상상을 초월하는 미션을 스스로에게 던져야 한다. '현실적인 목표'는 절대로 성장에 도움이 되지 않는다. 오히려 남들이 볼 때에 '정신나간 목표'일수록, 우리는 성장을 경험할 가능성이 높아진다. 10배의 목표는 우리로 하여금 새로운 관점을 갖게 만들고, 나아가 사고의 전환을 이끈다.

돈을 버는
가장 간단한 공식

그놈의 돈이 뭐라고 많은 사람이 돈을 그토록 열망한다. 돈이 없어 운명을 달리 하는 사람이 있을 정도로, 우리가 살아가는 이 세상에서 돈이 갖는 힘은 상상 이상이다.

우리는 자본주의와 자유 시장 경제 체제를 채택하고 있는 국가에서 태어났다. 좋든 싫든 일단 그 땅 위에 터전을 잡고 살아가고 있다. 그래서 대한민국이라는 국가에서 조금이나마 더 생존 확률을 높이고, 성과를 얻고 싶다면 먼저 '자본주의'가 무엇인지 알고, 그걸 어떻게 활용할지 고민해 보아야 한다. 자본주의란 재화의 사적 소유권을 개인이 가질 수 있는 사회적 체제를 말한다. 이 사적 소유권은 매우 강력해서 법률에 의하지 않는 방법으로는 양도 불가능하며, 그 자체로서 사회 구성원의 기본권으로 인정된다.

그래서 자본주의를 쉽게 설명하자면 사회 구성원들은 기본적으로 이윤추구를 목적으로 하며, 자본의 흐름이 경제 전체를 이끌어 나가는 경제체제라고 할 수 있겠다. 그렇다면 이 자본주의라는 룰을 지배하기 위해서 우리는 어떤 행동을 취해야 할까? 우선 자본을 얻어야 할 것이다. 이후 본인이 가진 자본을 굴려서 '이윤'을 추구하면 될 것이다. 얼핏 들어보면 정말 쉬운 룰이 아닐 수 없다. 그럼에도 많은 사람은 자본의 '근처'에도 도달하지 못한다.

일단 여기서 말하는 자본은 단순한 '부'가 아니다. 자본capital이란 투자를 목적으로 생산에 투입되는 돈, 재화, 노동 등 모든 것을 포함한다. 그런 점에서 금고나 땅속에 묻혀있어 생산적으로 활용되지 않거나, 사치와 같은 비생산적 활동에 소비되는 '부'와 구분되는 특징이 있다. 그래서 자본은 생산성을 만드는 모습으로 활용될 때에서야 비로소 그 의미를 가진다.

‖ **자본주의의 3요소인 자본, 토지, 노동** ‖

자본   토지   노동

자본주의 체제에서는 '자본'을 가진 '자본가'가 주인공이다. 그런데 앞서 우리가 살펴봤던 '부'와 달리 자본은 재화나 용역으로 이뤄지며, 이러한 자본주의를 지탱하는 '생산의 3요소'는 돈에 국한되지 않는다. 자본주의의 3요소는 '자본, 토지, 노동'으로 이뤄지며, 쉽게 생각해서 가치 있다고 생각되는 토지나 자본 외에 노동까지 그 범위에 들어간다는 점을 반드시 명심해두어야 한다. 그렇다면 우리는 자본주의의 3요소 중 어떤 요소를 씨앗으로 활용해서 이 자본주의 사회의 주인공인 '자본가'가 될 수 있을까? 돈이나 재화는 태어난 환경에 따라 엄청난 차이를 갖는다. 이런 점에서 보면 자본주의는, 그 기반이 약한 '가난한 자'에게는 아주 불리한 게임일 수밖에 없다. 그럼에도 그냥 죽으라는 법은 없는지 세상은 우리에게 최소한의 자본을 주었다. 바로 '노동'이다. 우리에겐 적어도 본인 스스로가 만들 수 있는 '1인분 분량의 노동' 정도는 가지고 있다. 그래서 애초에 가진 것이 없었던 나는, 시간의 가치를 중요하게 여기며 허튼 곳에 그 시간들을 낭비하지 않으려 노력했었다.

100세 시대라고 불리는 오늘날, 실제로 우리가 100세 인생을 산다고 한들 온전한 '노동'을 할 수 있는 시간은 일부에 불과하다.(법정 정년 제도상 은퇴 연령은 만 60세이다.) 그래서 나는 그 귀중한 시간들을 넷플릭스나 유튜브에 허비하는 사람들을 보면 굉장히 답답하다. 어쩌면 우리는 본인이 가지고 있는 가장 강력한 자본이자 유일한 자본이라고 할 수 있는, '노동'할 수 있는 시간의 가치를 몰라본 채 길바닥에 내버리고 살았을지도 모른다. 그래서 시간의 가치를 아는 사람은, 소중한 시간을 정말 효율적으로 사용한다. 나아가 지식을 습득하고, 본인이 가진 시간의 가치를 더욱 높임으로써 노동의 '가격'을 높여 나간다. 이렇게 본인이 가지고 있는 '시간'들이 가치를 쌓음으로써 '돈'으로 바꿀 수 있는 경지가 되면 비로소 다음 단계의 삶이 열린다.

내가 이토록 시간을 강조하는 데는 이유가 있다. 앞에서 잠깐 설명했지만, 생각보다 돈을 버는 공식은 간단하다.

돈　　　　　팔 것　　　　살 사람의 수

돈은, 보다 원활한 물물교환을 위해 시장에서 활용되는 공급자와 수요자 간의 거래 매개체에 불과하다. 이 말은, 내가 팔 것이 있고 그걸 살 사람에게 넘겨준다면 '돈'을 얻을 수 있다는 소리다. 그래서 이 공식만 놓고 보면 '돈을 버는 일'은 너무나도 간단하게 느껴진다. 그럼에도 불구하고 대부분의 사람은 돈을 많이 벌지 못한다. 그 이유는 생각보다 간단하다. 온라인 상의 커뮤니티에서 '돈을 벌고 싶다'라고 말하는 사람들의 수익화 모델을 살펴보면, '팔 것'이 없거나, 팔 것이 있더라도 그것을 사줄 사람(수요)이 없는 경우가 대다수이기 때문이다.

사줄 사람을 찾는 건 나중 문제로 치더라도 우선, 대부분의 사람은 '팔 것' 자체가 없으니 돈을 벌 리 만무하다. 나 역시 그러했다. 무언가를 팔아야 돈을 번다는 사실이야 진작에 알고 있었으나, 애초에 가진 자본이 없으니 팔 것을 찾는 일이 쉽지 않았다. 어떤 상품을 정하고 그걸 사입하는 과정에도 돈이 들기 때문이었다. 돈이 없기 때문에 돈을 벌지 못하는 일은 우리 주변에서 자주 발견할 수 있다. 그래서 우리는 '시간'의 가치를 알아야 한다. 나는 그나마 가지고 있는 유일한 자본이라고 할 수 있는 '노동'의 가치를 높이기 위해 기술을 익혔다. '상세페이지 디자인'을 예시로 들어보자면 포토샵이라는 프로그램의 사용법을 익히고, 다른 디자이너들의 포트폴리오를 탐구하면서 디자인 트렌드를 파악했다. 처음에는 내가 판매하는 상세페이지의 가격을 비싸게 받을 수 없었지만 점차 경험이 쌓이고, 실력이 더 늘면서 그 퀄리티가 높아졌고 가격을 더 높일 수 있었다. 그나마 가지고 있었던 자본인 내 노동(시간)의 가치가 높아지는 순간이었다.

나는 돈이 없었기 때문에 재화를 사입하고 판매할 수는 없었다. 하지만 시간을 통해 기술을 만들었고, 그 기술을 판매할 수 있었다. 이렇게 시간을 가공해 타인에게 도움이 되는 일을 대신하는 것을 두고 우리는 '용역'이라고 부르며, 다른 말로 '서비스'라 한다. 나는 그렇게 상세페이지 제작, 로고디자인, 홈페이지 제작과 같은 기술을 익히고 판매했으며, 내가 가진 시간들을 모두 '돈'으로 바꿀 수 있었다. 그리고 그렇게 쌓인 돈은 '부동산 투자'나 '고용' 등의 형태로 이어졌고, 자본주의의 룰이 그러하듯 운용할 수 있는 자본이 늘어난 나는 더 빠르게 자산을 축적할 수 있었다. 이 이야기는 얼핏 그 무게를 가볍게 여길 수도 있는 시간이 '소중한 자산'이 될 수 있다는 것을 보여주는 일례라고 할 수 있다.

소셜미디어와
부의 상관관계

돈을 버는 공식은 매우 간단하다. 팔 것이 있고, 그걸 사줄 사람을 모으는 능력이 있다면 돈으로 바꿀 수 있다. 하지만 대부분의 사람들은 팔 것이 없거나, 사줄 사람이 없다. 둘 다 없는 경우도 다반사이고 말이다. 하지만 초장부터 낙담할 필요는 없다. 왜냐하면 MS의 빌 게이츠도, 애플을 만든 스티브 잡스도, 아마존의 제프 베이조스도 처음에는 그러했을 것이기 때문이다.

혹시나 이 책을 읽는 여러분은 소셜미디어SNS를 하고 있는가? 초등교사 시절의 나는 소셜미디어에 많은 시간을 쏟는 사람들을 보며 이해할 수 없었다. 뿐만 아니라 본인의 성공을 소셜미디어에 자랑하는 사람들 역시 '조금 모자란 사람'이 아닌가 생각했었다. 굳이 본인의 부를 드러냄으로써 적대적인 사람들을 만들어 내는 그 모습이 전혀 이해가 가지 않았기 때문이다. 실제로 이미 '저격'을 당해서 한 방에 나락간 사람이 한 둘이 아니었고 말이다.

그만큼 나는 SNS에 대해 부정적인 사람이었고, 언론에서 떠드는 SNS가 미치는 부정적인 영향들에 대해 어느 정도 동의하는 편이다. 그래서 지금도 아무 생각 없이 SNS에 시간을 쏟으며 킬링타임을 하는 사람들을 그리 좋게 바라보지 않는다.

그러나 최근 마케팅에 집중하면서 소셜미디어에 대한 부정적인 생각을 많이 바꾸게 되었다. 어떻게 사용하느냐에 따라 '부정적인' 요소도 많겠지만, 어떻게 활용하느냐에 따라서 소셜미디어는 핵무기급의 강력한 위력을 발휘할 수도 있다.

인간은, 국가를 만들기 전에 부족이라는 형태의 사회를 이루고 살았다. 부족이란 서로간에 '어떤 매개'로 연결된 집단이다. 그 매개는 부족의 리더를 따르는 충성심일수도 있고, 혈연일수도 있고, 가치관이나 이념이 될 수도 있다. 인간은 수천 년 동안 항상 어느 한 부족의 일원이었다. 과거부터 인간의 DNA에는 집단을 이루려는 이런 본능이 각인되어 왔다. 매슬로우의 욕구단계론에서도 이런 '소속감'에 대해 명시되어 있다. 욕구단계론은 인간의 욕구에는 단계가 존재하며, 하위단계의 욕구가 충족되면 그 다음에 욕구가 발생된다는 이론이다. 욕구는 인간에게 있어 행동을 일으키는 중요한 동기요인이 된다. 오늘날 성공하는 기업들은 평범한 기업들과 구별되는 특별한 요소를 가지고 있다. 그들은 단순한 고객이 아니라 열광적인 팬 집단, 즉 그들이 통제할 수 있는 그들만의 부족을 이끌고 있다. 즉, 우리의 인생이 평범에 그치지 않고 강력한 성공으로 이어지게 하기 위해서는 부족을 만들어야 하며, 그것을 통제할 수 있어야 한다. 그리고 이렇게 인간의 소속감을 통제할 수 있고 팬덤이라는 강력한 힘을 가질 수 있는 공간이 바로 소셜미디어(SNS)이다.

소셜미디어로 부를 이룬 인플루언서들

실제로 최근 SNS에서 강력한 영향력을 자랑하는 인플루언서들이 창업가로 변신하고 있다. 이들은 수백만 명의 구독자와 팔로워를 기반으로, 단순 광고 수익을 넘어 자신만의 브랜드를 구축해 이를 창업에 활용하고 막대한 수익을 쌓아나간다.

인스타그램 팔로워가 38만 명에 육박하는 이유빈 대표는, 본인이 가진 영향력을 활용해 뷰티브랜드 '티르티르'를 창업했다. 티르티르는, 팔로워라는 강력한 팬덤을 바탕으로 무럭무럭 성장했고 최근 지분 일부와 재무적투자자 지분을 사모펀드에 매각했다. 인스타그램 인플루언서가 만든 브랜드를 '엑시트$_{exit}$'했다는 것만으로도 주목 받는 사건이었다. 그런데 더 놀라운 점

출처 : 티르티르 창업자
이유빈 대표 인스타그램

은 바로 그 금액이었는데, 매각 당시 인정 받은 기업 가치는 자그마치 1,400억 원에 달했다. 연예인도 아닌 그녀가 막대한 부를 쥘 수 있었던 이유는 바로, 그녀를 따르는 충성스러운 '부족원'들이 있기 때문이었다.

미국에도 비슷한 사례가 있다. 바로 '카일리 제너'의 이야기다. 카일리 제너는 1997년생의 미국의 사업가이자 셀러브리티, 모델이다. 그동안 미국의 스타들은 막대한 부를 쌓아왔다. 그럼에도 카일리 제너가 유명한 이유는 따로 있다. 바로 그녀가 지닌 '어나 더 레벨의 부' 때문인데, 그 액수가 무려 6억 8,000만 달러*에 달한다. 이렇게 어마어마한 재산은 어디에서 온 것일까? 미국의 스타들은 일반적으로 막대한 출연료와 광고료를 통해 자산을 축적한다. 그런데 카일리 제너는 그렇지 않았다. 소셜미디어에 관심이 많았던 그녀는 어린 시절부터 자신을 소셜미디어를 통해 브랜드화하며 꾸준히 사업을 진행해왔다. 그녀는 소셜미디어를 통해 네일, 의류, 가발, 액세서리 등 본인의 상품을 홍보해왔다. 본격적인 사업의 시작은 2016년, '카일리 립킷'을 런칭하면서부터였는데, 런칭 단시 30초 만에 완판되는 등 미국 청소년 사이에서 엄청난 인기를 끌었다.

그녀가 주목한 것은 바로 '팬덤'이었다. 소셜미디어를 통해 형성된 팬덤(팔로워)은 단순한 호의를 넘어 광적인 에너지를 가지고 있었다.

---

*약 1조 원, 2023년 6월 포브스 기사

그래서 그녀는 방송 활동보다도 소셜미디어를 운영하는데 훨씬 많은 힘을 쏟았다고 한다. 그렇게 그녀는 팔로워라는 이름의 영향력을 쌓아나 갔고, 소셜미디어에 열심히 쌓아올린 인지도를 사업에서 쏟아부었다. 영향력은 단순한 구독자 수치가 아

니다. 그녀가 공유한 일상에 호응하던 팬들은 강력한 구매층이 되어주었고, 이는 엄청난 매출로 이어졌다. 마침내 2018년도 7월, 카일리 제너는 포브스가 매해 선정하는 미국의 자수성가형 여성 억만장자에 최연소로 선정되는 영광을 안았다. 이후 사업의 성장세는 정점을 찍었고, 2020년 1월, 본인의 회사 지분 51%를 6억 달러에 매각함으로써 엄청난 부를 얻게 된다.

위의 사례에서 볼 수 있듯 소셜미디어는 단순히 사람을 모으는 힘 그 이상을 가지고 있다. 나 역시 현재 약 6만 명의 팔로워와 소통하고 있는데, 가끔은 이 수치가 얼마나 대단한 것인지 잊을 때가 있다. 화면상에 드러나는 팔로워는 그저 평범한 '숫자'로 비치기 때문이다. 그런데 내가 구매전환 이벤트를 하거나, 특정 상품을 홍보할 때면 그 숫자가 이 세상에 실존하는 '실제 인간'임을 깨닫는다. 나는 연예인도 아니고 인플루언서도 아닌 그저 평범한 사업가임에도, 평소 내가 올리는 일상과 콘텐츠들을 좋아해주던 많은 사람이 '구매 전환'이라는 형태로 호응해준다. 이렇게 개인 미디어가 성장함에 따라, 인기가 많은 유튜

버나 인플루언서들의 몸값이 달라지고 있으며, 돈을 버는 방식에도 큰 변화를 가져오고 있다.

이커머스가 달라지고 있다

2023년 6월, 유튜브는 전세계 국가 중 한국에서 최초로 유튜브 쇼핑을 런칭하였다. 유튜브 쇼핑은 쉽게 말해, 유튜브 영상을 보는 구독자를 대상으로 본인의 상품을 판매할 수 있게 도와주는 서비스이다. 그렇다면 유튜브가 갑작스레 이런 라이브 커머스 형태의 새로운 수익화 도구를 만든 이유가 무엇일까? 바로 나날이 성장하며 그 몸집을 불려가고 있는 숏폼 소셜미디어, 틱톡 때문이다.

그동안 유튜브를 비롯한 주요 소셜미디어의 주력 수익모델은 '광고'였다. 틱톡 역시 마찬가지였다. 소셜미디어는 네트워킹을 위한 환경을 조성해주고, 사람을 끌어모으며 사람들이 체류할 수 있도록 온라인 커뮤니티 공간을 제공한다. 이렇게 모여있는 트래픽은 자신들의 상품을 홍보하고 싶어하는 '기업'들에게 아주 매력적이었다. 그래서 대다수의 소셜미디어를 비롯한 포털 사이트는, 힘들게 모은 트래픽을 '광고'라는 형태의 상품으로 만들어 기업들에게 판매해왔다. 소셜미디어가 광고에 집중하는 것은 당연한 모습이었다. 그런데 틱톡이 '틱톡샵'이라는 서비스를 출시한 것이다. 그동안 '광고'라는 수익모델에 묶여 있던 소셜미디어가 새로운 수익화 창구를 만드는 순간이었다.

틱톡샵의 등장은 생각 이상으로 파괴적이었다. 이미 강력한 팬덤을 보유하고 있던 인플루언서들은 이 서비스를 활용해 본인의 상품을 직접적으로 판매하는 등 수익화 행보에 나섰고, 인플루언서가 커머스를 통해 보여준 영향력은 상상 이상이었다.

‖ 아세안 이커머스의 라이벌을 쫓는 틱톡 ‖

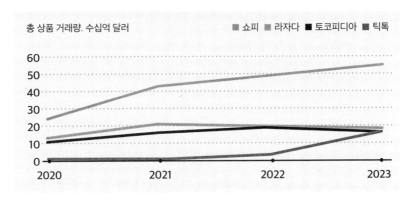

출처 : momentum works

틱톡샵의 지난해 연간 거래액은 200억 달러(한화 약 27조 5,800억 원)에 달한다. 이런 틱톡샵의 폭발적인 성장을 견제하기 위해 동남아시아 시장에서는 국가별로 규제까지 등장할 정도였다. 위의 그래프에서 볼 수 있듯 틱톡의 성장세는 아주 가파르다. 니케이 보도에 의하면 틱톡이 쇼피Shopee 및 알리바바의 라자다Lazada 와 같은 현지 업체들이 오랫동안 지배해 온 동남아에서, 가장 큰 이커머스 플랫폼 중 하나가 되고 있다고 한다. '틱톡샵'의 총 상품 거래액(GMV)은 2022년 44억 달러에서 2023년에 160억 달러로 거의 4배나 증가해, 경쟁사 중 가장 빠른 성장

률을 보이고 있으며 지난해 틱톡이 인도네시아의 토코피디아_{Tokopedia}
지분을 인수해 결합한 것을 고려하면, 28.4%의 점유율로 라자다를 제
치고 동남아 2위 이커머스 플랫폼으로 부상한 것을 알 수 있다.

이렇게 틱톡이 커머스로 어마어마하게 흥하자, 유튜브 역시 '유튜브
쇼핑'이라는 커머스를 꺼내들었다. 틱톡의 진격을 더 이상 간과할 수
없었던 것이다. 소셜미디어 서비스가, 그동안 큰 변화가 없었던 이커
머스에 이렇게 엄청난 지각변동을 일으키는 모습에서 볼 수 있듯 소
셜미디어와 그 구성원인 인플루언서는 파괴적인 힘을 가지고 있다

이미 많은 사람이 하루 중 상당한 시간을 소셜미디어에 사용하고 있
고, 평범한 우리는 알게 모르게 그 소셜미디어의 콘텐츠를 주도하는
인플루언서에게 영향을 받고 있다. 기존 온라인 질서의 지배자는 네이
버, 구글 등의 검색 포털 사이트였다. 그런데 이제는 광고를 넘어 이커
머스의 영역까지, 1인 미디어 채널이자 강력한 커뮤니티인 소셜미디
어가 그 주도권을 가져오고 있는 모양새다.

수익화를 위한 타이탄의 도구를 파는 타이탄철물점

소셜미디어와 부는 굉장히 긴밀한 관계를 맺고 있다. 앞서 설명한
것처럼 돈을 버는 공식이 성립하기 위해서는 무언가를 팔아야 하고
그걸 '구매해 줄 사람'이 있어야 한다. 우리가 많은 시간을 보내는 온
라인에는 분명 엄청난 수의 트래픽이 존재한다. 하지만 그 트래픽의

주인은 우리가 아닌 소셜미디어였다. 오랜 사업 실패 끝에 야심차게 시작한 나의 부업들이, 보다 좋은 성과를 내기 위해서는 좀 더 많은 트래픽 확보가 필요했고, 나라는 사람을 알아봐줄 팬덤이 필요했다.

하지만 나는 겸직을 해서는 안 되는 교사였다. 참고로 교사는 유튜브를 할 때도 그렇고, 심지어 블로그를 운영할 때도 교육감에게 '겸직 허가'를 득해야 한다. 사람을 끌어모을 수 있는 거의 유일한 수단이 소셜미디어인데 그 활로가 꽉 막힌 기분이었다. 무어라도 해야 하는 상황 속에서 내가 내린 결단은 '네이버 블로그'였다. 아무리 몰래 소셜미디어를 운영한다고 한들, 사진이나 영상의 노출이 많은 인스타그램이나 유튜브는 금방 들통날 것이 뻔했다. 그래서 나는 철저히 나라는 사람의 정체성을 숨길 수 있는 블로그를 시작했다. 블로그는 기본적으로 글이 주요 콘텐츠이기 때문에 작성자의 신분을 숨길 수 있다는 특징이 있다. 물론 '글'이 메인 콘텐츠이다 보니 오늘날처럼 콘텐츠를 빠르게 소비하는 시대에 맞지 않을 수도 있다. 하지만 내게는 다른 선택지가 없었기에 블로그를 택했고, 이왕 큰 마음 먹고 시작한 블로그에서 좋은 성과를 얻고 싶었다.

많은 사람이 숏폼과 같은 짧은 콘텐츠를 소비하는 오늘날, 블로그를 보는 사람들이 얼마나 있냐며 블로그의 가치를 과소평가 할 수도 있겠다. 물론 블로그는 과거 검색 포털 사이트가 온라인을 주도하던 그 시절과 비교해서는 조회수나 방문자 수가 이전 같지 않다. 하지만 블로그에는 오랜 시간 네이버 블로그에서 시간을 보냈던, 충성도가 강한 유저들이 많이 분포하고 있다. 그래서 다른 소셜미디어 서비스들과 비교해서 당장의 도달률은 아쉬워도 이웃들과 진득하게 소통하며 운영할 수 있었다.

그런데 블로그의 운영은 초보자에게 있어 구조적으로 쉽지 않았다. 우선 블로그에는 블로그의 지수라는 것이 존재하며, 작성한 글에도 콘텐츠 지수라는 것이 존재한다. 이렇게 블로그는 초보자는 알 수 없는, 보이지 않는 '알고리즘'이 존재했었고, 당장 방문자 수도 없고 인지도도 거의 없었던 나의 블로그에 관심을 주는 사람은 아무도 없었다. 기본적으로 블로그는 '블로그 지수+콘텐츠 지수'로 그 글의 점수를 매기고 검색을 했을시 그 점수에 따라 내림차순으로 콘텐츠를 노출한다. 당연히 지수가 낮은 초보자들의 입장에서는 '검색을 통한 유입'이 거

‖ 블로그는 블로그의 자체 지수와, 콘텐츠 점수가 ‖
‖ 합산된 점수의 내림차순으로 노출순이 결정된다 ‖

의 없다시피하고, 힘들여 쓴 글에 아무도 공감을 눌러주지도, 댓글을 달아주지도 않는만큼 그 운영이 쉽지 않다. 나도 마찬가지였다. '무관심'을 이겨내고 글을 쓰는 일은 솔직히 쉽지 않았다. 그래서 나는 조금이라도 더 재미있는 글, 사람들이 관심을 가질 만한 콘텐츠를 만들기 위해서 고군분투해야 했다.

처음 작성하기 시작한 글은 나의 '고구마 판매' 도전기이자, 스마트스토어 운영팁이었다. 당시의 블로그 글을 읽어보면 얼마나 진심 어린 마음으로 블로그 운영에 임했는지, 그때의 마음과 열정이 고스란히 남아 있다.

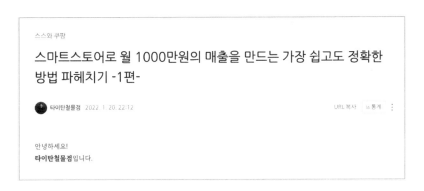

지금은 월 매출만 25억 원이 넘어가는 터라 이 시절 작성한 글을 보면 괜히 풋풋해 보이기까지 한다. 나름 자극적으로 작성한 제목임에도 당시의 글은 인기가 거의 없었다. 그래서 나는 특단의 조치를 취해야 했고, 쓰디 쓴 기억이라 꽁꽁 숨겨두고 있었던 나의 사업과 실패, 그 사이에 얽힌 다양한 스토리들을 블로그에 풀어내기 시작했다. 개인의 스토리를 맛깔나게 풀어내자 신기하게도 그 이전의 글과 다르게 많은 호응이 생기기 시작했고, 고통스러운 하루의 숙제처럼 느껴졌던 블로그 글쓰기에도 조금씩 재미가 붙기 시작했다. 그리고 생각보다 많은 방문자들이 '기술'을 판매해서 돈을 벌었던 내 '부업'에 관심을 가지는 것을 발견할 수 있었다. 솔직히 나는 심적으로도, 육체적으로도 너무 힘들어서 그만 두었던 부업이었는데 그걸 배우고 싶어하는 수요가 엄청났다. 내가 종종 올리는 글마다 '로고 디자인 부업'을 가르쳐 달라는 댓글들이 심심치 않게 보였었고, 이걸 '강의'로 만들어주면 안 되겠냐는 요청까지 있었다.

　블로그 운영을 시작했던 이유는 그리 특별하지 않았다. 친구와 함께 시작한 '고구마 판매'를 더욱 촉진시키고 싶었고, 그래서 시작한 마케팅 채널이 블로그였을 뿐이었다. 강의 판매를 해야겠다는 생각은 단 한 번도 한 적이 없었는데, 운명의 장난인지 내 블로그를 방문해주는 방문자들은 '고구마' 이야기보다는 '로고 판매'나 '상세페이지 판매'로 돈을 벌었던 기술 그 자체에 더 많은 관심을 보였었다.

퍼스널 브랜딩

저는 '이'디자인을 시작하고 집 3채, 외제차 2대를 사고 가정을 꾸렸습니다. (feat. 제 기술을 배우실 분을 찾아봅니다.)

타이탄철물점　2022. 2. 7. 21:14　비공개　　　　　　　　　　URL 복사　ᴺ통계　⋮

초효율

그래서 2022년 2월, 이런 제목으로 강의 모집글을 올렸었다. 당시에는 이런 '강의'에 대한 시장 자체를 몰랐고 그 가격도 몰랐다.

그저 내가 얼마 정도를 받았을 때 최선을 다해서 기술을 가르쳐 줄 수 있고, 수강생이 수익화를 이룰 때까지 이끌어 줄 수 있을까 고민하며 가격을 결정했다. 블로그에서 내가 책정한 가격은 약 120만 원이었다. 그동안 어떤 로고를 만들어 왔고, 그 로고가 얼마에 판매되었는지, 그리고 그 돈을 모아 부동산을 투자하고 외제차를 구매한 이야기까지 모든 스토리를 담아서 글을 작성했다. 그래서 이 글은 지금 읽어봐도 강의 모집을 위한 홍보글이라는 느낌보다 '로고 디자인'을 통해 내가 이뤘던 성과들을 녹여낸 에세이에 더 가까워 보일 정도다.

글을 업로드하고 나니 '괜히 이상한 글을 올렸나?' 싶은 생각이 들었다. 혹시나 비싼 가격으로 강의 모집을 하는 모습이, 어렵게 만든 몇 안 되는 이웃들에게 좋지 않은 모습으로 비치지는 않을까 하는 노파심에, 글을 지울까 한참을 고민했을 정도였다. 어쩌다가 강의 모집까지 하게 되었는지, 그리고 그 결단을 내리기까지의 모든 과정이 나에게는 파격적인 도전이었다.

반면에 이 글로 인해서 내가 얼마나 돈을 벌 수 있을지 궁금하기도 했다. 그래서 글을 올리고 두근거리는 마음으로 마우스를 꽉 움켜쥔 채 한참 동안 모니터를 들여다 보고 있었다. 그런데 '비싼 가격' 탓인지 평소와 달리 댓글도 잘 달리지 않았다. 그렇게 노심초사하며 발을 동동거린지 몇 분이 지났을까? 기다리고 기다리던 강의 신청자가 등장했다. 내 인생의 첫 수강생인지라 아직도 그 닉네임을 잊지 못할 정도로 기쁜 순간이었다. '봄플리'라는 닉네임으로 나의 보잘 것 없는 강의를 신청해준 '주부' 수강생이 나타났고, 내 걱정과 다르게 이후에도 많은 사람이 강의 문의를 주거나, 강의를 신청해줬다.

위의 이미지는 당시 작성했던 블로그의 통계 자료이다. 다른 여타 SNS랑 비교해보면 그 조회수는 조금 아쉽지만 실제 방문자들의 반응이라고 할 수 있는 '공감'이나 '댓글수'를 보면 그 수가 결코 적지 않다. 특히나 반응률로만 따지면 그 비율이 아주 높다. 나는 당시 아무도 모르는 변방의 작은 블로거였음에도 이런 조회수와 반응이 나왔고, 120만 원에 판매했던 강의는 무려 27건이나 결제되었다.

무려 3,240만 원.
공무원이 벌 수 있는 부업 소득이라고 하기에는 과할 정도의 수입이 발생한 그 날, 나의 인생도 완전히 바뀌어 버리게 된다. 큰 돈을 벌었다는 기쁨도 컸지만, 별볼일 없는 나라는 사람을 믿고 결제해준 사람이 이토록 많다는 사실이 더 기뻤다. 그래서 정말 목숨을 걸고 강의를 했었고, 그날의 수강생 중 대다수는 수익화에 성공하는 기염을 토했다.

출처 : 봄디 인스타그램

나는 교사였던 탓에, 당시 강의를 할 때 얼굴이 나오지 않게끔 카메라 앵글을 조정했었다. 그 비싼 돈을 결제했는데 강사 얼굴은 볼 수 없는 이상한 강의였음에도 불구하고, 좋은 내용을 전달하기 위해 정말 최선을 다해서였는지 수강생들은 강의 내용에 굉장히 만족해 했었다. 내 인생의 첫 수강생이라고 할 수 있는 '봄플리'는 현재 '봄디'라는 닉네임으로 훌륭하게 디자인 전선을 누비며 수익화를 실현하고 있다. 2년 전에는 돈을 벌고 싶어했던 평범한 주부가 기술을 얻고, 나아가 영향력까지 얻어 더 풍족한 삶을 살고 있는 것을 보면 너무나도 기쁘고 벅찬 감정이 든다.

블로그를 통한 내 성장은 여기서 그치지 않았다.

'작지만 강력한' 트래픽의 힘을 맛 본 나는 이후 블로그에 더욱 심취했다. 기본적으로 사람들은 본인들에게 이익이 되는 '블로그'를 선호할 수밖에 없다. 그래서 나는 이 점을 파고들어 이후, 다양한 형태의 전자책을 만들고 이를 무료 배포하는 형태로 내 영향력을 더욱 빠른 속도로 키워 갔다. 전자책을 쓰는 과정은 정말 고통스러웠지만, '이웃 신청'만 해도 100페이지에 달하는 '기술서'를 나눠줬더니 이벤트 한 번마다 블로그 이웃은 약 1,000명씩 늘어났었다.

블로그의 영향력이 커질수록 내가 버는 돈도 늘어났다. 앞서 언급했던 돈을 버는 공식처럼 팔 것이 생기고, 그걸 구입해줄 사람들이 늘어나니 버는 돈이 늘어나는 건 당연한 결과였다. 그리고 처음 블로그의 운영 의도였던 '농산물 판매 촉진'도 블로그를 통해 홍보가 잘 되어, 부업 파이프라인 중 하나였던 농산물 판매 역시 월 매출 2억 원에 안착할 수 있었다. 트래픽이 상대적으로 작은 블로그에서도 이 정도로 성과가 날 만큼, 소셜미디어는 가공할 힘을 가지고 있었다. 단순히 사람들과 그 속에서 어울려 노는 목적에 그칠 수도 있는 소셜미디어지만, 활용 방법에 따라 엄청난 무기가 될 수 있다는 점을 블로그를 통해 발견할 수 있었다.

이후 내 블로그는 수익화를 꿈꾸는 사람들에게 '다양한 수익화 전략'을 알려주는 컨셉으로 운영되기 시작했다. 코로나가 길어짐에 따라 생업이 어려워진 사람들, 집에서도 할 수 있는 부업을 찾는 사람들과 같이 '수익화'에 관심을 가진 사람들이 주로 내 블로그를 찾아주었고, 방문자나 게시물 반응이 없어 힘들었던 블로그 초반과 다르게 방문자 수는 무럭무럭 성장했다. 점차 내 블로그가 갖는 영향력은 커져갔고, 그만큼 돈도 더 많이 벌 수 있었다.

마케팅 채널이 필수인 시대

내 블로그의 사례에서 볼 수 있듯 돈을 벌기 위해서는 '트래픽'(가망고객)이 필요하다. 하지만 대부분은, 사람을 모으고 내가 하는 일을 알리는 행위, 말 그대로 '마케팅을 잘 하는 방법'을 모르기 때문에 극적인 '수익 상승'까지 연결되지 않는 경우가 많다. 그래서 돈을 버는 공식은 상당히 간단한 형태임에도 불구하고, 이걸 실현해서 실제로 돈을 쥐는 사람이 그리 많지 않다. 온라인 비즈니스가 나날이 성장하며, 마케팅은 이제 극적인 수익 창출을 위한 '기본 과목'이 되었다. 그래서 기본적으로 우리가 '부'를 쟁취하기 위해서는 '마케팅 채널'에 대해서 알아야 하며 본인만의 마케팅 본진을 꾸릴 수 있어야 한다. '마케팅 채널'이란 그 범위가 상당히 방대하지만 여기서는 '마케팅이 이뤄지는 경로' 정도로 생각하면 이해하기 쉽다.

‖ 오늘날 활용되는 다양한 마케팅 채널들 ‖

온라인이든 오프라인이든 세상은 정말 넓다. 따라서 내가 내 상품(서비스)을 알리지 않으면 잠재고객은 내 상품(서비스)이 존재하는지도 알 수 없을 만큼, 세상에는 다양한 상품과 경쟁자들이 존재한다. 이 세상은 제로섬 게임과 같아서, 가만히 있으면 자연스럽게 경쟁자들에 의해 도태된다.

블로그로 트래픽을 모으는 방법을 알게 된 나는 로고디자인을 통한 수익화 모집 이후, 워드프레스를 활용한 웹사이트 제작을 통한 수익화, 상세페이지 제작 용역 수익화, 전자책 디자인 및 전자책 판매, 디자인 굿즈 제작을 통한 수익화 등 다양한 수익화 강의를 진행했었다. 그리고 이 강의들은 보통의 강의와 다르게 '마케팅'을 많이 강조했었다. 그렇다. 아무리 좋은 기술을 익혀도 그걸 찾아주는 고객이 없으면 돈을 벌 수 없다. 실패뿐이었던 20대의 사업들도, 사업 아이템이 나빴다기보다 그걸 가망고객들에게 홍보하는 '홍보 역량'이 부족했던 경우가 많았다.

재미난 기술을 배우다가 마케팅을 알려주면 수강생들은 정말 지루해했었다. 그럼에도 내가 끝끝내 마케팅을 가르쳤던 이유는, 내 강의가 '듣기 좋은 소리'로 끝나지 않고 정말 수익화로 연결되는 강의이길 바란다는 마음에서 비롯된 것이었다.

최근 나는 디자인 작업 및 글쓰기 작업의 효율을 높이고자 애플의 에어팟 맥스를 구입했다. 에어팟 맥스는 강력한 노이즈 캔슬링 기능을 가지고 있다. 그래서 노이즈캔슬링과 관련된 재미난 예시를 한 번 들어보려고 한다. 최근 자동차 수리를 맡긴 탓에 지하철을 탈 일이 있었다. 그런데 정말 많은 사람이 노이즈 캔슬링 헤드셋 혹은 이어폰을 끼고 있는 모습을 보며 이제 '노캔(노이즈캔슬링의 줄임말)이 대세구나' 싶었다. 뒤늦게 구입한 에어팟 맥스지만 잘 샀다는 생각마저 들 정도였다.

그런데 이토록 많은 사람이 쓰는 '이 좋은 노캔 제품'도 노령 인구가 많이 사는 시골에 가서는 판매가 쉽지 않을 것이다. 일단은 사람이 얼마 없는 것(시장이 매우 작다는 것)이 크게 한 몫 할 것이고, 노이즈 캔슬을 굳이 왜 해야하는지를 설명하는데도 많은 시간이 필요할 것 같다.(시골은 고요하니까) 혹시나 아주 낮은 확률로 이 제품에 관심을 가진 잠재고객이 나타나 '노이즈 캔슬링 그게 뭐시여?'를 겨우 겨우 뚫어내고 나면, 가격이라는 허들마저 등장하니... 시골에서는 '안 파느니만 못하다'는 극단적인 결론까지 도출할 수 있게 된다.

즉, 우리가 아무리 좋은 서비스를 만들고, 기술을 개발하고, 좋은 제품을 소싱하여 상품을 만들어도 정확한 타깃 설정을 통해 구매 가능성이 높은 사람들만 골라서 노출시키지 않으면 '판매'는 이뤄질 수 없다. 대부분의 '부업을 실패하는 분'(혹은 사업)들은 이런 특징이 있었다. 인스타그램이든 네이버 블로그든, 구글 검색엔진 SEO를 활용한 검색 노출이든 유튜브든, 상품 노출을 위한 마케팅 채널이 있어야 하는데, 아예 없거나 있다고 하더라도 그 볼륨이 너무도 미약하다는 것이다.

리그 오브 레전드(롤)나 월드 오브 워크래프트(와우)류의 RPG 같은 게임을 할 때는 힐러(치유사), 버퍼(강화마법 부여사)와 같은 '서포터 직군'들이 존재한다. 이들은 탱커나 딜러 같은 다른 직군의 효율적인 전투를 도우며, 개개인의 전투에서 더욱 쉽게 승리할 수 있도록 돕는 역할을..... (오타쿠 같아서 더 못 쓰겠으니 옆 페이지 그림으로 대체한다.)

‖ 탱커, 딜러, 서포터가 함께 어우러져야 게임도 잘 할 수 있다 ‖

아무튼! 우리가 추구하는 초기의 자본을 형성하는 부업 시장에서도 서포터의 역할이 매우 중요하다. 나는 그런 서포터가 바로 '마케팅 채널'이라고 생각한다. 마케팅 채널은 1개일 때 보다 여러 개일 때 더 큰 시너지 효과를 발휘하며(게임에서도 버프가 여러 개 걸린 게 좋다.) 실제로 나의 경우에도 로고디자인을 판매할 당시 인스타그램과 블로그를 병행해서 운영할 때 훨씬 큰 소득을 올린 바 있다.

만약 현재 진행하고 있는 수익화 활동이나 부업이 잘 풀리지 않는다면, 지금 당장 가지고 있는 블로그와 인스타그램, 유튜브 등을 실행시켜 그 볼륨을 확인해 보자. 팔로워는 몇 명인지, 이웃은 몇 명인지, 구독자는 몇 명인지 말이다. 평소 우리는 마케팅 채널의 중요성을 잘 모르고, 마케팅 채널을 키우는 과정을 등한시해왔기 때문에 대부분은 이 과정에서 참담한 성적표를 마주한다. 나는 그럴 때마다 돈을 벌고 싶어 하는 사람들은 많은데, 그에 반해 마케팅 채널의 중요성은 등한시하는 사람이 대부분이라는 걸 느낀다. '타철님, 제 부업은 왜 잘 안 되는 것일까요?'에 대해, '마케팅을 안 했잖아요!'와 같이 너무 명확하고 뻔한 답을 주고 나면 서로가 뻘쭘해진 나머지, 그 다음 대화가 잘 진행되지 않는 경우가 많았다.

이제는 온라인은 물론 오프라인까지 '마케팅'이 필수인 시대다. 예전처럼 길을 걷다가, '어, 저 음식점 맛있어 보인다.'며 굳이 친절하게 가게 안으로 들어와주는 고객은 거의 없다시피 할 정도로 온라인 마케팅 채널의 역할이 커졌다.

사람들은 네이버 스마트 플레이스 혹은 인스타그램 등에서 '맛집'을 검색해보고 방문한다. 게다가 온라인 비즈니스는 마케팅 채널이 없다면 사실상 존재하지 않는 것이다라고 말 할 수 있을 만큼 마케팅의 비중이 큰 영역이다. 더군다나 AI가 등장하고 우리 같은 평범한 인간의 유일한 자본이라고 할 수 있는 '노동'의 입지마저 위협받고 있다. 당장 24개월 뒤부터는 'ChatGPT가 할 수 없는 일'을 찾아다녀야 할 정도로 인공지능의 성장세가 가파르다. 이런 점에 비춰볼 때 가망고객을 모아가는 과정의 하나인 '마케팅 채널 구축'은 인간이 할 수 있는 유일한 영역이자, 우리가 생존할 수 있는 가장 강력한 방법이라는 점을 잊어선 안 되겠다.

부자들이 소셜미디어를 하는 이유?

소셜미디어가 갖는 위력을 실제로 경험한 나는 이를 더 이상 간과할 수 없었다. 솔직히 고백하건대 원래의 계획대로라면 '퇴사'는 내 선택지에 없었다. 부업 자체가 주는 소득이 월 1,000만 원을 넘어서며 그 양이 충분하기도 했고, 주변의 다른 사람들과 비교할 때 그 액수가 결코 적지 않았기에 괜한 호승심에 또 개고생길에 들어서고 싶지 않았다. 그동안 너무 숱한 실패를 겪기도 했고, 자식까지 생긴 마당에 또 한 번 사업을 말아먹으면 그때는 내 인생이 얼마나 망가질지 불보듯 뻔했다. 하지만 겸직을 할 수 없다는 직업적인 특성 때문에 어쩔 수 없이 선택한 마케팅 채널 블로그, 그 작디 작은 '고전 소셜미디어'가 보여준 화력은 가히 압도적이었다.

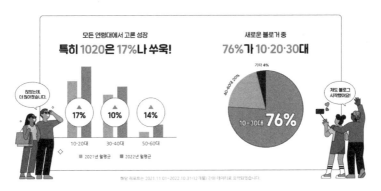

출처 : 네이버 블로그팀 공식 블로그

그러나 그 환희도 그리 오래 가지 않을 것 같았다. 코로나가 종식되고 사람들이 온라인을 벗어나 다시 오프라인으로 돌아가기 시작하자 블로그는 조금씩 힘을 잃어 갔다. 블로그는 정말 좋은 홍보 수단이자, 강력한 팬덤 구축 수단이지만 정말 큰 약점이 하나 있었다. 유저수 자체만 보자면 정말 어마어마하지만 반대로 활성 유저는 적다는 점이었다. 그로 인해 콘텐츠 생산 속도 대비(블로그는 텍스트로 이뤄지는 매체라는 특성 때문에, 콘텐츠를 생산하는 시간이 다른 소셜 미디어와 비교해서 훨씬 많이 들어간다.) 얻을 수 있는 도달률이 다른 소셜미디어와 비교해서 현저히 떨어졌다. 사업이나 부업은 원래 영속성이 없는 것이라고 하나, 좀 더 지속 가능한 성장을 하기 위해선 인스타그램을 하든 유튜브를 하든 소셜미디어에서 좀 더 나의 존재감을 드러내야 할텐데 공무원이라는 나의 직업은 그럴 수 없다는 사실이 참 힘들었다.

결국 나는 큰 결단을 내려야 했다. 언제 끝날지 모르는 채로 몰래 블로그를 하면서 교사 생활을 이어가거나, 좀 더 넓은 세상으로의 도전을 위해 교사를 포기하거나 둘 중 하나를 선택해야 하는 처지에 놓인 것이다. 그래서 결과는 알 수 없지만 어딘가에 있을 큰 성공을 위해 퇴사를 감행했고, '자유인'의 신분이 되자마자 가장 먼저 시작한 것이 바로 인스타그램이었다.

길었다면 길었고, 짧았다면 짧았던 4년 8개월 간의 교사 생활은 그렇게 막을 내렸다. 2022년 12월 퇴사를 한 뒤, 이제는 부업이 아닌 사업가로서의 삶을 위해 '수익화 시스템'을 정비했다. 그리고 어느 정도

정비를 마친 23년 3월부터 조심스레 인스타그램을 키우기 시작했다. 내가 인스타그램을 시작하던 당시에는 이미 충분히 퍼스널 브랜딩 과정을 거친 '마이크로 인플루언서'들이 넘쳐났고, 콘텐츠가 쏟아지고 있었다. 그래서였을까? 아니나 다를까, 온라인 상에서 별 존재감 없던 나의 인스타그램은 내 기대와 다르게 잘 성장하지 않았다. 카드뉴스 형태의 게시물을 만들어서 올려보기도 하고, 릴스를 찍어서 올려보기도 했지만 그동안 글만 써왔던 블로거의 콘텐츠는 그다지 자극적이지 않았는지, 인스타그램을 시작하고 몇 달이 넘도록 3,000명의 팔로워를 넘기지 못하고 있었다. (심지어 이 3,000명은 블로그에서 넘어온 블로그 이웃들이었다.) 그러던 어느날 정말 예상하지 못한 콘텐츠가 떡상하면서 팔로워가 늘기 시작했다. 신기했던 점 하나는, 소셜미디어가 성장하면 내

‖ 떡상을 만들어줬던 내 인스타그램 영상 콘텐츠 ‖

회사의 매출도 그에 비례해 올라간다는 점이었다. 소셜미디어를 하는 것은 누군가가 보기에 소모적이고 불필요한 일처럼 생각할 수도 있겠지만, 분명한 점은 소셜미디어를 통해 확보한 트래픽은, 광고를 통해 얻는 페이드 트래픽*과 비교해서 훨씬 충성도가 높고 구매 전환이 쉽다는 점이었다.

분명 부업의 형태로 시작했던 일들이었다. 그만큼 누구나 할 수 있는 일이었고, 과업의 난이도가 낮았다. 하지만 소셜미디어 계정이 성장하면서 다른 인플루언서 사업가가 그러했듯 나 역시 엄청난 매출 성장을 경험할 수 있었다. 그래서 지금도 비가 오나 눈이 오나, 코로나에 걸리나 블로그 글을 쓰고 있고, 다소 관종 같아 보이는 영상을 찍는데 하루 중 많은 시간을 할애하고 있다. 그렇게 소셜미디어 운영에 쏟은 시간이 누적되고, 팔로워가 늘어갈수록 나의 통장 잔고도 늘어갔다. 그 때부터 처음에는 의미 없는 시간 낭비 같았던 소셜미디어를 하길 참 잘했다는 생각이 들었다.

소셜미디어를 운영하는 이유는 간단하다. 표면적인 이유만 살펴보자면 '돈이 들지 않는' 트래픽을 확보하기 위함이고, 조금 더 깊이 파헤쳐보자면 나라는 사람을 인식하고(퍼스널 브랜딩 영역에서 매우 중요하다.) 나아가 '나의 이야기에 열광하는 팬을 확보'하기 위함이다. 팬덤은 단순한 청중의 단계를 벗어나 좀 더 광적이다. 그 관계가 화자와 청중

---

*Paid Traffic : 돈을 써서 노출되는 트래픽

의 일반적인 관계와 비교할 때 더욱 끈끈하기 때문에, 그들은 우리의 스피치(이야기)를 더욱 확산시키는 확성기 역할을 해준다. 이는 바이럴 마케팅을 위한 중요한 재료가 됨은 물론, '나'라는 사람을 중심으로 뭉친 '부족'이 되어준다.

‖ 부족장과 부족원이 뭉쳐 경쟁이 이뤄지는 오늘날의 비즈니스 형태 ‖

오늘날은 무한 경쟁 사회라고 불릴 정도로 경쟁이 당연시 되는 문화가 형성되어 있으며, 돈을 벌기로 마음 먹는 순간 정말 다양한 경쟁자들이 당면과제로 등장하게 된다. 이렇게 본인의 의지와는 상관 없이 돌입한 총성 없는 전쟁에서 큰 힘이 되어주는 것은 함께 하는 '부족원'들이며, 그들을 우리는 '팬'이라고 부른다. 그리고 이런 팬의 힘을 빌어 폭발적인 비즈니스 성과를 올리고 있는 사업들을 '팬덤 비즈니스'라 부르며, 그들은 오늘날의 부의 지도를 크게 바꾸고 있다.

부의 이동경로와
고객 페르소나 만들기

대한민국과 같은 자본주의 사회에서 자본을 갖는 것은 그 어떤 것보다도 중요하다고 할 수 있을 만큼 '자본'은 그 자체로 사회를 구성하는 기준이 된다. 그런데 자본의 요소 중 하나를 차지하는, 다른 사람들의 '노동'을 마음대로 부리기 위해서도, '재화'를 구입하기 위해서도 '돈'이란 매개체가 필요하다. 그래서 돈은 곧 자본이자, 자본주의에서 갖는 가장 강력한 힘이다. 그렇기에 많은 사람이 '성공'을 꿈꿀 때 그 끝에는 (돈이 풍족한 모습인)'부유한 모습'을 그리는 경우가 많다.

돈을 벌기 위해서는 한 가지 염두에 두어야 하는 것이 있다. 바로 '소비자'이다. 실질적으로 우리에게 '무언가를 구입하고 돈을 지불하는' 소비자를 제대로 이해하지 않고서 돈을 번다는 것은 애초에 말이 성립되지 않는다.

고객 경로는 곧 부의 이동 경로

앞서 강조한 바와 같이 오늘날 비즈니스를 위해 중요하게 인식되는 요소 중 하나가 마케팅이다. 이미 좋은 상품이 있음에도 불구하고, 돈을 잘 벌지 못하거나 만족스럽지 못한 결과를 안게 되는 대부분의 이유는 '마케팅 때문'이라고 해도 과언이 아닌 세상이다. 그런 마케팅을 구성하는 수많은 마케팅 용어 중 '고객 경로Customer journey'라는 말이 있다. 고객 경로는 '사용자가 제품과 서비스를 접하기 시작하는 시점부터 끝나는 시점까지 겪게 되는 모든 과정'을 일컫는다. 쉽게 말해서 고객이 자사의 제품과 서비스를 구매하는 과정을 파악하는 것인데, 마케팅에 대해 어려움을 겪고 있는 사람이라면 우선 '고객 경로'를 파악해보는 것이 좋다. 왜냐하면 고객이 움직이는 길목을 파악하는 일이야말로 돈이 흐르는 '돈맥'을 읽는 것이기 때문이다. 강남이나 성수동의 땅값이 괜히 비싼 것이 아니다. 유동인구는 곧 '잠재 고객'이 된다. 유동인구가 넘치는 곳일수록 잠재고객의 소비 기대치가 늘어나는 만큼 자연스레 땅값이 오르고 임대료는 비싸진다. 사람이 많은 곳에는 그들의 경제적 활동인 '구매'가 뒤따르게 되고, 구매는 반드시 '돈'이라는 매개체로 이뤄지니 고객의 경로를 안다는 것은 곧, 돈의 길을 아는 것과 같다고 볼 수 있겠다.

고객은 어떤 제품이나 서비스를 판매하느냐에 따라 그 속성이 달라지며, 접근하는 경로도 달라지게 된다. 예를 들면 비키니의 선호 고객은 거의 '여성'으로 이뤄져 있을 것이다. 그런데 남성을 대상으로 비키니 광고를 한다면 그 결과는 어떻겠는가? 뭐, 당연하겠지만 매우 참담한 판매 실적을 올릴 것이다. 이는 여러분들이 마케팅 전문가가 아니어도 알 수 있는 지극히 당연한 예시라고 할 수 있다.

여러분들의 이해를 돕기 위해 아주 극단적인 예시를 들었지만 이처럼 '돈'을 잘 벌기 위해서는 '판매'가 이뤄질만한 고객들과 내 상품을 연결시키는 일부터 시작해야 한다. 가뜩이나 오늘날에는 오프라인 외에도 온라인이라는 더 다양한 변수가 더해짐에 따라 고객들의 경로는 더욱 넓어지고, 다이내믹해졌다. 그래서 판매를 잘 하기 위해서는 오늘날 더 다양해지고 복잡해진 고객의 속성을 디테일하게 파악하는 것이 중요하다.

예를 들어, 젊은 세대의 고객이 선호할만한 상품을 판매하게 되었다면 그러한(나이대) 속성을 가지고 있는 고객들이 많이 몰려 있는 커뮤니티나 소셜미디어를 중심으로 홍보를 해야 할 것이다. 오프라인에서 상품을 판매하고 있다면 어떻게 해야 할까? 이전만 하더라도 그 일대에 현수막을 내건다거나, 길가에서 '찌라시'라고 불렸던 전단지를 사람들에게 나눠주는 형태로 마케팅을 진행했었다. 그런데 시대가 바뀌었다. 잠재고객 대다수가 스마트폰을 쥐고 다니며, 스마트폰을 들여다보기 바빠서 새로운 가게가 오픈해도 가벼운 시선조차 주지 않는 삭막한 세상이 도래했다.

즉, 잠재고객이라고 할 수 있는 행인이 내 가게와 같은 장소에 있어도 정작 고객의 동선을 사로잡지 못하는 경우가 생기는 것이다. 이렇게 세상이 바뀌다 보니 이제는 오프라인 비즈니스라고 하더라도 온라인 상의 마케팅이 매우 중요해졌다. 일례로, 함께 군생활을 한 친한 동생이 있다. 성남에서 비스트로 레스토랑을 운영하던 동생은 열심히 돈을 모아, 북성수(성수역 기준 북쪽에 위치한 상권)에 가게를 열었다. 현재 대한민국에서 가장 많은 유동인구가 모이는 성수동에 오픈하면 '매출'은 자연스레 높아질 것이라고 생각한 동생이었다. 하지만 결과는 '정반대'였다. 긴 웨이팅은 고사하고 썰렁할 정도로 손님이 찾아오지 않았고, 코로나까지 겹쳐, 손님이 북적여서 손목이 나갈 정도로 바빠질

거라는 동생의 기대와는 다르게 당장 나가는 고정비마저 걱정해야 하는 상황이 발생한 것이다.

"준성아, 니는 마케팅을 좀 해보는 게 어떻노?"

20대 후반, 웨딩컨설팅업을 하며 온라인 마케팅의 힘을 그 누구보다 많이 느꼈던 나는 이런 조언을 건넸다.

"형, 요리사는 맛으로 승부를 봐야죠. 짜치게 광고하고, 바이럴해서 고객 모으고 하면 안 되지. 아직은 느려도, 조금씩 고객이 늘 거니까 너무 걱정 안해도 돼요."

동생의 답변이었다.

자신감 넘치는 동생의 대답과 달리 코로나는 더욱 확산되며 3개월 만에 요식업계의 분위기는 급격히 냉랭해졌다. 상황이 절박해지자 마케팅을 도와줄 수 있냐는 동생의 연락이 왔다. 하지만 당시 요식업 경험이 없었던 나는 그저 아는 마케터를 소개해주는 일 외에는 할 수 있는 것이 없었다. 이미 돈을 많이 까먹은 동생의 입장에서는 그 마케팅 비용이 충분히 부담스럽게 느껴질 터였다. 그래도 위기가 닥치니, 동생은 부지런히 발로 뛰며 블로그도 쓰고, 체험단도 모집했다. 네이버 플레이스 마케팅 외주를 맡기기도 했고, 인스타그램의 인플루언서들에게 무료로 식사를 대접하고 식당 홍보를 도와달라고 요청하기도 했다.

그런 동생의 피나는 노력이 하늘에 닿은 것인지 파리만 날리던 동생의 가게에도 볕이 들었다. 네이버에서 '성수동 맛집'을 검색하면, 서울에 거주하는 사람이라면 누구나 알 법한 '유명 감자탕집'을 제치고 1등에 노출되기 시작한 것이다. 마케팅의 힘은 실로 위대했다. 언제 망할지 모르겠다던 동생의 매장에는 엄청난 웨이팅이 생겼고, 동생은 매일 같이 기쁜 비명을 질렀다.

"형, 진작에 플레이스도 하고 체험단도 할 걸 그랬어. 깝쳐서 미안해."

동생의 답변이었다.

오프라인 요식업은 성수동에서 실패하기 어려운 업종이었다. 높은 보증금과 임대료가 사업자에게 충분히 어려운 요소로 작용할 수도 있었지만, 성수동에는 그만한 유동인구와 더불어 오피스 유동인구가 존재했다.

동생이 판매하는 요리는 파스타와 스테이크가 주류를 이뤘다. 성수동의 상권엔 사람이 많지만, 그 중에서도 20대와 스타트업 계통의 트렌디한 회사에 다니는 젊은 회사원들이 많았다. 그렇기에 주변 유동인구의 특성을 생각한다면 동생은 절대적으로 젊은 세대의 잠재고객을 대상으로 '바이럴 마케팅'에 힘을 쏟아야 하는 위치에 있었다. 왜냐하면 20~30대 정도의 잠재고객들은 길가에 보이는 아무 가게나 들어가지 않고, 인스타그램등의 소셜미디어나 네이버 지도 등에서 추천하는 '맛집'을 '찾아서' 가는 특징이 있기 때문이다.

이러한 '고객 경로'를 파악하지 않은 채, 그저 '맛으로 승부를 보겠다'던 젊은 꼰대 동생의 작전이 실패할 것이란 것은 애초부터 예정되어 있었다. 다만 동생은 빠르게 그 전략들을 수정했고, 맛에는 자신이 있었던 만큼 '고객 경로'를 지배하며 결국 큰 매출을 품을 수 있었다.

고객 경로를 알면 더 빨리, 더 많이 팔 수 있다

좋은 요리 실력과 탄탄한 점포 입지를 가지고 있었음에도 망할 뻔했던 친한 동생의 이야기처럼, 고객은 상품에 따라 새로운 제품이나 서비스를 받아들이는 속도가 모두 다르다. 그래서 판매자가 다양한 고객 경로를 알게 되면 고객의 다양한 태도, 가치, 믿음, 행동 패턴을 이해하게 되고, 이는 판매로 이어지는데 더 유리한 환경을 구축할 수 있게 만들어 준다.

오늘날은 '마케팅' 없이는 어떠한 사업도 성공시킬 수 없는 무한 경쟁의 시대이다. 마케팅의 목적 중 하나는 확산 속도를 높여, 보다 빠르게 내 상품을 인식시키고 투자 자본 대비 큰 수익을 실현하는 것이다. 그래서 마케팅을 잘 한다는 것은 내가 판매할 상품(제품이나 서비스)을 많은 사람에게 확산시킬 줄 알고, 노출량을 늘릴 수 있다는 것과 동일한 말이다. 그런데 마케팅, "말이 쉽지" 애매모호하고 추상적인 마케팅을 쉽게 풀어주는 이가 없었다.

마케팅을 잘한다는 말은 포괄적이고 방대한 말이다. 그래서 마케팅은 초보자들에게 있어 굉장히 모호하고 어려운 용어로 다가온다. 마케팅은 쉽게 말해, '고객 경로를 제대로 파악'하고 '고객이 그 상품을 어떻게 사게 되었을까?'에 대해서 고민하고 대책을 세우는 과정이라고 할 수 있겠다. 그리고 이러한 고민은 곧 '마케팅을 잘 하기 위한' 방법이라고 할 수 있다.

고객 페르소나 분석으로 소비자를 끌어당기기

오늘날의 고객은 제품을 구매할 때 더 이상 오프라인, 온라인을 구분하지 않는다. 온라인의 등장과 스마트폰이라는 편리한 통신 장치의 등장으로 인해 고객들의 구매 경로는 엄청나게 넓어졌다. 뿐만 아니라 소셜네트워킹, 바이럴 캠페인, QR코드 등 다양한 마케팅 경로가 더해진 요즘은 그야말로 '마케팅 전쟁터'를 방불케 하고 있다. 오늘날은 TV나 라디오와 같이 일방적으로 정보를 전달하던 때와 다르다. 라이브 및 고객이벤트, SNS를 통한 댓글 소통 등 쌍방향 통신이 가능한 많은 매체들이 등장했고 이제는 고객과 쌍방향으로 소통하며 관계를 맺어야만 '판매'가 이뤄지는 세상이 되었다. 이전의 마케팅은 '세일즈' 수준이었다면, 이제는 '세일즈'를 넘어 고객과의 대화를 해야 하는 시대가 된 것이다.

우리는 소개팅을 나갈 때 단순히 우리 자신을 꾸미는 것에 그치지 않는다. 이성이 좋아할 것을 미리 예측해, 거기에 맞춰서 데이트 코스를 정하고 음식을 고른다. 혹시나 소개팅에 나온 이성이 마음에 들었다면, 그 만남을 성사시키고 가까운 사이가 되기 위해 더욱 체계적이고 분석적인 관점으로 '이성이 좋아할 것'들을 준비한다. 이처럼 소비자에게 선택 받고 나아가 그 선택을 매출로 연결시키기 위해서는 '소비자의 고객 경로'는 물론, 그 '특성'을 파악해 소비자 맞춤 전략을 준비하는 것이 중요하다.

하지만 고객의 특성은 굉장히 모호하고 추상적인 면이 많아 제대로 이해하고 전략을 수립하는 것이 쉽지 않다. 그래서 구체적인 가설을 세우고 이를 통해 마케팅 전략을 보다 구체적으로 수립하는 전략을 많이 활용하게 되는데, 이 때 활용할 수 있는 좋은 방법이 '고객 페르소나'를 만드는 것이다.

페르소나Persona의 어원은 고대 그리스에서 배우들이 쓰던 가면을 부르는 말에서 유래했다. 마케팅에서 사용하는 '고객 페르소나'란, 한 명의 가상 인물에 대한 구체적인 묘사 방법이다. '내 상품을 선호할 잠재고객'을 예상해봄으로써 고객 경로와 구매 전환 가설을 수립하는 단계가 바로 '고객 페르소나 설정'이다.

이 단계에서는 우리 제품이나 서비스를 사용할 만한 가장 이상적인 고객의 모습을 가상의 인물로 설정한다. 이렇게 설정된 고객 페르소나는 시장 검증 과정을 거치게 되는데, 실제 판매되는 상품과 서비스에 대입해보며 '고객에 안성맞춤'인 마케팅 방향을 발견할 수 있게 도와

준다. 마케팅에 관심이 있거나 SNS에서 콘텐츠를 제작하는 사람들이라면 '거의 다' 알고 있다고 할 수 있는 마케팅 필독서가 있는데 바로 '러셀 브런슨'의 〈마케팅 설계자〉이다. 이 책이 나온지 꽤 오랜 시간이 흘렀지만 마케팅이 이뤄지는 그 과정이 단계별로 궁금하거나 마케팅의 원리가 궁금한 사람들이라면 반드시 읽어보라고 추천하고 싶은 책이기도 하다. 고객의 경로를 알기 위해서는 결국 고객을 '이해하는 일'에서부터 시작하게 된다. 하지만 처음부터 고객의 경로 파악을 위해 막대한 예산을 투입하는 것은 쉽지 않다. 마케팅의 시행착오를 최대한 줄이고, 적재적소에 예산을 투입하기 위해서 쓰는 방법이 바로 '고객 페르소나'를 설정하는 것이다.

고객 페르소나를 제대로 파악하기 위해 이러한 질문을 만들고 가상의 고객을 그려볼 수 있다.

1. 우리가 찾는 궁극적인 고객은 누구인가?
2. 그들은 어떤 것에 열정을 보이며, 그들의 목표는 무엇인가?
3. 고객들은 주로 어디에 모여있고, 어디에서 가장 많은 시간을 보내는가?
4. 그 고객들이 팔로우하는 인플루언서는 누구인가?
5. 고객의 관심을 사로잡기 위해 당신이 사용할 수 있는 '미끼'는 무엇인가?
6. 고객을 위해 만들 수 있는 차별점이 무엇인가?

길거리에 판매하는 붕어빵처럼 대부분 경험해봤고 그 가격이 그리 높지 않은, '별다른 고민 없이 구매할 수 있는 상품'을 '저관여 상품'이라 부른다. 이런 상품의 경우는 고객 페르소나를 만드는 등의 복잡한 과정이 필요 없을 수도 있다. 저관여 상품은 누구나 쉽게 살 수 있는 상품을 파는 것이기 때문에 '잠재고객'만 많으면 '장땡'인 경우가 대다수다. 하지만 강의 상품과 같이 생소하거나, 고가인 상품의 경우는 다르다. 우선 고객의 첫 번째 진입 장벽이라고 할 수 있는 '가격'도 비싸거니와, 이런 상품 자체를 전혀 경험해보지 못한 고객들도 다수를 이루기 때문에 이들에게 '상품을 어필하고, 판매로 이뤄지게 만드는 그 과정'이 결코 쉽지 않다.

그런데 이러한 상품을 판매할 때, 고객 경로를 파악하겠다고 마케팅을 다방면으로 펼쳐버리면 자연스럽게 '막대한 예산'이 들어갈 수밖에 없다. 엄청난 시행착오 끝에 매출을 만들어낸다고 한들, 그게 최적화된 고객 경로를 거쳐서 만들어진 매출인지 분간하기 어려울 수도 있다. 그래서 이런 경우에는 스스로에게 위와 같은 다양한 질문을 던지고 그 질문에 부합하는 가장 '적합한' 고객 특성에 따라 '고객 경로'를 예측하고, 그 비용을 줄여나가야 한다.

그렇다면 N잡러를 위한 '부업 기술을 알려주는 강의'를 판매한다고 가정해보자. 고객은 이러한 특성들을 가지고 있다고 추측해볼 수 있다.

고액의 강의를 결제할 수 있는 사람들은 아무래도 일반적인 잠재고객과는 다른 특성을 가지고 있을 수 있다. 그래서 추측할 수 있는 그들의 특성 중 하나로 이런 열정과 목표를 가지고 있을 것을 예상해 볼 수 있다.

1. 부업을 통해 경제적으로 여유로워지고 싶어 한다.
2. 육아 등으로 인해 경력 단절을 겪고 있으며, 집에서도 수입을 만들고 싶어한다.
3. 수입을 늘리는 일에 관심이 많으며, 자산 투자를 위한 시드머니를 확보하고 싶어한다.

잠재고객들은 이렇게 '돈'을 벌고, 불리는 일에 대해서 열정을 가지고 있을 가능성이 높다.

이렇게 수익을 만드는 일에 관심이 많은만큼 아래와 같이,

1. 경제를 다루는 인플루언서가 운영하는 소셜미디어
2. 부업 기술을 알려주는 사업가 유튜버가 운영하는 유튜브 채널
3. 부업과 수익화에 대한 주제를 다루는 네이버 블로그나 카페

등에 모여 있을 가능성이 높다. 그리고 부업을 뛰는 N잡러들의 특성상 본업을 하느라 시간이 없는 오전이나 낮 시간대가 아닌, 저녁 시간대나 밤이 되어서야 이런 콘텐츠를 보러 움직일 가능성이 크다.

그렇다면 이런 특징을 가진 고객을 끌어당기기 위한 '미끼' 요소로는 어떤 것들이 있을까?

1. 부업의 중요성을 인식시키는 콘텐츠 제작하기

2. 부업을 통한 경제적 자유를 이룬 성공사례 소개하기

3. 무료 세미나 제공하기

4. 부업 전략을 다루는 전자책 무료 배포 이벤트하기

5. 경단녀도 손쉽게 도전할 수 있는 '쉬운 부업' 알려주기

등이 있을 것이다. 다만 '강의 상품과 같은 고관여 상품'의 특성상, 광고만 보고 무턱대고 결제로 넘어갈 가능성이 적기 때문에 잠재고객과의 소통 창구를 만들고 '라포(내적 친밀감) 형성'에 힘을 쏟아야 한다. 그만큼 소셜미디어나 블로그 운영 등 다양한 소통 채널을 더할 때, 위의 전략들도 먹히게 되는 것이다.

고객은, 리스크는 최소화하고 시행착오를 줄여가며 최단경로로 부업 소득을 얻고 싶어 하는 직장인이나 주부들이 많을 가능성이 크다. 그만큼 연령대는 30~50대 사이로 좁힐 수 있고, 광고를 송출하는 시간대는 점심시간대나 퇴근시간대 혹은, 잠들기 전 밤시간대에 송출하면 보다 높은 도달률을 만들어 낼 수 있다. 그리고 낮에 본업에 힘을 쏟느라, 늦은 새벽에는 보통 잠자고 있을 잠재고객들의 특성을 고려해, 새벽 시간대는 광고를 꺼서 불필요한 광고비가 나가는 일을 줄일 수 있다.

이렇게 고객의 페르소나를 정하고 다양한 소재의 콘텐츠로 고객에게 다가가는 것이다. 고객 경로를 파악하고, 페르소나를 설정하는 과

정은 그 자체만 봐서는 그다지 덜 중요하고 불필요한 것처럼 보일 수
도 있다. 하지만 보다 명확한 고객 타게팅이 가능해지고, 그 시간과 비
용을 줄일 수 있다는 점에서 '돈을 벌고 싶은 사람들이라면 반드시 거
쳐야 하는 필수과정' 이라고 할 수 있겠다.

과업의 난이도를
낮추는 방법

삶이라는 것은 '어떤 명확한 계기'가 없으면 흐르던 방향 그대로 흘러간다. 만약 지금의 인생에 전혀 만족하지 못하고 있는데 그걸 그저 지켜보고만 있다면, 그 인생은 절대로 바뀌지 않을 것이다. 이런 인생의 방향이 어떤 계기를 통해 급격히 커브를 그리며 바뀌게 되는 순간을, 우리는 '변곡점'이라 부른다.

그렇다면 나에게 있어 커다란 변곡점은 언제부터였을까? 바로 일의 '효율'을 따지기 시작하면서부터였다. 그래서 지금도 운영하고 있는 블로그에 떡하니 '의미 없는 노력 금지'란 문구를 박아놓고 있다. 치기 어린 도전으로 가득했던 20대의 다양한 시도는, '30대 중반'이 되어서야 비로소 또 다른 사업과 성공을 향한 '경험치'가 되어줬다. 그러나

냉정히 말하면 20대의 시기는 '비효율'과 '실패'만이 가득했던 시간들이었다. 특히 20대에 주로 진행했던 디자인 대행업이나 마케팅 대행업의 경우, 나는 내 시간을 갈아 넣어도 한 번의 수익창출에 그치는데 반해 클라이언트는 더 큰 돈을 버는 모습을 보며 무언가 방향이 잘못되었다는 것을 알 수 있었다. 그래서 마케팅이나 디자인처럼 단발성의 수익에 그치면서 '남 좋은 일 하지 않겠다'는 마음을 가졌던 것 같다. 그리고 훗날 이런 생각들이 뭉치고 정제되어 '의미 없는 노력 금지'라는 타이탄철물점의 슬로건이 되었다.

‖ **현재도 활용되고 있는 타이탄철물점의 슬로건, '의미 없는 노력 금지'** ‖

'부'를 이루는 인생의 변곡점을 만나기 위해서는 다른 사람과 비교할 때 훨씬 더 '효율적인 삶'을 살아야 한다. '효율적'이라는 말은 추상적으로 들릴 수 있겠지만, 그 뜻을 알고보면 그리 어렵지 않다는 것을 알 수 있다. 효율이란 투입한 '노력' 대비 더 높은 '성과'를 만드는 것이고, 조금 더 쉽게 설명하면 '남들과 같은 시간을 써도 더 높은 생산성을 만들면 된다'는 의미로 해석할 수 있다. 그래서 인생을 바꾸고 싶다면 '효율'이라는 말을 반드시 가슴에 새겨 두어야 한다.

개인적인 생각으로 요즘처럼 '효율'을 만들기 쉬운 시대도 없는 것 같다. 2023년 초, 세상을 발칵 뒤집어 놓은 ChatGPT의 등장 이후 다양한 생성형 AI툴들이 등장하고 있다. AI의 위력을 실감한 이용자들은 너도 나도 AI로 만들어 낼 새로운 미래에 주목하고 있다. 오죽하면 ChatGPT 개발사인 OpenAI의 매출이 2029년에 이르러서는 1,000억 달러(약 131조 원)에 달할 것이라는 예상까지 기사로 등장할 정도다. OpenAI의 23년 매출은 약 16억 달러였고 24년 목표 매출액은 34억 달러였다. 그런데 뉴욕타임스가 입수한 자료에 따르면 올해 37억 달러의 매출을 예상하며 목표했던 매출액을 훌쩍 넘어서는 것으로 나타났다. 이런 인공지능의 시대의 초입, 우리가 해야 할 것은 무엇일까?

바로, 앞으로 바뀔 세상을 예측하고 기술의 초입에서 '선진입' 효과를 누리는 것이다. 지금은 신기하고 그 기능이 정말 미친 것처럼 보이는 인공지능이지만, 시간이 흐르면 흐를수록 이런 신기술을 능수능란하게 활용할 수 있는 사용자들이 늘어날 것이고, 그 때는 전혀 새로운 현상이 아니게 될 것이다. 세상의 부의 지도를 바꾸는 지각변동은 언제나 새로운 기술이 등장하거나, 거대한 질병이 도래하거나, 큰 전쟁이 발생하면서 일어났다. 그런데 2024년은 어떠한가? 거대한 질병 이후 마치 기다렸다는듯이 제대로 된 인공지능이 등장하며 '부의 지도'를 바꾸어 가고 있다. 인공지능이 불러온 혁명은 여기서 끝이 아니었다. AI의 발전은 엄청나게 다양한 SaaS의 출현을 불러왔다.

SaaS란 Software as a Service의 약자로, 소프트웨어를 사용한 만큼 비용을 지불On-Demand 하는 방식의 클라우드 서비스 모델을 뜻한다. SaaS는 공급자가 클라우드Cloud를 통해 소프트웨어를 제공하고, 사용자는 클라우드를 통해 소프트웨어를 사용하는 방식이다. 사무용 프로그램인 마이크로소프트 오피스MicroSoft-Office를 예로 들면, 프로그램을 로컬 PC에 설치해서 사용하는 것이 아니라 인터넷상에 존재하는 특정 클라우드 서비스에 접속해서 이용하는 방식이다. 이 때 비용은, 이용한 기간이나 시간에 따라 사용하는 만큼 지불하게 되며, 지불 방식은 클라우드 서비스를 제공하는 사업자마다 조금씩 상이하다.

SaaS의 대표적인 사례로는 마이크로소프트에서 서비스하고 있는 Office 365라든가, 국민 워드프로세서 프로그램 '한글'로 유명한 한컴 오피스웹, 이제는 구독제로 바뀐 어도비사의 CC Creative Cloud, 구글 독스 등이 있다. 통신망의 발달과 더불어 이제는 AI가 등장하면서, 인공지능과 연계한 정말 다양한 형태의 SaaS들이 등장하고 있는 요즘이다. 이렇게 새로이 등장한 도구들은 어떠할까?

목적에 따라 사용하는 SaaS도 달라지겠지만, 그 기능이 엄청나게 강력하다. 가령 예를 들어 우리 회사에서도 회사의 자금 흐름을 관리하는 SaaS를 사용하고 있는데, 회사에서 사용하는 법인 카드나 통장의 입출금내역, 그리고 매월 나가는 공납금 등 모든 데이터를 긁어와서 간단한 회계 자료로 정리해준다. 예전에는 회계 담당 직원 한명이 갈려 나가면서 그 업무를 수행해야 했다면, 이제는 어플리케이션 하나로 모든 과업이 해결되는 것이다.

‖ 그랜터는 인공지능을 활용해서 자동으로 작성되는 ‖ 기업 회계 지원 SaaS이다

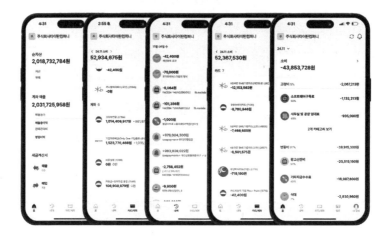

그리고 오른쪽의 이미지는 'Napkin.ai'라는 도구를 활용해 만든 시각화 자료이다. 방금 전 내가 작성한 글을 토대로 비주얼 요소를 만들어달라는 요청을 넣었고, 보다시피 위의 이미지처럼 냅킨이 적재적소에 쓰일 수 있는 비주얼 요소를 만들어 준 것이다. 나의 경우, 이러한 서비스를 알고 있기 때문에 아주 쉽게 도식을 만들 수 있겠지만, 이걸 모르는 사람은 '어떻게 하면 사람들에게 보다 간편하게 내용을 전달할 수 있을까?' 고민하며 꽤나 오랜 시간을 들여 도식을 그려야 할 것이다. (퀄리티가 떨어지는 것은 덤이고 말이다.)

‖ Napkin.ai가 책의 본문 중 일부를 도식화한 모습 ‖

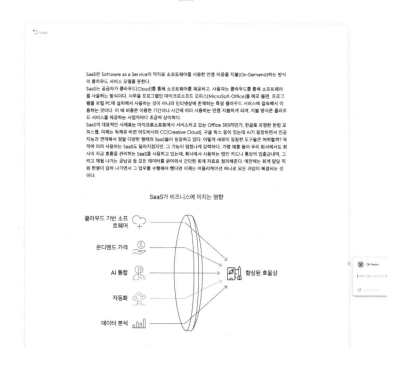

이처럼 우리가 부를 이루는 변곡점을 맞이하기 위해서는 본인에게 주어진 과업을 '경쟁자보다 빠르고 효과적이게 처리'할 수 있어야 한다. 이 과정에서 남들보다 '높은 생산성'이 만들어지고, 높은 생산성을 바탕으로 만들어진 잉여 시간을 '또 다른 생산성'으로 만들어서 판매할 때 비로소 '남들보다 더 빠르게, 더 많이' 돈을 벌 수 있게 된다. 세상에 쉬운 일은 하나도 없겠지만 어떤 사람은 아주 쉽게 그 일을 해내고, 또 어떤 사람은 아주 어렵게 해낸다. AI의 등장과 다양한 SaaS의 등장으로, 결국 아는 것이 힘이라는 오래된 명언이 다시 한 번 주목 받는 시대가 되었다.

이전에는 불가능했던 과업의 난이도를 낮추는 일이 이제는 가능해진 시대가 온 것이다. 극한의 효율을 만들 때 '극한의 소득 증가'와 방향 전환을 이뤄낼 수 있다는 점만 명심해도 이전과는 다른 새로운 시야를 갖게 될 것이다.

Chapter 4

신흥 부자 탄생의 공식, 초효율

젊고 게으른
부자들

소셜미디어가 낳은 괴수들?

　온라인 비즈니스의 확대, AI의 등장, 유튜브와 같은 미디어가 알려
주는 '기존 질서와는 전혀 다른 방식의 소개' 등 여러 가지 요인들로
인해 코로나라는 어두운 터널을 지난 후, 세상의 질서는 그전과는 다
르게 급속도로 바뀌기 시작했다. 그런 변화가 격렬하게 느껴지는 곳
중 하나가 바로 소셜미디어이다. 코로나 이전과 달리 인스타그램을 비
롯한 여러 소셜미디어를 하다 보면 20대의 젊은 부자들을 종종 접하
게 된다. 슈퍼카를 몰고, 좋은 집에 살며 명품으로 치장을 한 청년들이
갑작스레 늘어났다는 사실을 아마 대부분 느끼리라 생각한다.

‖ 누구나 꿈꾸는 슈퍼카, 부동산, 명품 ‖

코로나를 지나며, 넘치는 유동성과 유례 없는 온라인 비즈니스의 성장이라는 특수한 혜택들 속에 성장한 그들은, 오늘날 소셜미디어의 모습 한 켠을 보여준다. 성공할수록 겸손하라는 기존의 관념을 깨고, 그들은 스스로 이룩한 성공을 맘껏 누리며 살아간다. 혈기 넘치는 시기에 이룩한 성공은 그들에게 있어 거대한 자신감이 되어주었고, 그들이 남기는 메시지와 콘텐츠는 평범한 우리들에게 매콤하고 강력하게 다가왔다. 이렇게 이전과 달리 '성공'과 관련된 콘텐츠가 판을 치는 세상이다. 그래서 월급을 받으며 평범한 일상을 살아가는 사람들이 느끼는 '상대적 박탈감'은 이루 말할 수 없을 정도로 세상은 급격히 바뀌고 있다.

그렇다면 성공은 어떻게 하는 것일까? 그 누구도 명확하게 답을 내릴 수는 없을 것이라고 믿었던 이전과 달리, 오늘날의 '성공하는 방법'은 그리 낯선 콘텐츠가 아니게 되었다. '성실'과 '재능', '노력'과 '인내' 등 과거의 룰과는 다르게 성공하는 공식이 바뀌었고, 유튜브나 인스타그램 등의 소셜미디어를 통해 '성공하는 방법'을 알려주는 콘텐츠가 쏟아지기 시작한 것이다. 누군가는 20살에, 또 다른 누군가는 20대 중반에 큰 성공을 얻었다는 이런 이야기는 더 이상 희귀하지 않은 세상이 되었다. 이런 오늘날의 현상과는 반대로, 20대 내내 사업에 도전했고 또 지독할 정도로 숱한 실패를 겪었던 나였기에, 나보다 훨씬 어린 그들이 일궈낸 성공이 대단하게 보이면서도, 그러지 못했던 나와 비교되어 왠지 모를 패배감에 젖어 있을 때도 있었다.

지금에 와서야 하는 이야기지만 사실 '유튜브'와 같은 배움의 환경을 접할 수 있었던 그들이 내심 부러웠다. 책이 주는 지식과 인터넷에 떠도는 '카더라 정보' 등 오직 추측과 예측만 가지고 사업을 해야했던 10년 전과는 너무 달라진 세상이 도래한 것이다. 어린 나이에 성공하는 방법을 깨달은 젊은 대표들은, 그들이 누리는 삶을 소셜미디어를 통해 공유했다. 나는 이미 가정을 이뤘기에 버는 돈을 '나만을 위해' 쓸 수 없었다. 좋은 차를 살 수 있는 돈을 벌어도 그 돈을 나눠서 와이프의 차를 사주었고, 좋은 옷을 입을 기회가 찾아오면 자식에게 그걸 입혔다. 반면 아직 결혼을 하지 않은 젊은 부자들은 가정을 이룬 유부남과 비교해서 짊어질 책임이 상대적으로 적었기에 훨씬 더 화려한 삶을 선택할 수 있었다. 그들의 삶을 바라볼수록 드는 생각이 있었다. 세상이 이전과 다르게 훨씬 더 빠르게 바뀌고 있다는 점이었다. 당장

10년 정도 차이가 나는 나만 하더라도 그들과 사고하는 방식이 아예 다름을 느꼈다. 코로나를 거치는 몇 년 사이 세상에는 무언가 큰 변화가 있었음을 직감했고, 그 혜택을 실행력이 좋은 일부 젊은 청년들이 누리고 있다는 확신이 들었다. 그래서 성공하기 위해서는 이런 젊은 대표들의 '사고 방식'을 배워야 한다는 생각이 들었고, 마침 그런 그들의 생각을 배울 좋은 기회가 내게 찾아왔다.

2023년 5월, 인스타그램 인플루언서인 최고수준이 운영하는 모임에 참여할 기회를 얻었다. 참여 조건은 '5만 명 이상의 팔로워를 보유한 인플루언서'이거나, '월 매출 1억 원 이상의 사업가'들이었는데 나는 후자에 속하는 그룹이었다. 모임을 주관하는 독서 인플루언서 최고수준은 나보다도 무려 11살이나 어린 인플루언서였다. 그런 젊은 친구가 주최하는 모임인지라 그 친구만큼이나 젊고 유망한 사업가나, 20대의 젊은 인플루언서들이 자리에 함께 했다.

이 좋은 기회를 놓쳐선 안 됐다. 그동안 궁금했던 젊은 대표들이 성공한 비결과, 그들의 생각을 배울 수 있는 자리였기에 늦은 시간까지 자리를 함께 하며 신세를 졌다. 한참 나이가 많은 아재뻘인 내게 그들이 알려주는 정보는 생각보다 '간단'하면서도 '직관적'이었다. 그때 배운 그들의 생각은 평소 나도 모르는 사이 가지고 있었던 '고착된 사상'을 크게 바꿔 주었다. 초등교사로 월급을 받으며 지내던 내가 그러했던 것처럼 많은 사람이 '성공' 자체를 본인에게는 해당이 되지 않는 이야기처럼 여기는 경우가 많다. 본인 주제에 맞지 않게 너무 크다거나 대담하다거나 또는 너무 멀리 있는 이야기처럼 느끼는 것이다. 물론, 이제는 꽤나 높은 매출을 내는 나로서는 의지만 있다면 충분히 이룰 수 있는 일이라고 생각하지만 보통의 경우는 그렇지 않다. 나와는 또 다른 형태의 환경에서 배우고 자란 젊은 CEO들은 새롭게 출시된 프로그램의 활용, 새로운 서비스를 찾아보며 본인 업무에 적용하는 능력이 뛰어났다. 그리고 새로운 문명의 이기를 발견하면 망설임 없이 바로 사업에 적용했다. 대체로 그런 부류의 사람들은 '비효율적'인 일을 '극혐'할 정도로 싫어하는 경우가 많았고, 이를 다른 효율적인 대체재로 바꿀 수 있다는 믿음이 확신에 달할 만큼 두터웠다.

내게는 온통 새롭고 낯선 기술들을 그들은 '당연한 것'처럼 능수능란하게 활용했다. 나는 그런 모습을 보며 굉장히 이상한 감정을 느꼈다. AI를 활용하거나 새롭게 출시된 SaaS를 적용하는 그 실행의 속도가 차원이 다른 그들을 보며, '기술을 통해 이미 자본으로 구축되어진 거대한 간극을 좁힐 수도 있겠구나'라는 인사이트를 얻을 수 있었다. 극단적인 효율 추구를 하는 젊은 부자들의 모습들을 보며 '이 녀석은 일을 하는 것을 굉장히 싫어하는 것이 아닐까?'(참고로 나는 워커홀릭처럼 보일만큼 일 자체를 즐기는 편이다.) 싶을 정도였다. 업무를 하는 데 있어 효율적인 것을 선호하는 젊은 사람들은 '근면성실'의 가치보다 '더 빠르고 더 생산적인 방법'을 찾는데 혈안이 되어있었다. 오랜 시간 내가 지켜왔던 '노력'이란 가치가 부정 당하는 기분이 들 정도로 '효율'에 진심인 사람들을 보며, 그동안 가지고 있었던 고착된 생각을 많이 고치게 되었다.

다소 극단적으로 보이기까지 하는 그들의 효율 추구는 남다른 '생산성'을 낳았다. 최근 내가 운영하는 교육플랫폼 사업이 많이 성장하며, 새로운 기술이나 수익화 방법을 소개하는 강사들을 많이 만나고 있다. 여기서 다소 신기한 점 한 가지는 내가 20대에 사업을 할 때와 비교해서 성공한 사람들의 연령이 이전과 다르게 굉장히 어려졌다는 점이다. 이전만 하더라도 40대 후반에서 50대 중반을 아우르는 대표님들이 많았다면, 이제는 1989년생인 내가 '대부분 큰형뻘'일 정도로 성공의 연령이 내려간 것이다.

난 평범한 인생을 살아가는 사람들에게 상대적 박탈감을 유발할 정도로, 빠르게 성장하는 젊은 CEO들의 비즈니스 성공 원동력이 '극한의 효율 추구'라고 생각한다. 성공에는 굉장한 이론과 실행력, 끈기, 노력 등 많은 재료가 들어갈 것 같지만 실상은 그렇지 않았다. 그들의 성공 회로는 생각보다 간단하다. 팔 것을 찾고, 강력한 네트워킹을 제공하는 소셜미디어를 통해 구매할 사람을 모은다. 그리고 이 과정에서 발생되는 불필요한 일이나 비효율적인 일은 과감히 쳐내거나 대체재를 찾아 빠르게 교체한다. 그게 전부였다. 놀라울 정도로 간단한 그들의 방식은 그들을 '부자'로 만들어줬고, 20대 혹은 30대 초반의 어린 나이에 '성공'할 수 있는 원동력이 되어주었다.

게으론 신흥 부자들

전통적인 부자들은 굉장히 부지런했다. (물론 오늘날의 부자들이 게으르다는 것은 아니다.) 하지만 최근 팬데믹 종식과 함께 우후죽순 등장하는 신흥 부자들을 보면 상대적으로 게을러 보일 때가 많았다. 일과 이후에는 라운지나 펍에 가서 술을 마시고, 주말에는 외곽으로 나가 시간을 보내는 등 전통적인 부자들과 비교해서 자유로운 시간을 보냈다. 이전에 알았던 나보다 나이가 한참 많은 부자들은 '저게 사람 사는 모양새가 맞는가?' 싶을 정도로 그 누구보다 치열한 인생을 살았다. 그들에게 있어서 '게으름'은 죄악이며 남들보다 뒤처지는 것이었다. 그래서 주말이든 늦은 밤이든 본인의 일에 몰두하는 '일 중독자'들이 많았다. 경쟁자와의 차별점을, '부지런함'을 통해 만들었던 것이다.

그런데 젊은 신흥 부자들은 그런 전통적인 부자들과 비교해서 '비효율적'인 것을 싫어하는 특성이 강하기 때문에 갈려나가는 시간을 다른 것들로 대체하려는 경향이 많이 나타난다. 앞서 설명한 SaaS를 적재적소에 도입해서 투입되는 인원이나 시간을 줄인다거나, 정규직 고용을 줄이되 AI를 활용해 그 공백을 메꾼다. 또한 인터넷과 노트북만 있으면 어디서든 일을 할 수 있는 시스템을 구축해서 업무 환경에 구애 받지 않고 자신만의 시간을 누린다.

그래서 처음에는 신흥 부자들이 보여주는 이런 게을러보이는 모습들이 그리 달갑게 느껴지지 않았다. '성실'은 성공을 위한 '필수조건'이라고 생각하며 살아왔던 나였기 때문이다. 그래서 아무리 피곤하고 힘이 들어도 그걸 이겨내려 애쓰는 '인내하고 노력하는' 삶을 살았다. 하지만 내가 놓치고 있었던 결정적인 것이 하나 있었는데, 오늘날의 질서에서 바라보면 너무나도 '고리타분한 방식만 고집하고 있었다는 점'이었다. 모두가 구글 독스를 쓸 때 한글을 고집했고, 피그마를 통해서 협업하고 디자인을 논의할 때 직원들에게 PPT에 그 내용을 정리시켜 보고를 받았다.

그렇게도 효율을 추구하겠노라 다짐했으면서 또 한 번 '의미 없는 노력'을 하고 만 것이다. 이후, 압도적인 속도로 성장하는 신흥 부자들의 방식에 충격을 먹은 나는, 몇 달 동안은 빠르게 성장하고 있는 기업의 대표들과 함께 하는 시간을 늘려가며, 그들만의 비결을 배우는 일에 시간을 쏟았다. 생각보다 그 방식은 간단했지만, 나같은 '젊은 꼰대'에게는 와닿지 않았던 그 비결들을 듣고 언젠가는 내 사업에도 적용하고 싶었다. 가끔은 사업 경험이 훨씬 더 긴 내가 이제 갓 20살을 넘긴 젊은 오너들에게 술 사주고, 밥 사주며 그 방법을 묻는 모양새가 우스꽝스럽게 느껴지기도 했지만 상관하지 않기로 했다. 숱한 실패 속

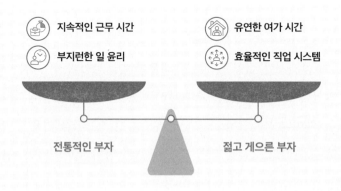

‖ 전통적인 부자와, 젊고 게으른 부자의 차이점 ‖

지속적인 근무 시간　　유연한 여가 시간

부지런한 일 윤리　　효율적인 직업 시스템

전통적인 부자　　젊고 게으른 부자

에서 겨우 피워낸 사업이었고, 어쩌면 인생의 마지막 기회라고 할 수 있는 이번 사업에서만큼은 그동안의 고집을 내려놓고 진짜 '성장'하고 싶었다.

교육과 컨설팅에 돈을 아끼지 마라

내가 20대 초반을 보냈던 2010년대 초반과는 세상이 많이 달라졌다. 당시에는 '직감'에 의존해서 사업을 진행해야 하는 경우가 대부분이었다. 2008년 서브프라임 사태 이후로 '사업은 아주 위험한 것'이라는 인식이 강했고 그래서였는지 주변에 사업가가 그리 흔치 않았다. 그래서 사업을 어떻게 하는 것인지, 소비자를 어떻게 분석하고 돈은 어떻게 버는 것인지, 절세는 어떻게 하는 것인지 같은 사업 운영과 관련된 지식을 얻는 것 자체가 매우 어려웠다. 그래서 사업가의 '직감'이 중요했다. 유튜브 콘텐츠가 없던 그 시기에도, 종종 등장하는 '부자'들은 직감이 뛰어났다. 그게 곧 비결이라고 할 정도로 '지식'이나 '전략'이 기반이 되는 경우보다 '하다 보니 되더라'가 많았다.

'아, 이 아이템은 잘 되겠는데?'
믿기지 않겠지만 이런 생각으로 막무가내로 사업에 도전하는 사람들이 많았다. 그런데 지금은 유튜브라는 좋은 콘텐츠 보급처가 있고, 인스타그램이나 블로그만 조금 뒤져봐도 좋은 정보들을 얻을 수 있다. '정보의 홍수'라고 불리울 만큼 그 콘텐츠의 양이 어마어마한 시대가 도래한 것이다. 앞서 이른 나이에 성공한 사람들은 온라인 상의 정보를 빠르게 획득하고 그걸 실행해보며 '빠른 피드백'을 확보했다. 다른 사람들의 인사이트를 유튜브를 통해 확인하고, 시행착오와 비효율적 요소를 최대한 줄여가며 실행으로 옮긴 것이 성공에 주효한 전략이 된 것이다. 그리고 그들은 온라인 상에서 알게 된 '선행자'들을 만나는 일에 투자하는 시간이나 돈을 아끼지 않았다. 무료로 제공되는 콘텐츠도 물론, 훌륭한 것들이 많지만 100% 맞춤형 정보가 아니기 때문에 반드시 그 천장을 마주하게 된다. 이런 순간이 오면 그들은 이미 성공한 선배들을 찾아가 컨설팅을 받거나 유료 강의를 구입하는 등 투자를 아끼지 않는 모습을 보였다. 물론 이런 비용이 결코 만만하지는 않다.(사실 비싸다는 말이 더 맞다.) 하지만 실행의 과정에 있어 등장하는 '장애물'들을 보다 쉽고 빠르게 돌파하기 위해서는 이미 비슷한 문제를

겪었던 '선행자들의 인사이트'가 필요하다.

이런 그들의 비결을 안 직후, 나는 돈을 제법 벌게 된 현재에도 많은 돈을 컨설팅과 강의에 투자하고 있다. 회사 시스템에 AI를 적용하는 방법, 인건비와 기타 비용을 절감하는 방법이나 정부 지원금을 활용해 회사를 보다 알뜰살뜰하게 운영하는 방법, 노션을 통해 사내 업무 시스템을 보다 쫀쫀하게 구축하는 방법 등 배움에 있어 투자를 아끼지 않았고, 이전에는 없었던 '효율적인 회사의 면모'를 나의 회사에도 조금이나마 입힐 수 있었다.

오늘날의 젊은 사람들은 다소 과하게 느껴질 정도로 똑똑하고 현명하다. 아무리 어렵게 구한 일자리라고 하더라도 막상 출근했는데 배울 것이 없거나 그 내부 시스템이 엉망이면 정말 빛의 속도를 방불케 하는 속도로 탈출한다. 그리고 슬프게도 우리 회사의 체계가 잡히기 전에는 퇴사자 비율이 낮지 않았다. 모든 업무가 대표의 스타일에 맞춰 전통적인 모양새로 흘러가는 회사를 참을 수 없었던 것이다. 그래서 비록 비용이 들긴 했지만 몇 번의 컨설팅과 교육을 거치며 부족했던 점들을 채워갔다. 돈과 시간 등 비용을 들일수록 회사에 점차 안정된 시스템이 정착되었다.(돈이 조금 아깝기는 했지만 말이다.)

놀라운 점은 시스템이 자리 잡고, 업무의 R&R이 명확해질수록 직원들이 나가지 않고 정착하기 시작했다는 점이었다. 사람을 뽑고, 그 사람을 업무에 투입하기 위해서는 그 업무가 손에 익을 시간이 필요하다. 그리고 그 시간은 회사 대표의 입장에서는 비용이 될 수밖에 없다. 이렇게 시간과 비용을 투자해 만든 인력들이 나가지 않고 업무에 열중하기 시작하자 회사는 더욱 효율적으로 굴러 갔고, 대표인 나는 더 많은 돈을 벌 수 있었다. 그리고 그 과정을 통해 공교롭게도 나는 '출퇴근의 강박'으로부터 자유로워졌다.

대표가 하나부터 열까지 간섭하고, 보고를 받아야 할 정도로 엉망이었던 회사가 개선되니 할 일이 많이 줄어든 것이다. 그토록 꿈꿔도 이룰 수 없었던 '게을러질 기회'가 온 순간이었다.

긱 워커의 시대

현대 사회의 큰 트렌드 중 하나인 '긱 이코노미'를 살펴보면 '신흥 부자 탄생의 과정'을 보다 명확히 이해할 수 있다. '긱Gig'이라는 용어는 원래 재즈 연주자들이 한 번의 공연을 위해 일시적, 단기적으로 고용된다는 뜻에서 유래한 말이다. 긱 이코노미란 일종의 임시직 경제를 말하는 것이다. 긱 이코노미는 특히 '단기 계약'이나 '프리랜서' 형태로 일하는 사람들을 지칭하는 긱 워커Gig Worker들이 구성하고 있으며, 이러한 긱 워커는 오늘날에 들어서 더욱 가파르게 증가하고 있다. 그리고 이렇게 세상이 변하는 추세를 참고하면 앞으로의 세상을 보다 디테일하게 유추하고, 보다 올바른 방향을 향해 준비할 수 있다.

신흥부자의 등장, 이전에는 없던 다채로운 비즈니스 아이템의 등장 등 부를 형성하는 방법이 빠르게 바뀌고 있는 요즘, 긱 워커의 하나라고 할 수 있는 디지털 노마드Digital Nomad를 살펴보면 부를 형성하는 '새로운 메커니즘'을 이해할 수 있다.

‖ 소셜미디어에서 많이 보이는 디지털노마드의 업무 형태 ‖

디지털 노마드란 '디지털'과 유목민을 뜻하는 '노마드'의 합성어로 만들어진 신조어이다. 통신망이 발달하고 온라인 비즈니스 환경이 성장하며 이제는 꼭 '사무실'과 같은 전통적인 업무 공간이 없어도 일을 하고 수익을 창출하는 게 가능해졌다. 회사에 꼭 출근하지 않고도 일을 하고 수익을 얻는 '디지털 노마드'는, 신드롬을 방불케 할 만큼 젊은 사람들에게 큰 관심을 받았다. 디지털 노마드는 말 그대로 디지털 기술을 활용하며, 시간과 장소에 구애받지 않고 일하는 사람들을 가리킨다. 앞서 오늘날의 젊은 세대들은 자유로움을 중요시 여기고, 비효율을 극도로 나쁘게 여긴다고 했다. 그런 측면에서 바라볼 때 디지털 노마드는 젊은 청년들에게 있어 '이상적인 삶의 형태'로 다가왔다.

‖ 이상적인 삶의 형태 ‖

이들은 주로 노트북, 스마트폰 등의 디지털 기기를 이용해 원격으로 업무를 수행하며, 인터넷만 연결되어 있다면 전 세계 어디서나 자유롭게 일할 수 있다.

‖ 디지털 노마드가 추구하는 것 ‖

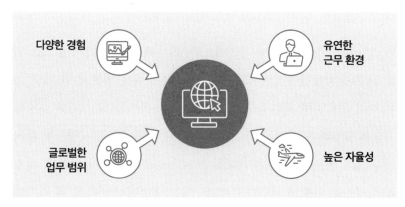

긱 워커가 증가하고 있다

긱 워커 Gig Worker 는 '디지털 노마드'라는 단어와 떼려야 뗄 수 없는 용어 중 하나로, 오늘날에 들어 급부상하고 있는데, 이는 단기 계약이나 프리랜서 형태로 일하는 사람들을 말한다. 이들의 증가는 현대 사회의 여러 요인들이 복합적으로 작용한 결과다.

긱 워커는 오늘날 기술의 발전을 통해 그 수가 급격히 늘어나고 있다. SaaS와 같은 클라우드 컴퓨팅, 협업 툴의 발달로 원격 업무가 용이해졌고 이전처럼 꼭 업무 환경이 다 갖춰진 사무실이 아니어도 인터넷만 되는 곳이라면 어디서든 일이 가능한 세상이 되었다. 뿐만 아니라 5G, 사물인터넷(IoT) 등 통신망이 발달하며 언제 어디서나 연결 가능한 환경이 조성되었기에, 긱 워커의 출현은 더 이상 이상한 일이 아니게 되었다.

또한 불경기로 대표되는 오늘날의 '경제 구조' 탓에 기업들은 비용절감이라는 시대적 과제에 직면했고, 인간의 노동력이 곧 자본이었던 과거의 질서는 서서히 바뀌어 가게 되었다. 게다가 기계공학이 발전하고, 인공지능이 발달함에 따라 꼭 사람을 뽑지 않아도 노동을 시킬 수 있는 시대가 되면서 이제 기업들은 사람을 잘 뽑지 않게 되었다. 신입사원을 꿈꾸는 성실한 젊은 청년들에게는 그다지 듣고 싶지 않은 암울한 현실의 이야기겠지만, 실제로 기업들은 인건비를 줄이고 대신 유연하게 운용 가능한 인력들을 찾고 있다. 특히 인건비 자체도 하나의 리스크로 작용할 수 있는 작은 규모의 기업이라면 이런 상황이 더욱 현실로 다가오게 된다.

실제 내 주변에도 많은 중소기업들이 정규직을 늘리는 것보다 외주 인력을 활용하는 것을 훨씬 선호한다. 우리나라는 고용 탄력성이 떨어지는 터라, 한 번 고용하면 해고하는 과정이 그리 쉽지 않다. 혹시라도 해고를 하면 정부에서 나오는 인건비 지원 등 여러 혜택을 놓칠 수 있다. 그래서 사업의 자본이라 할 수 있는 노동력을 확보하기 위해, 인건비를 무작정 늘렸던 전통 비즈니스에 가까운 기업들도 오늘날의 불경기를 거치며 앞다투어 그 고용을 줄여가는 추세다.

오늘날의 업무 구조는 프로젝트 기반의 업무가 많고, 신입보다는 전문성 있는 단기 인력을 훨씬 선호한다. 이 역시 긱 워커가 급증하는데 중요한 요인이 되었다. 뿐만 아니라 자기계발과 다양한 경험을 통한 성장을 중요시 여기는 MZ세대의 새로운 가치관과 기술 발달로 인해 언어 장벽이 완화되어 어디에서든 일을 하며, 그 과정에서 성장을 추구하는 문화가 자리 잡았다.

이외에도 여러 요인들로 인해 긱 워커의 비중은 계속해서 증가할 것으로 예상된다. 맥킨지 글로벌 연구소의 보고서에 따르면, 2025년까지 전 세계 노동력의 약 40%가 긱 워커가 될 것으로 전망할 만큼 디지털 노마드, 긱 워커 선호 현상은 지속될 것으로 보인다. 하지만 이러한 근무 형태가 장점만 있는 것은 아니다. 아래는 이런 근무 형태의 단점들이다.

1. 불안정한 수입

2. 사회보장 제도의 사각지대

3. 업무와 삶의 경계 모호

4. 고립감과 소속감 결여

5. 지속적인 자기관리와 동기부여의 필요성

이러한 과제는 긱 워커에게 정말 현실적으로 다가올 문제들이라고 할 수 있다. 그렇다면, 이런 근무형태에서 발생되는 위와 같은 약점들을 해결하고, 디지털 노마드로서의 삶을 더욱 풍요롭게 만들기 위해서는 어떻게 해야 할까?

그 해답은 바로 '네트워킹'에 있다. 네트워킹은 단순히 인맥을 쌓는 것을 넘어, 디지털 노마드와 긱 워커들에게 있어 필수적인 생존 전략이자 성장의 원동력이다. 다음과 같은 이유로 네트워킹은 업무 효율을 크게 향상시킬 수 있다.

1. **정보와 기회의 공유**
   - 새로운 프로젝트나 일자리 정보를 빠르게 얻을 수 있음
   - 업계 트렌드와 최신 기술에 대한 정보 교류 가능

2. **협업의 기회 창출**
   - 다양한 전문성을 가진 사람들과의 만남으로 시너지 효과 발생
   - 프로젝트별로 최적의 팀 구성 가능

3. 지식과 스킬의 교환

- 서로의 경험과 노하우를 공유하며 빠른 성장 가능
- 멘토링이나 스킬 공유 세션을 통한 학습 기회 제공

4. 정서적 지지와 동기부여

- 비슷한 상황의 사람들과 교류하며 고립감 해소
- 서로의 성공 사례를 통해 자극받고 동기 부여

5. 브랜딩과 신뢰도 향상

- 적극적인 네트워킹 활동을 통해 개인 브랜드 구축
- 추천과 소개를 통한 신뢰도 있는 일거리 확보 가능

6. 리소스의 효율적 활용

- 공동 작업 공간이나 장비의 공유로 비용 절감
- 각자의 강점을 살린 업무 분담으로 효율성 증대

7. 창의성과 혁신의 촉진

- 다양한 배경을 가진 사람들과의 교류로 새로운 아이디어 창출
- 서로 다른 분야의 지식을 결합한 혁신적인 솔루션 개발

이러한 네트워킹의 장점을 최대한 활용하기 위해서는 온라인과 오프라인을 아우르는 다각도의 접근이 필요하다.

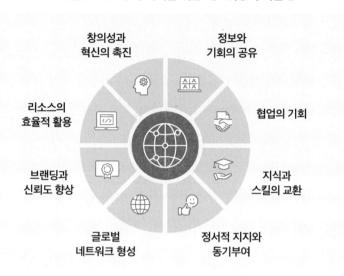

‖ 디지털 노마드와 긱 워커를 위한 네트워킹의 이점 ‖

창의성과
혁신의 촉진

정보와
기회의 공유

리소스의
효율적 활용

협업의 기회

브랜딩과
신뢰도 향상

지식과
스킬의 교환

글로벌
네트워크 형성

정서적 지지와
동기부여

'긱 워커'를 이해하면 미래가 보인다

디지털 노마드와 긱 워커로 대표되는 오늘날 시대의 변화는 더 이상 거스를 수 없는 시대의 흐름이라고 본다. 기술의 발전, 경제 구조의 변화, 새로운 세대의 가치관 등 다양한 요인이 이를 뒷받침하고 있다. 나는 세상이 이렇게 변화하는 모습을 보이기 시작하면 그걸 기회로 삼아야 한다고 생각한다. 왜냐하면 마치 떡상할 비트코인을 미리 알아보는 것처럼 미래의 방향을 아는 것은, 다른 경쟁자보다 '효율적으로' 성공의 방향키를 찾아낼 수 있기 때문이다.

시대가 변할 때는 언제나 돈을 버는 공식도 함께 바뀌었다. 조직력이 떨어지는 디지털 노마드와 같은 긱 워커가 부자가 될 수 있냐, 없느냐를 따지기보다는 어떻게 그들이 기업에 속하지 않고도 프리랜서로서 수익을 만들어 갈 수 있는지를 고민해 봐야 한다. 이러한 발상의 전환은 그들이 추구하는 자유롭고, '효율'적인 업무를 데이터 삼아 스스로의 업무 방식을 더 편리하게 구상할 기회로 작용할 수 있다.

나 역시 어떻게 보면 본업을 하면서 '디지털 노마드' 형태의 부업을 했고, 지금 사업을 위한 첫 단추를 꿰었다. 집에는 이제 갓 2살이 된 아들이 있었고, 그런 혼란한 환경(?)을 피해 카페에 가서 일을 해야 했다. 불편한 업무 환경은 보다 효율적인 시스템을 찾을 수밖에 없게 만들었고, 나아가 불안정한 수익은 새로운 고객을 찾기 위한 소셜미디어로 향하게 만들었다. 앞으로 이러한 근무 형태는 '뉴노멀'이 될 것이다. 모두가 당연하게 프리랜서 스타일의 업무를 시작할 때 그제서야 그 방식을 만들고 따라가려면 그때는 이미 늦은 경우가 많다. 디지털 노마드라는 신드롬을 넘어 긱 워커들이 증가하는 오늘날의 모습은 이제 하나의 단편적인 현상을 넘어 전세계적인 트렌드로 자리매김하고 있다. 업무와 삶의 경계가 모호해지고, 온라인을 통한 소통이 더 자연스러운 삶이 이제는 표준이 된다는 것이다.

긱 워커들의 효율적인 업무 체계에서는 배울 점이 많다. 그들이 활용하는 다채로운 SaaS 서비스는 물론, 업무 체계를 구축하는 효율적 방식은 앞으로의 세상을 움직이는 기준이 될 것이다. 이러한 변화의 물결 속에서 성공적으로 살아가기 위해서는, 디지털 기술을 활용한 업

무 능력과 함께, 사람과 사람을 연결하는 그들이 가진 '네트워킹 능력'
을 얼마나 모방하고 발전시켜 갈 수 있느냐에 달렸다.

부자가 되는 효율적 지름길, 파트너십

파트너십은 고효율의 삶을 사는데 있어 '필수적인 방법'이라고 할 수 있다. 사람은 환경의 지배를 받는 동물인 만큼 어떤 환경에 놓이느냐에 따라 그 방향이 달라지고, 퍼포먼스가 달라진다. 그런 점에서 내게는 정말 고마운 동생이 있다. '보부상'이라는 닉네임을 활용하는 ㈜보부상컴퍼니의 백두현 대표이다. 최고수준이라는 인플루언서가 운영하는 모임에서 처음 만난 이 동생은 사업에 있어서도 선배였고, 이미 성공한 사업가 반열에 올라있었다. 지금 생각해보면 보부상 대표의 첫 인상은 센세이셔널했다. 건강식품제조업과 교육업, 디자인업 등 다채로운 사업을 하는 보부상 대표는 나보다 3살이 어렸지만, 그 퍼포먼스가 눈부실 정도로 화려해서 내게 큰 자극이 되곤 했다.

내가 월 매출 2억~5억 원 정도를 왔다갔다 할 즈음, 보부상 대표는 이미 월 매출 10억 원 반열에 올라있었다. 나보다 어리지만 사업 초기에 겪을 수 있는 무수한 시련을 뛰어넘고 안정적인 사업체를 운영하는 그 모습이 부럽기도 하고, 큰 자극이 되기도 해서 나는 목표를 하나 세웠다.

'지금은 비록 쉽게 넘볼 수 없는 상대지만, 그의 성장 방식을 모조리 카피해서 따라잡고 말겠다'는 유치한 목표였다.

보부상은 스스로는 모르지만 뛰어난 그로스 해킹 역량을 가지고 있었다. 그로스 해킹Growth Hacking이란 창의성, 분석적인 사고, 소셜미디어 망을 이용하여 제품을 팔고, 노출시키는 마케팅 방법을 뜻한다. 주로 가파른 성장을 꿈꾸는 스타트업 회사들에서 많이 활용되는 이 마케팅 기법을 가장 잘 사용한 사람이 보부상 대표가 아닌가 한다. 그로스해킹은 성장을 뜻하는 Growth와 해킹Hacking이 결합된 단어로 고객의 반응에 따라 제품 및 서비스를 수정해 제품과 시장의 궁합을 높이는 것을 의미하는데, 이 친구는 그런 점에서 타의 추종을 불허하는 유연한 사업 마인드를 가지고 있었다.

그리고 나는 이런 그의 능력을 처음 만난 자리에서 한 눈에 알아볼 수 있었다. 그로스 해킹이 가능하기 위해서는 우선 고객의 반응을 정량 데이터와 정성 데이터로 나누어 분석할 수 있어야 한다. 그는 본인은 자각하는지 모르겠지만 본인이 '판매하는 제품'과 '교육이라는 서비스'를 고객들에게 최적화시키고 자연스럽게 판매로 연결시키는 능력이 정말 뛰어났다. 나는 그런 그의 능력을 흠모했고 그 비결을 파악하고 흡수해 '나의 성장'으로 만들고 싶었다. 그래서 단순히 모임의 한 멤버에 그치지 않고 더 가까운 사이가 되기 위해 '술자리'를 제안했다. 지금 생각해보면 누가 봐도 그 속내가 뻔했을 제안이었음에도 불구하고, 이 착한 동생은 본인의 시간을 내어줄 뿐만 아니라 본인이 아끼는 인맥들을 아낌없이 소개해주었다.

‖ **보부상 대표와 타이탄철물점이 활용하고 있는 수익의 수직계열화** ‖

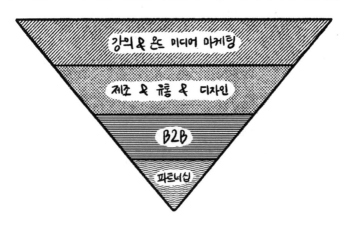

그렇게 보부상과의 만남은 부산에서 사업을 시작했던 나에게 가장 부족했던 것들이 채워지는 순간을 만들어냈다. 보부상을 통해 알게 된 지인들과는 처음에는 친목 도모 정도의 목적으로 만났지만, 그들 역시 뛰어난 CEO였기에 같이 있는 시간 내내, 내가 배울 점들이 등장했다. 그리고 대표가 되며 갈구했던 세금에 대한 고민, 직원에 대한 생각, 사업을 하면서 겪는 외로움, 이 모든 것들을 해결할 수 있었다. 또한 그 과정에서 나는 파트너십이 얼마나 중요한지를 깨달을 수 있었다. 이제는 고리타분하게 들릴 만큼 '성공하고 싶다면 주변의 사람을 바꿔라'는 말이 무얼 뜻하는지 배우게 되는 순간이었다.

‖ **나는 내 주변 5명의 평균이다** ‖

나는 실제로 보부상의 성장 방식을 열심히 분석했다. 그리고 그의 비즈니스 모델을 나의 스타일로 재해석해서 내 사업에 적용했다. 그가 어떻게 마케팅을 하는지, 직원들은 어떻게 관리하는지, 그리고 인맥은 어떻게 넓히고 사람들과 관계를 어떻게 유지하는지를 관찰하고 모방하기 시작하니 이전과는 다른, 좀 더 현명한 방식들이 보이기 시작했다.

인맥을 넓히고, 나보다 훨씬 잘하는 사람들의 방식을 배우기 위해 참여했던 네트워킹 파티였지만, 솔직히 처음엔 귀찮게 여겼었다. 하지만 그 귀찮음을 이겨내고 새로운 사람들을 마주한 결과는 대성공이었다. 사업가는 필연적으로 외로운 순간을 마주한다. 그런데 너무 감사할 정도로 잘 통하는 고마운 우군들이 생기는 계기가 되었고, 이는 더 공격적으로 성장할 수 있는 용기가 되어주었다. 그리고 스토커 마냥 쫓아다니며 보부상의 방식을 열심히 쫓아간 결과는 놀라웠다. 실제로 지인들이 '타이탄철물점'이나 '보부상'이나 정말 비슷한 형태로 사업을 한다고 말할 정도로 지독하게 그의 방식을 차용했고, 마침내 내가 원하던대로 극적인 성장을 경험할 수 있었다.

지금도 당시 사귀었던 대표들과는 좋은 관계를 유지하며, 서로의 성장을 응원하고 있다. 아, 그리고 보부상 대표는 얼마 전 월 매출 27억 원을 넘기는 기염을 토하며 또 한 번 나와의 격차를 벌렸다. 점점 멀어져 가는 동생의 모습이 대견하고, 때로는 그 격차가 좁혀지지 않음에 막막해지기도 하지만 이제는 상관 없다. 덕분에 돈으로는 매길 수 없을 정도로 값진 사람들을 만날 수 있었기에. 그리고 그들과의 만남에서 만들어진 이 파트너십이 앞으로 나를 더 큰 부자로 만들어 줄 효율적인 지름길이라는 것 또한 믿어 의심치 않는다.

브랜딩으로 '가치'를
업그레이드 하는 방법

나는 로고디자인 외주업이라는 부업을 거치며 남들보다는 비교적 빠르게 '퍼스널 브랜딩'이라는 용어에 대해 알 수 있었다. 퍼스널 브랜딩은 종종 유튜브 채널을 운영하거나 개인 브랜드를 운영하고 있는 클라이언트들의 의뢰를 통해 알게 된 '생소하지만 제법 멋지게 다가왔던 용어'였다. 이후 코로나가 터지며 전세계가 사회적 거리두기를 시행할 때 '퍼스널 브랜딩'은 갑작스레 주목받기 시작했다. '퍼스널 브랜딩 신드롬'이라고 할 수 있을 정도로 너도 나도 스스로를 알리기 위해 퍼스널 브랜딩에 뛰어들었다. 당시 이미 퍼스널 브랜딩에 대한 이론을 파악하고 스스로를 브랜딩 하는 일에 속도를 붙였던 사람들은 그 누구보다 큰 돈을 벌 수 있었다. 퍼스널 브랜딩Personal Branding은 그 말처럼 자신을 하나의 브랜드로 만들어가는 과정을 뜻한다. 이는 단순히 자신을 홍보하는 것을 넘어서, 본인만이 가지고 있는 독특한 가치와 전문성으로, 자신을 체계적으로 구축하고 알리는 접근 방식이다. 퍼스널 브랜딩을 통해 우리는 자신의 강점, 기술, 경험 등을 전달하며 타인과 차별화되는 나만의 고유한 이미지와 평판으로 활용하게 된다. 그리고 누구나 인정할만한 본인만의 고유한 정체성을 만든 사람은, 인지도도 높아질 뿐만 아니라, 돈이라는 형태로 드러나는 가치 역시 비례해서 상승하는 효과를 누리게 된다.

퍼스널 브랜딩의 유래

퍼스널 브랜딩이라는 용어가 공식적으로 등장한 것은 비교적 최근의 일이다. 1997년, 경영 컨설턴트인 톰 피터스가 패스트 컴퍼니 매거진에 "The Brand Called You"라는 글을 발표하면서 이 개념이 널리 알려지기 시작했다. 그래서 대부분은, 퍼스널 브랜딩의 역사가 매우 짧다고 생각할 수도 있다. 하지만 그 개념의 뿌리는 훨씬 더 깊다. 역사적으로 정치인, 예술가, 사업가들은 오랫동안 자신만의 독특한 이미지와 평판을 관리해왔고, 이를 유지하고 나아가 더 좋은 이미지로 가꾸는 것을 매우 중요하게 여겼다. 예를 들어, 18세기의 '볼테르'나 19세기의 '오스카 와일드' 같은 문인들은 자신만의 독특한 개성과 스타일로 대중들에게 강렬한 인상을 남겼다. 현대에 들어서면서 소셜 미디어의 발달과 함께 퍼스널 브랜딩은 더욱 중요해졌고, 이제는 나와 같은 평범한 일반인들도 자신의 브랜드를 구축하는 일에 관심을 가질 정도로 퍼스널 브랜딩의 중요성은 더욱 대두되고 있는 중이다.

‖ 퍼스널브랜딩을 하는 이유 ‖

퍼스널 브랜딩을 하는 이유는 아래와 같다.

1. **차별화된 경쟁력:** 포화된 시장에서 당신을 돋보이게 만든다.

2. **신뢰도 상승:** 전문성을 인정받아 고객과 협력자의 신뢰를 쉽게 얻을 수 있다.

3. **기회의 확대:** 네트워크 확장과 새로운 비즈니스 기회 창출이 용이해진다.

4. **수입 증대:** 당신의 서비스나 제품에 프리미엄을 부여할 수 있어 더 높은 수익을 얻을 수 있다.

5. **영향력 증대:** 업계나 사회에서 영향력 있는 인물로 성장할 수 있다.

퍼스널 브랜딩의 성공 사례

나 역시 의도하지는 않았지만, 부업을 하는 과정을 블로그에 글로 담으며 인지도를 획득한 케이스다. 모두가 성공이나 자기계발을 필두로 퍼스널 브랜딩에 나설 때 나는 틈새를 노려 '일반 직장인의 포지션에서 부업으로 살아남기'란 독특한 컨셉을 내세웠었다. 그걸 노렸다고 하기엔 너무 우연히 얻어 걸린 케이스라, 스스로 모든 것을 기획하고 이뤘다고 말하기는 민망하지만, 모두가 비슷한 얘기를 할 때 조금이라도 차별화된 콘텐츠를 다뤘던 것이 주요한 성공 포인트로 작용한 것이 아닌가 싶다. 그런데 이런 나의 이야기를 퍼스널 브랜딩의 성공사례로 삼기엔 그 성과가 너무 미미한 터라 좋은 사례를 몇 가지 소개하고자 한다. 인스타그램에서 자기계발 콘텐츠에 조금이라도 관심을 가지고 있는 사람들이라면 누구나 알 만한 사람 중 하나로 '게리 베이너척Gary Vaynerchuk'이라는 인물이 있다. 게리 베이너척은 퍼스널 브랜딩의 대표적인 성공 사례라고 할 수 있다. 그는 가족의 와인 사업을 돕던 중(와인을 만드는 메이커들이 엄청나게 많기 때문에 이 사업도 레드오션이라고 알고 있다.), 2006년 'Wine Library TV'라는 유튜브 채널을 시작했다. 와인에 대한 그의 열정적이고 솔직한 리뷰, 그리고 화려한 말발은 대중들에게 큰 인기요소로 작용했다. 그리고 소셜미디어의 강력한 화력을 직접 목격한 그는 이렇게 형성된 인기와 인지도를 바탕으로 디지털 마케팅 전문가로서의 입지를 다지기 시작했다. 베이너척은 이후 소셜 미디어 마케팅 에이전시인 VaynerMedia를 설립하고, 수많은 강연과 저서를 통해 자신의 브랜드 가치를 꾸준히 높여왔다. 현재 그의 개인 브랜드 가치는 수백만 달러에 달할 정도로 영향력이 넘치는 인물이 되었고, 투자자, 작가, 연사로서 다방면에서 성공을 거두고 있는 중이다.

또한 〈마케팅 설계자〉라는 책으로 이름을 알린 '러셀 브런슨Russell

Brunson'도 빼놓을 수 없겠다. 그는 현대 디지털 마케팅 분야에서 한 획을 그었다고 할 정도로 가장 영향력 있는 인물 중 하나로, 퍼스널 브랜딩의 힘을 보여주는 탁월한 사례라고 할 수 있겠다. 러셀 브런슨은 나와 마찬가지로 대학 시절부터 온라인 비즈니스를 시작했다. DVD를 통해 레슬링 기술을 가르치는 사업이었는데, 이미 이때부터 그의 마케팅 재능이 빛을 발하기 시작했다. 다만 그의 인생도 초기에는 순탄치 않아서 여러 온라인 비즈니스를 시도하며 성공과 실패를 거듭했다. 그러나 이런 경험들이 축적되며 디지털 마케팅의 경험을 쌓았고, 2014년 온라인 마케팅 툴인 ClickFunnels를 공동 창업했다. 이 플랫폼은 그의 이름을 업계에 널리 알리는 계기가 되었고, 이후 이렇게 만들어진 본인의 배경을 바탕으로 〈DotCom Secrets〉, 〈Expert Secrets〉 등 책을 출간하고, 퍼스널 브랜딩을 위한 재료로 삼았다.

러셀 브런슨은 본인의 성공 방법을 책과 미디어를 통해 대중들에게 소개했다. 성공과 실패 경험을 솔직하게 공유하며 청중들과 라포를 형성하는 스토리텔링 기법과, 미끼 상품 등 가치 제공을 통해 무료 웨비나를 열고, 팟캐스트나 블로그 등을 활용해 정보성 콘텐츠를 전달하며 잠재고객을 늘리는 오늘날의 마케팅 방식 역시 그가 발전시킨 마케팅 개념이라고 할 수 있다. 이후 그를 아주 유명하게 만든 세일즈 퍼널 전략은 그를 대표하는 키워드가 되어주었다. 나는 이 러셀 브런슨의 방식을 공부하며 마케팅이 무엇인지 깊이 깨달을 수 있었다. 특히나 '판매'에서 다소 벗어나 고객과 소통하며 유대감을 쌓고, 미끼를 던지고 이벤트를 주최하는 그의 세일즈 퍼널Sales Funnel을 구축하는 방식은 내 사업에도 큰 영향을 주었다. 그가 본인을 알리기 위해 이런 콘텐츠들을 생산하지 않았다면 지금의 나도 없었겠지만, 막대한 돈을 버는 그의 모습 또한 없었을 것이라고 생각한다. 러셀 브런슨의 퍼스널 브랜딩 전략은 결과적으로 큰 성공을 거두었다. 그의 ClickFunnels는 수억 달러의 가치를 지닌 회사로 성장했으며, 그의 책들은 마케팅 분야의 필독서가 되었다. 또한 그는 수많은 기업가의 멘토라는 포지셔닝을 통해 업계에 막대한 영향력을 행사할 수 있었다.

게리 베이너척과 러셀 브런슨의 사례는, 퍼스널 브랜딩이 어떻게 개인의 성공뿐만 아니라 비즈니스의 성장으로 이어질 수 있는지를 잘 보여준다. 그들의 접근 방식은 자신의 전문성을 지속적으로 강조하고, 고객들에게 실질적인 가치를 제공하며, 그들을 따르는 추종자들을 모아 강력한 팬덤 커뮤니티를 구축하는 것에 초점을 맞추고 있다. 이는 퍼스널 브랜딩을 통해 비즈니스 성공을 추구하고 나아가 돈을 보다 효율적으로 벌 수 있는 '본보기'가 되어준다.

앞서, 돈을 버는 공식을 간단하게 정의했었다.

돈 = 팔 것 x 살 사람의 수

누구나 이해할 수 있고, 직관적으로 느낄 수 있는 정말 간단한 공식이었다. 팔 것을 확보하고 살 사람의 수를 확보하는 것. 간단하지만 가장 파괴적인 공식, 여기에 '더 강력한 효율'을 더하는 방법이 있다. 바로, '브랜딩'이다. 이는 퍼스널 브랜딩 뿐만 아니라 제품의 브랜딩에도 포함된다. 샤넬, 루이비통, 에르메스, 로렉스, 파텍 필립과 같은 명품들은 수천만 원을 호가함에도 불구하고 구매하려는 사람들이 줄을 선다. 그렇다면, 이런 비싼 명품을 구매하는 사람들은 과연 어떤 생각으로 제품을 구매하는 것일까? 바로, 그 브랜드가 가지고 있는 '가치'를 본인 뿐만 아니라 다른 사람들도 받아들이기에 구입하는 것이다.

가령 예를 들면, 시장거리에서 파는 캔버스 재질의 에코백을 산다고 해서 친구가 '야, 너 신상 샀네?'라고 물어보지는 않지만, '에르메스'의 '버킨백'을 사서 메고 다니면 친구는 아마 그 사실을 결코 지나칠 수 없을 것이다. '야, 이거 진짜야? 에르메스 버킨백 샀어? 돈은 어디서 나서?'와 같은 반응을 보이게 된다. 물론 모든 사람들이 다 그런 반응을 보이진 않는다. 하지만 시장통에서 산 에코백과 비교해, 훨씬 더 많은 사람의 시선을 사로잡고 '가격'이 되었든 '품질'이 되었든, 그 상품의 '무언가'를 보고 그 가치를 인정하도록 만드는 것, 그게 '브랜딩'이라고 할 수 있다. 그리고 쉽게 표현하지는 못하겠지만 그 상품의 '가치'이자 그걸 만드는 그 '무언가'를 두고 우리는 브랜드 아이덴티티, 즉 '브랜드의 정체성'이라고 부른다.

브랜딩이 정말 중요한 이유는 타인도 받아들일 수 있는 객관적인 '가치'를 만드는 과정이기 때문이다. 1,800만 원을 호가하는 에르메스의 버킨백을 사면서 그게 합리적인 소비라고 생각하는 사람은 그리 많지 않을 것이다. 그럼에도 실제 에르메스 매장에 가보면 이 '버킨백'

을 구하기란 하늘의 별따기다. 다른 명품들도 마찬가지다. 오죽하면 롤렉스의 매장은 '공기만 판다'라고 할 정도로, 매장에 들어서면 고객이 마주하는 것은 '빈 매대'이다. 그만큼 많은 사람이 수요하는데, 이렇게 뜨거운 인기의 비결은 어디에 있는 것일까? 바로 그 브랜드가 갖는 '아이덴티티'이다. 롤렉스의 왕관 로고를 탐내는 사람이 많으니 그 가격도 자연히 높아지는 것이다. 이렇듯 브랜딩은 혼자서 '나는 브랜드요'한다고 해서 만들어지는 것이 아니다. 브랜드는 다른 사람도 함께 그 가치를 인정해주어야 한다. 그렇기에 브랜딩은 결코 쉬운 과정이 아니다. 그럼에도 브랜딩을 하는 이유는 앞서 배운 파괴적인 '돈 버는 공식'을 더욱 강력하게 만들 수 있기 때문이다.

‖ 브랜딩이 더해지면 돈을 버는 공식은 더욱 강력해진다 ‖

돈 = 팔 것 x 살 사람의 수 x 가격(브랜딩)

돈을 벌지 못하는 사람들은 팔 것이 없거나, 살 사람의 수(트래픽)를 모으지 못하는 경우가 많다고 했다. 그러나 그것만으로는 부자가 되는 원리를 전부 설명할 수 없다. 언제나 사람이 붐비는 우리동네 다이소의 사장님이, 너무 비싸서 살 엄두도 잘 안 나는 명품 브랜드를 다수 소유한 기업인 LVMH 모엣 헤네시·루이비통LVMH Moët Hennessy·Louis Vuitton S.A. 그룹의 베르나르 아르노Bernard Arnault 회장을 넘어서지 못하는 이유는 다름 아닌 '브랜드'에 있다. 브랜드를 갖는다는 것은 '절대 다수가 인정하는 어떤 가치'를 얻는다는 것이고 그만큼 가격은 비싸진다. 많은 사람을 모아서 팔 것을 곱하는데, 거기에 가격이라는 새로운 수치가 곱해지면서 그 액수는 적게는 수십 배에서 많게는 수백 배까지 뛰어오르게 되는 것이다.

‖ LVMH가 가진 다양한 브랜드들 ‖

그래서 허울만 좋다는 이야기가 많은 퍼스널 브랜딩도 위와 같은 측면에서 바라보면 반드시 해야 할 과업 중 하나가 된다. 퍼스널 브랜딩은 단순한 자기 홍보가 아니다. 이는 홍보를 넘어 더 큰 수익화를 위해 현재 판매하는 '제품'이나 제공중인 '서비스'의 가치(가격)를 높이는 가장 빠르고 효율적인 방법인 것이다. 그 이유는 무엇일까?

1. **신뢰도 향상:** 강력한 개인 브랜드는 고객들에게 신뢰를 준다. 신뢰는 곧 매출로 이어진다.
2. **프리미엄 가격 책정:** 인지도 높은 브랜드의 제품이나 서비스는 더 높은 가격에 판매될 수 있다.
3. **기회의 확대:** 강력한 퍼스널 브랜드는 새로운 비즈니스 기회를 끌어들인다.
4. **장기적 성장:** 제품이나 서비스는 시간이 지나면 낡을 수 있지만, 개인 브랜드는 지속적으로 성장할 수 있다.

여기서도 주목할 부분은 바로 프리미엄이다. 박리다매의 위력을 절대 평가절하하는 것은 아니지만, 돈을 버는 일에 있어 '가격'은 결코 무시할 수 없는 요소이다. 내 경우에도 저렴한 상품을 판매할 때보다 다소 귀찮은 '브랜딩의 여정'을 거친 뒤, 가격을 높여 비싸게 팔 때 훨씬 많은 돈을 벌 수 있었다.

'비싸서 안 팔리는 것 아냐?'

그런데 이 말은, 대부분 돈을 잘 벌지 못 하는 사람들이 많이 하는 이야기다. 생각해보자. 중국의 저렴한 가전제품을 파는 기업보다, 삼성이나 LG가 더 가치가 높은 기업인 이유를. 훨씬 저렴한 종로의 금은방보다, 티파니의 다이아 반지가 더 비싼 이유를 말이다. 비싸서 팔리지 않는 것이 아니라, 브랜딩이 충분히 이뤄지지 않아 그 가치를 다수가 공감하지 못하기 때문에 해당 상품의 '가격'이 비싸게 다가오는 것이다. 그 증거 중 하나로 명품 브랜드들은 매년 앞다투어 가격을 높인다. 몇 년 전만 하더라도 1,000만 원 언저리였던 샤넬 클래식 플랩백이 이제는 1,500만 원을 넘어선 것도 이런 점에서 보면 우연이 아닌 것이다. 루이비통과 에르메스가 가격을 올리는데 샤넬은 그 가격을 높이지 않는다면 그건 '가격 경쟁 우위'를 얻는 게 아니라 되려 '무슨 안 좋은 이슈가 있나?'라고 소비자가 받아들일 정도다. 그래서 돈을 벌고 싶다면 브랜딩을 통해 가치를 드높여야 한다. 누군가가 충분히 그걸 인식하고 그 가치를 받아들일 정도로 '좋은 이미지'를 내 상품의 아이덴티티로 만들어야 한다.

브랜딩으로 가치를 높이는 방법

브랜딩은 굉장히 추상적이고 그 방법이 워낙에 많아 특정지어 그 형태나 방법을 규정짓기 어려운 영역이다. 그래서 누구나 브랜딩이 가진 그 위력을 실감하면서도 선뜻 행동으로 옮기기 쉽지 않다. 그렇다면 어떻게 브랜딩을 시작해야 할까? 우선 사람들이 인정하는 가치가 어떤 것들이 있는지를 살펴보고 '내 상품의 차별점'으로 내세울 수 있는 핵심 가치를 정하는 것이다.

저렴한 가격, 인지도, 고 퀄리티(프리미엄), 희소성, 은밀성, 훌륭한 디자인 등 사람들이 상품을 구입할 때 그 구매를 결정 짓게 만드는 요소들은 엄청나게 많다. 내가 나열한 것들 외에도 구매의 요소가 될 만한 것들은 정말 많을 것이다. 우리가 판매하고자 하는 상품이 제품이 되었든 서비스가 되었든 가장 핵심이 되는 가치를 '차별점'으로 부각시키는 게 브랜딩의 첫 번째 순서라고 할 수 있다. 디자인도 좋고, 가격도 싸고, 인지도도 높고, 퀄리티도 좋으면 너무 좋겠지만 사실 그런 상품은 존재하지 않는다. 그렇기에 '가장 강점이 되는 특정 요소를 강조'해서 상품의 핵심 가치를 정하는 것이다.

그렇다면 퍼스널 브랜딩을 위해 차별점으로 삼았던 나의 핵심 가치는 무엇일까? 대부분은 이 난제의 문턱에서 멈춰서고 만다. 나 역시도 사업 대부분의 시도를 실패했던 '실패자' 그 자체였기 때문에 어떤 것 하나 내세우기가 쉽지 않았다. '차별점'이 없다는 것은 온라인 상에서 곧 '특색 없음'을 의미한다. 무언가 나만의 특별한 점을 찾고 싶었지만, 특별하지 않았기에 찾을 수 없었던 나는 결국 '이도저도 아닌 나의 잡스러움을 컨셉'으로 잡아 그걸 나만의 차별점으로 밀어 붙였다.

나는 '타이탄철물점'이라는 다소 독특한 닉네임으로 블로그를 시작하고 인지도를 쌓았다. 이 닉네임을 만들 때 내 생각은 이러했다.

'어차피 나만의 차별점도 없고, 이것저것 다 해보다가 망하기만 해봤지 어느것 하나 특출나게 잘하는 게 없으니까 그냥 이것저것 다해야겠다. 하지만 차별점은 중요하니까 이것저것 다하되, 강력한 힘을 갖는 타이탄의 도구들을 이것저것 다 취급하는 컨셉을 가져 가야겠다.'

  하지만 감히 건방지게 '타이탄의 도구'라 불릴만한 기술들을 다 할 줄 안다고 하면 '사람들이 과연 내게 호의적일까? 욕하지는 않을까?' 하는 걱정이 있었다. 그만큼 '타이탄'이란 단어가 갖는 숨은 의미는 '성공의 상징'이었기 때문이다. 그래서 나는 여기에 'B급 감성'을 더해 철물점이라는 말을 붙였다. '타이탄철물점'이라는 나의 고유한 닉네임이 탄생하는 순간이었다.

  요즘에는 많이 없지만, 과거 철물점이 동네 상권에 흔하게 있던 시절을 생각해보면 철물점이 갖는 이미지를 금방 떠올릴 수 있을 것이다. 다소 지저분하고 퀴퀴한 냄새가 나지만 정말 없는 것 빼고는 다 있었던 그런 철물점을 더함으로써 나의 아이덴티티를 정할 수 있었다. 특출나게 잘하는 게 없었던 나였지만, 많은 사업을 거치고 많은 실패를 거듭하며 시행착오 하나만큼은 그 누구보다 두텁게 쌓았다고 자부할 수 있었다. 그래서 '이것저것' 다하는 '잡캐'의 이미지에서 특정 핵심 가치를 추출하기보다는 두루뭉술하게 '잡캐'(잡스런 캐릭터)를 내 차별점으로 삼아 블로그 운영을 위한 주제로 삼았다.

  '잡캐'의 이미지는 생각 이상으로 성공적이었다. 다소 잡스런 기술을 활용하는 사람이지만 남들이 바라볼 때 '생산성'이 높은 사람으로 비쳤던 것 같다. 그리고 그게 가능했던 이유는 정말 고통스러웠던 20 대의 실패들, 바로 '시행착오' 덕분이었다. 그래서 닉네임 자체를 아이덴티티로 삼는 것을 넘어 '의미 없는 노력 금지'라는 슬로건을 만들어 '효율을 추구한다'는 컨셉을 부각시켰고, 이윽고 그토록 바랐던 '인지도'를 작게나마 손에 쥘 수 있었다.

인지도가 생기고 사람들이 점차 '타이탄철물점'에 대해 인식하면서, 내가 판매하는 상품들은 좀 더 쉽게 주목 받을 수 있었고, 가격도 높일 수 있었다. 블로그를 하지 않고 시작했더라면 진작에 포기했을지도 모르는 부업의 기간이 길어지고, 시간과 경험이 쌓여갈수록 버는 돈도 커져갔다. 그리고 그런 과정도 빠짐 없이 블로그에 기록했다. 그래서 지금도 내 블로그에 방문하면 월 1,000만 원의 매출을 처음 뚫던 시기의 내 감정이나, 월 2억 원의 매출을 넘게 내고도 판단 착오로 스트레스를 받아야 했던 기억 등 정말 세세한 기록들이 남아있다. 그리고 그 기록들은 부업으로 시작해 월 25억 원 매출의 사업가가 되기까지의 믿을 수 있는 자료이자 증명이 되어주었고, 나를 더욱 단단한 사람으로 만들어줬다.

마케팅과 브랜딩의 상관관계

곰탕과 설렁탕의 차이를 아는가? 얼핏 보면 같아 보이지만, 알고 보면 확연히 다른 게 바로 곰탕과 설렁탕이다. 곰탕은 양지와 사태 등 고기로 끓인 고기육수이며, 설렁탕은 사골과 뼈를 오래 고아 만들어 국물을 뽀얗게 우려낸 것이다. 즉, 국물을 내는 방식에서 큰 차이점을 가진다. 곰탕과 설렁탕의 차이처럼 우리 일상에서 익숙하지만, 막상 설명하라고 하면 어려운 것이 마케팅과 브랜딩의 차이이다. 특히 마케팅과 조금이라도 연관된 일을 하면 '마케팅'과 '브랜딩'은 하루에도 수어번 만나게 되는 단어인데, 이 둘의 차이를 구체적으로 설명하라고 하면 평소 그 일을 접하고 있는 사람임에도 살짝 당황하게 된다.

‖ 마케팅과 브랜딩의 차이 ‖

위의 이미지는 마케팅과 브랜딩의 차이를 설명하는 대표적인 이미지라고 할 수 있다. 마케팅은 '제품을 팔기 위해 자신이 직접 제품을 알리는 것'이고, 브랜딩은 '상대방이 먼저 제품을 떠올리게 하는 것' 정도로 해석해볼 수 있겠다.

그러나 대충은 알아 들어도 마케팅과 브랜딩은 실체가 존재하는 것이 아닌 하나의 개념이기 때문에, 사람에 따라 이 개념들을 비슷하게 여기거나 아니면 다소 추상적이라고 받아들일 수 있다. 하지만 이 둘은 곰탕과 설렁탕이 소의 부산물에서 만들어지는 것과 같이 떼려야 뗄 수 없는 관계이기 때문에 '제대로 된 이해'가 필요하다. 마케팅과 브랜딩의 차이를 한마디로 정리하자면, 마케팅은 '제품을 팔기 위한 노력'이다. 조금 더 쉽게 설명하면 소비자들이 인식하도록 만드는 홍보 행위의 일종인 '광고'라고 생각하면 이해하기 편하겠다.

　브랜딩은 '사람들로 하여금 이 상품의 가치를 인식하도록 만드는 노력의 과정'이다. 마케팅은 고객에게 우리 '제품'을 팔기 위한 모든 행위를 말한다. 반대로 브랜딩은 고객에게 우리 '브랜드'를 적극적으로 알리고 브랜드가 가진 핵심 가치를 그 상품의 정체성으로 인식시키는 모든 행위를 말한다. 어떻게 보면 비슷한 결의 내용이라 '제품을 팔기 위해 알리는 마케팅'과 '제품의 가치를 인식시키기 위해 노력하는 절차인 브랜딩'이 무엇이 다른지 조금 의아할 수도 있을 것 같다.
　그래서 쉽게 고구마 장수를 예로 들어보겠다. 겨울철이 되면 길거리에서 흔히 볼 수 있었던 군고구마 장수가 '고구마를 사람들에게 팔기 위해 하는 행동'과 그 고구마를 '그 동네 최고의 당도를 가진 고구마로 인식시키기 위해 하는 행동'은 사뭇 다를 것이다.

• 제품(고구마)을 팔기 위한 행동
　사람들에게 고구마를 더 잘 팔고 싶다면, 손해를 보지 않는 선에서

(장기적으로 이익을 취할 수 있는 포지션에서) 할인 행사나 1+1 이벤트를 진행한다거나, 상황에 따라서는 온라인 커뮤니티나 SNS에 미디어 혹은 광고를 통해서 해당 스팟을 홍보해야 할 것이다.

아니면, 큰 영향력을 가지고 있는 인플루언서의 도움을 받아 홍보를 시도해볼 수도 있다. 마케팅의 범주는 워낙에 넓기 때문에 예시로 든 행동들은 제품을 팔기 위해 마케터가 진행해볼 수 있는 다양한 마케팅 활동 중 일부라고 할 수 있다. 어떤 방법을 쓰더라도(물론 범법이나 도덕적 해이를 의미하는 것은 아니다.) 무조건 '많이' 팔겠다는 일념 하에 전개하는 활동이 바로 마케팅이다.

이윤을 추구하는 기업에게 있어, 본질이자 판매 촉진 활동이 곧 마케팅이라고 할 수 있다.

• 브랜드(고구마 브랜드)를 팔기 위한 행동

타이탄철물점이라는 블로거가 알려졌던 계기는 다름 아닌 '부업'이었다. 그리고 그 중에서도 교사의 신분으로 몰래 진행했던 '농축수산물 위탁판매'를 통한 수익화였다. 현재의 나는 정말 다양한 농축수산물 상품들을 취급하고 있지만, 당시만 하더라도 취급하는 상품이라곤 베니하루카 품종의 '고구마' 밖에 없었다. 그래서였을까? 당연하게도 고구마는 잘 팔리지 않았다. 공교롭게도 그런 고구마를 알리고 잘 팔기 위해서(마케팅을 하기 위해서) 시작했던 '타이탄철물점'이란 이름의 블로그가 현재의 나를 만들어줬다. 잘 팔리지 않는 고구마를 사람들에게 하나의 브랜드로서 인식시키고 좀 더 고급진 이미지로 팔고 싶다면, 앞서 팔기 위한 노력이라고 할 수 있는 마케팅보다는 '브랜딩'이 필요해진다. 브랜딩이란 쉽게 말해 상품에게 고유한 정체성을 불어넣는 일이다. 따라서 브랜딩의 과정에서는 일반 상품 판매와는 다르게 상품 고유의 정체성 형성을 위한 개성을 부여해야 한다. 그래서 상품의 핵심 가치를 파악하고 내세울 수 있는 포인트를 잡아 '차별점'으로 드러내야 한다라고 한 것이다.

브랜딩은 이 상품의 미션부터 비전, 핵심 가치 등 만들고자 하는 브랜드가 어떤 철학을 가진 브랜드인지 그 메시지를 가다듬는 과정이다. 따라서 이러한 철학과, 만들고자 하는 정체성이 담긴 로고, 그리고 브랜드 특유의 컬러 스킴 Color Scheme 등 디자인 요소를 만들게 된다. 단순히 예쁜 상품을 만드는 것이 아닌, 이러한 일련의 과정을 통해 브랜드만이 갖는 고유한 개성, 이미지를 만들어줘야만 향후 그 브랜드만의 정체성이 자리 잡을 수 있다. 이는 에르메스의 상징색이 무슨 색인지 조금만 생각해보면 알 수 있다. 에르메스를 떠올리면 주황색이 떠오르고, 삼성을 떠올리면 파란색이 떠오른다면, 그 색상을 고유한 정체성으로 삼기 위해 기업의 브랜딩 담당자는 어떠한 과정의 노력들을 했을지 상상해보자.

앞서 설명한 것처럼 기업이 고객과 만나는 모든 접점에서, 설정한 브랜드 철학과 개성을 고객이 느낄 수 있도록 하는 모든 행동이 브랜딩이다. 예를 들어 제품이, 달콤한 베니하루카 고구마이기 때문에 세상에서 가장 달콤한 고구마 브랜드로 브랜드 방향성(아이덴티티 설정)을 설정했다면, 먼저 브랜드 로고나 슬로건부터 내가 보여주고자 하는 정체성이 느껴지도록 만들어야 한다.

사진 예시 : 일반적인 고구마와 다르게 종이 완충재, 고급화된 상자, 최적화된 조리법을 담은 내지를 넣어 브랜드 가치를 극대화 했다

슬로건도 마찬가지이다. 예를 들어보자면 "대한민국에서 가장 달콤한 초고당도 고구마" 같은 류의 슬로건이 필요하며, 패키지나 상세페이지 디자인, 홈페이지 배너에서도 최대한 그 컨셉이 묻어나도록 브랜딩을 해야 한다. 그리고 스마트스토어나 공식 홈페이지, SNS 등 고객과 만나는 모든 접점에서 일관된 메시지를 꾸준히 전달하여, 어느 순간 사람들이 나의 브랜드를 떠올렸을 때 "흑당고구마는 진짜 달콤한 고구마야"라고 떠올리게 하는 것이 '브랜딩'의 목표다.

즉, 브랜딩은 '제품을 팔기 위한 행동'이라기보다는, 브랜드라는 가상의 인격체가 가진 정체성을 소비자들로 하여금 인식시키고, 이를 매력적으로 느끼게끔 구축하는 것이라고 봐야 한다.

‖ 브랜딩을 위한 나의 노력은 아래와 같이 인스타그램에서 가장 먼저 반응이 왔다 ‖

야호!!!! 첫날시킨 흑당고구마 도착했쥬✌
오전 11시까지 딱 하루면 도착해옴💨💨
우체국이라 징차 딱 하루면 도착해옴
숙성된 거라 바로 먹어도 꿀맛이에오
말그대로 꿀 맛인것...🍯

@ssing_vely
나 고구마 왔써 ✌🖤

이제 안구은 고구마를 보고도
침이 고이는 경지에 올랑달까 츄릅...
맛나게 드셔주세요오오옹🖤

1일차 흑당 고구마 도착
조아요오옹 맛난 고구마 최고!

앞선 예시처럼 '고객이 고구마(제품 혹은 서비스)를 사게 할 것인가', '유달리 달콤한 이미지(브랜드가 주장하는 핵심 가치)를 사게 할 것인가'로 구분하면, 마케팅과 브랜딩의 차이를 이해하기 쉽다. 제품을 팔겠다는 목적과 브랜드를 팔겠다는 목적은 분명히 다르며, 어떤 행위가 마케팅인지, 그리고 브랜딩의 과정인지 헷갈릴 때는 그 행위의 목적이 무엇인지를 살펴봐야 한다.

마케팅과 브랜딩이 헷갈리는 가장 큰 이유 중 하나는 TV 광고, 퍼포먼스 마케팅, 이벤트, 프로모션, SNS 운영 등 다양한 마케팅 도구가 있는데, 이들이 마케팅을 위해서 활용될 뿐 아니라 브랜딩의 목적으로도 활용되기 때문이다. 따라서 이것들을 어떤 의도로 접근하는가에 따라 마케팅 활동이냐 브랜딩 활동이냐가 갈린다. 예를 들어, 서비스 이용을 유도하기 위해 친구초대 이벤트를 진행하고 그 이벤트를 소개하는 배너를 우리 앱 메인 화면에 띄운다면, 그건 마케팅에 가깝다. 하지만 우리 브랜드의 철학을 전달하기 위해 우리 앱 메인 화면에 철학에 담긴 슬로건을 띄우고, SNS에서 철학이 담긴 콘텐츠를 발행한다면, 그건 브랜딩에 가깝다.

앞서 요즘 들어 급속히 증가하고 있는 신흥 부자들은 브랜딩의 중요성을 다른 사람과 비교해 상대적으로 훨씬 중요시 여긴다는 특징이 있었다. 특히 기성세대와 비교해 상대적으로 시드머니 등의 기반이 약한 젊은 신흥부자일수록 '무형의 가치'를 만들어 경쟁력을 가지려는 특징이 있다. 즉, 큰 돈을 벌기 위해, 그리고 들어가는 인풋 대비 더 거대한 성과를 얻기 위해서라면 당연스럽게도 브랜딩을 해야 한다. 물론 브랜딩은 전달하고자 하는 가치가 추상적인 탓에 그 과정이 결코 쉽지 않다. 내가 전달하고자 하는 핵심 가치가 잘못 전달될 수도 있고, 그게 그 브랜드만의 정체성으로 자리 잡고, 또 전달하고자 한 핵심 가치를 사람들이 떠올릴 수 있도록 만드는 데는 오랜 시간이 걸린다. 그럼에도 분명 그 자체로서 '가치'를 갖는 브랜드이기에 누구나 성공적인 브랜딩을 꿈꾼다. 하지만 그 과정은 성공보다 실패가 많다. 그렇다면, 브랜드는 왜 아무나 키우지 못하는 것일까?

그 이유는 바로 '마케팅'에 있다고 생각한다. 결국 사람들이 내가 내세우고자 했던 내 상품의 핵심 가치를 몰라주고, 그로 인해 아이덴티티를 갖지 못하면 브랜딩은 결코 이뤄질 수 없다. 그런 점에서 볼 때 판매와 매출 증진 자체에 목적을 두는 마케팅 역시 브랜딩과 아주 밀접한 영향을 갖는다. 이 말은 쉽게 말하면 마케팅을 잘하는 것은 곧 '브랜딩'이 된다고 할 수 있을 정도로 브랜딩에 있어 마케팅은 매우 중요한 포지션을 가지고 있다. 특히 젊은 부자들이 많이 탄생하는 오늘날의 현상도, 마케팅을 대입해보면 금방 그 이유를 찾을 수 있다. 기성세대와 비교해서 상대적으로 SNS가 덜 낯설고, 그 시스템을 잘 활용할 수 있으며, 도달률에 있어서 결정적인 영향을 미치는 온라인 콘텐츠를 잘 만드는 젊은 세대들의 강점이 큰 영향을 줬을 것이라 생각한다. 나도 그러했다. 여러 사업에 도전하고 망하기를 반복하면서 자연스레 그 실패 원인들을 '마케팅'에서 찾았고, 마케팅을 배우기 위해 강의도 듣고 수많은 책을 접하며 그 기술을 익히고자 많은 노력을 기울였다.

마케팅은 단순히 SNS를 잘하고, 노출 횟수를 늘리는 것에 그치지 않는다. 구글 애널리틱스를 통한 유입 트래픽에 대한 분석이나, 메타 픽셀을 활용한 잠재고객 추적, 퍼포먼스 마케팅을 위한 콘텐츠 트렌드 파악, 각종 온라인 광고 플랫폼들의 올바른 사용법 이해, SNS의 노출 알고리즘 파악 등 마케팅이라는 말은 굉장히 방대한 범위로 사용된다.(브랜딩도 어찌 보면 마케팅의 한 카테고리라고 할 수 있겠다.) 다만 워낙에 그 범위가 넓고 배워야 할 것이 끝없이 쏟아지는 분야라 그런지 많은 사람이 마케팅의 중요성을 알고 있음에도 불구하고, 제대로 실천하지 못하거나 그저 SNS 계정 키우기 정도에 그친다.

본인을 비롯한 내 제품, 나아가 서비스까지 브랜딩하고 가격을 높이기 위해서는 그 핵심 가치를 찾아 그걸 차별점으로 내세우고, 마케팅을 통해 사람들이 차별점을 인식하도록 만듦으로써 내가 판매하고자 하는 것에 고유한 '정체성'을 입혀줘야 한다. 결국 브랜딩이 그 자체로서 마케팅이 될 수는 없겠지만, 그 목적만 다를 뿐 그 중요성이나 행동지침 등 대다수의 행위가 일치한다고 할 수 있다.

사실은 다 중요하다

마케팅과 브랜딩은 가장 큰 차이는 그 목적이 다름에 있다. 아무래도 목적이 다르다 보니 목적 달성을 기대하는 시간도 달라진다. 마케팅은, 제품을 지금 즉시 사게 하는 것이 목표다. 따라서 퍼포먼스 광고를 집행하면, 자극적인 후킹과 고객의 시선을 사로잡는 광고 소재를 활용해서 즉각 고객의 클릭을 유도하고 구매 주문을 발생시켜야 한다. 그러나 브랜딩은 조금 더 긴 호흡을 바탕으로 꾸준히 공을 들여 후일을 도모하려는 특성이 있다. 우리가 아는 대부분의 브랜드들을 생각해 보면 그 역사가 얼마나 긴지 생각해 볼 수 있을 것이다. 따라서 꾸준히 우리 브랜드를 매력적으로 보이게 만드는 여러 캠페인을 진행하고, 핵심 가치를 전달해야 하며 먼 미래에는 그 브랜드를 떠올리면 그 브랜드가 노렸던 '아이덴티티'를 고객이 떠올리게 만들어야 한다. 이 과정이 어느 정도 이뤄지고 나면 고객은, 우리의 제품이나 서비스를 보다 높은 가격으로 구매하게 되며 그 만족도도 높아진다. 즉, 브랜딩의 목적이 이뤄지며 비로소 브랜드가 되는 셈이다. 이처럼, 브랜딩은 장기적 관점에서 이익을 추구하는 만큼 단순한 수익 추구를 넘어, 보다 먼 기업이 그리는 청사진과도 연결되는 특성이 있다.

마케팅이 좀 더 단기적으로 고객의 구매 심리를 자극하여 구매 행위를 유발하는 활동이라면, 브랜딩은 좀 더 장기적으로 고객 인식을 파고들어 어느 시점에는 제품(=브랜드)을 구매하고 싶게 만드는 활동이다. 이윤을 추구하는 기업 입장에서는 즉각적인 매출 효과를 기대할 수 있는 '마케팅'이 더 쉽고 유익해 보일 수 있다. 그러나 '브랜딩'은 집행 효과를 누릴 때까지 오랜 시간이 걸리는 건 분명하지만, 그만큼 한 번 브랜딩이 잘 전개되어 구축된 브랜드 이미지 자산은 어느 마케팅 활동도 넘보지 못하는 훌륭한 기업의 자산이 된다. 우리가 비싸다고 징징거리면서도 구입하게 되는 애플의 제품들이나 샤넬, 버거킹과 같은 브랜딩 잘 된 브랜드들의 가치가 괜히 수백 조 원을 호가하는 게 아니다. 다만 마케팅과 브랜딩은 떼려야 뗄 수 없는 관계로서 그 목적만 조금 다를 뿐 실제로 하는 퍼포먼스는 거의 유사하니, 브랜딩과 마케팅은 함께 이뤄지는 것이 맞다고 하겠다.

Chapter 5

부의
알고리즘

1단계 :
부업을 시작하는 마인드

블로그를 비롯해 인스타그램, 유튜브 등 SNS를 살펴보면 부업에 대한 수요가 엄청나게 증가했음을 느끼는 요즘이다. 부업의 형태는 아주 다양해졌다. 본인만의 기술을 익혀 용역을 제공하는 기술형 부업을 비롯해, 희소한 정보나 본인만의 노하우를 판매하는 강의형 부업, 간접 지식 판매형 부업(전자책, VOD 등), 창업형 부업(스마트스토어, 쿠팡 로켓그로스) 등 그 종류도 다양해지고 있다. 그리고 이를 통해 우리가 알 수 있는 점이 한 가지 있다. 더 이상 본업만 가지고는 안정된 삶을 누릴 수 없다는 것을 이제는 '나도 알고 남도 안다는 것'이다. 심지어 우리가 정말 안정적이라고 생각하는 공무원들을 비롯해 대기업을 다니는 사람들까지도 블로그, 소셜미디어 등을 통해 나에게 '부업을 설계하는 방법'에 대해 물어볼 정도이니, 직장이 좋고 나쁘고를 떠나 부업에 대한 사람들의 갈망은 나날이 커지고 있음을 알 수 있다.

부업은 실제로 가계 안정에 큰 도움이 된다. 나도 부업을 처음 시작했던 이유가 쥐꼬리만한 공무원 박봉으로는 집도 살 수 없고(주거 안정을 누릴 수 없고), 자아실현은 절대로 할 수 없다는 박탈감 때문이었다. 부업을 시작하고 월급 외 수입이 생기니 좋은 점이 많았다. 평소 하고 싶었던 일을 하는데 있어 더 이상 고민하거나 손을 떨지 않아도 됐었다. 그 정도로 나의 전 직업이었던 교사의 월급은 평소 내가 좋아하는 책 몇 권 사는 일에도 손이 떨릴 만큼(다음달 카드 값 걱정) 박봉이었다.

그래서 N잡러이자, 부업러로서 스스로의 시간을 갈아 넣었다. 그렇게 시간이 흘러, 내가 본업으로 버는 돈보다, 부업의 소득이 훨씬 커졌다. 수익화의 과정에서 제법 매출이 높아졌을 때는 이런 경험도 했었다. 신용카드 없이 체크카드만 가지고 와이프와 함께 싱가포르로 해외 여행을 갔는데, 우리가 여행을 다니고 먹고 누리며 쓰는 돈보다, 그 순간에도 벌어들이는 돈이 더 많아서 통장 잔고가 계속해서 늘어나는 경험이었다. 부업에 대한 이런 좋은 기억들이 누적된 탓일까? 지금에서야 너도 나도 부업을 하려고 뛰어드는 세상에서 나는 그 누구보다 열정적으로 부업에 임했고, 그 경험들을 나누며 남들보다 더 '빠르게' 성장할 수 있었다.

부업을 사업처럼 하면 무조건 성공한다

부업이란 용어의 특징 때문인지 부업 전선에 뛰어드는 사람들의 마음가짐을 보면 생각 이상으로 물렁한 경우가 많았다. '어차피 본업이 있는데, 대충 하지 뭐'와 같은 마인드 탓인지 조악한 결과물들이 튀어나오는 부업 시장은 내게 '땅 짚고 헤엄치기'만큼 쉬웠다. 망한 사업이었어도 사업 경험이 많았던 나는 마케팅, 디자인, 브랜딩 등 기존의 시행착오들과 노하우를 내 부업아이템에 촘촘히 무장시켰다. 이를 바탕으로 경쟁자들을 제치고 부업 시장에서 승리해나갔고, 부업을 시작하고 얼마 지나지 않아 월 1,000만 원의 부업 소득을 달성했다.

모든 건 마인드 차이에 따른 결과였다. 사업을 한다는 사람들의 마인드를 살펴보면 기본적으로 '생존'과 직결되어 있다 보니 작은 일 하나를 하더라도 '모든 것을 걸고 어떻게 해서든지 성공시키려 하는 특징'이 있었다. 매출이 조금 나오기 시작했다고 설렁설렁 업무를 처리하지 않는다는 이야기이다. 사업은, 망하면 보통은 사업자에게 '파산'에 준하는 데미지를 입힌다. 그래서 나 또한 부업을 시작하고 초반 매출이 올라오자마자 가장 처음 했던 일이 마케팅 채널의 수를 더 늘리고, 콘텐츠의 배포량을 늘려 고객이 유입되는 경로를 다양하게 만드는 일이었다. 돈을 벌면 보통은 안주하지만 나는 그렇지 않았다는 소리다.

우리 나라 사람들은 적은 돈을 써도 '귀하게' 대접 받길 원한다. 그래서 당시 저렴한 로고 제작 서비스를 했었지만, 명함 제작은 '무료 서비스'로 제공했었다. 명함 디자인과 명함 주문 서비스를 공짜로 받으면서도 어찌나 수정 사항이 많던지 가끔은 '뭐 이런 인간이 다 있지?' 싶은 고객도 만났었다. 하지만 힘들어도 꼭 로고 제작 이후에는 명함 디자인을 제공했다. 왜냐하면 여기에는 숨겨진 영업 포인트가 한 가지 있었기 때문이다. 명함은 비즈니스 굿즈이자 기본적으로 소비재이다. 그래서 다 떨어지면 '재주문'이 필요하다보니, 부업을 시작하면서 명함 디자인을 무료로 제공한지 1년 가량 지난 이후에는 따로 '영업하지 않고도 명함 재주문'이 들어와 한 달에 팔리는 명함만 1~2백만 원이 될 정도로 내 부업은 탄탄하게 성장했었다.

N잡러 신드롬이 불러온 엉망진창 서비스

한 인플루언서가 가파르게 성장하는 온라인의 기술을 활용해 부업을 하면 누구나 돈을 벌 수 있다고 이야기했다. 한 가지 예시를 들어보자면, 생성형 AI를 활용해 만든 간단한 로고 디자인을 크몽과 같은 재능 거래 플랫폼에 3만 원 정도로 저가에 판매하면 엄청난 수요가 붙는다는 그런 이야기였다.

주로 이러한 부업은 기술에 대한 이해도가 낮은 사람들을 대상으로 한 기술의 격차를 활용한 방식이었다. 당시 로고 디자인 외주 부업을 하던 내가 생각하기에는 터무니 없는 소리였다. 회사의 얼굴이라고 할 수 있는 로고를 3만 원 주고 만든다는 것은 '회사의 얼굴'이라 할 수 있는 간판을 싸구려 PET소재로 만드는 것과 다름 없었기 때문이었다. 하지만 그 인플루언서의 이야기는 분명 설득력이 넘치는 이야기였다. 5분이면 생성할 수 있는 결과물을 3만 원에 가져다 팔 수 있다는 이야기는 누구에게나 흥미롭게 느껴질 이야기였고, 누군가에게는 아주 신박한 '수익화 방법'이었다. 그래서 그 인플루언서가 가진 영향력과 그의 파급력 넘치는 목소리는 'N잡러 전성시대'라고 할 수 있을만큼의 거대한 열풍을 불러 일으켰다. 그리고 고정관념과도 같았던 내 생각과 다르게 3만 원짜리 허접한 로고에 대한 수요도 적지 않았다. 게다가 블로그, 인스타그램 등 소셜미디어에서 해당 방법을 활용해 실제로 돈을 버는 사례들이 등장하면서 부업은 하나의 사회 현상을 넘어 시대를 꿰뚫는 신드롬이 되었다.

코로나가 끝나고 온라인에 머물던 수많은 트래픽들이 다시 오프라인으로 돌아갔지만 그 이후에도 부업에 대한 사람들의 관심은 지속적으로 커져가고 있는 중이다. 특히 오늘날의 불경기와 맞물려 생계유지가 어려워진 사람들이 부쩍 늘어남에 따라, 부업을 향한 엄청난 수요는 역대 최고로 커진 모양새다. 불경기와 고물가, 고금리 등 오늘날을 대표하는 이 키워드들은, 세상에 순응하며 제도권 안에서 평범하게 살아가는 사람들에게 있어 결코 호의적인 용어들이 아니다. 그만큼 세상을 살아가는 일이 점점 팍팍해지고 있음을 느끼게 만드는 현실이자, 다가올 공포다. 그래서 이런 시대적 흐름에 맞서 많은 사람이 본업 이외의 일에 뛰어들고 있는 중이다. 그 증거로 당장 재능(기술)을 거래하는 플랫폼인 '크몽'만 보더라도 판매되는 서비스의 종류가 다양해지고 더 많아졌음을 느낄 수 있다.

맥킨지는 2025년까지 긱 이코노미(*임시직 경제)에서 창출되는 부가가치가 2조 7,000억 달러에 달할 것이라고 발표했을 정도로 '고용 상태'를 벗어난 '긱 워커'들이 폭발적으로 늘어나고 있다. 이는 단순히 프리랜서가 늘어나는 개념이 아니다. 직장을 가지고 있지만, 남는 시간을 활용해 부업을 하고자 하는 사람도 함께 늘어나고 있다는 이야기이기도 하다.

나는 교사가 되기 전, 웹에이전시를 운영했던 덕분에 주변에는 디자인을 업으로 하는 지인들이 많다. 당연히 디자인 계통의 회사에서 일하거나, 다른 업종의 업체에서 인하우스 디자이너로 활동하고 있다. 우리나라는 한때 디자이너 공급이 엄청났었다. 디자이너가 21세기 유망직종이라고 떠드는 탓에, 너도 나도 ○○디자인과로 대표되는 학과에 뛰어들어갔다. 게다가 디자인 학원도 엄청나게 많아지면서 시장의 수요를 한참 넘어서는 디자이너들이 공급되었고, 디자이너들의 몸값은 글자 그대로 똥값이 되었다. 그래서 많은 디자이너가 그동안 디자인 공부를 위해 투자한 시간과 비용 등을 다 포기하고 다른 직업을 찾는 경우도 많았다. 디자이너들은 일부 스타급 디자이너들을 제외하고 여전히 그 실력 대비 제대로 된 대우를 못 받는 편이다.(유독 우리나라가 그렇다.) 그래서 10년차 디자이너도 연봉 6,000만 원을 넘기기 쉽지 않은 실정이다 보니 디자이너들은 자연스레 업무 시간 외에 부업을 해서 부족한 소득을 채우기 시작했다.

크몽과 같은 재능마켓 서비스를 살펴보면, 이렇게 본업 이외에 부업으로 본인의 기술이나 재능을 판매하는 사람이 정말 많이 보인다. 사진촬영, 상세페이지 제작, 웹사이트 제작, 로고 디자인, 카피라이팅, 보이스코칭, 각종 노하우를 담은 전자책, 프로그래밍 등 다양한 기술들이 프리랜서의 형태로 시장에 튀어나왔다. 이런 인력 공급이 늘어남에 따라, 이런 기술들의 이용료가 낮아지면서 비교적 저렴하게 전문가를 사용할 수 있게 되었다. 가뜩이나 인력 수급에 어려움을 겪는 사업가들 입장에서는 '참 고마운 일'이 아닐 수 없으나, 문제는 서비스의 퀄리티에 있다. 나 역시 크몽을 많이 이용해왔었지만 최근 그 이용빈도를 크게 줄이게 되었다. 결제 전에는 '을'이던 그 사람들이 결제 이후에는 '갑'처럼 행세하는 경우도 많이 봤고, 소비자가 자신보다 잘 모른다고 생각하는 탓에(나는 시간이 없어서 시키는건데...) '이건 제가 더 잘 아니까 제가 알아서 하겠습니다'와 같은 이상한 포지션에 서는 경우도 많이 봤다. 납기를 잘 지키지 않음은 물론, 결과물이 엉망이어도 별점 테러 이외엔 달리 제지 방법이 없는 탓에 많은 분쟁이 발생하기도 한다.

나는 이 모든 문제의 원인이 결국 '프로 의식 부족'에 있다고 생각한다. 당장 돈이 필요해서 일을 시작하기는 했는데 그 돈에 상응하는 책임을 질 자신은 없는 그런 상태인 것이다. 이런 형태의 부업은 결국 엄청난 CS처리에 시간을 뺏기다가 금세 접게 된다. 당연히 이런 마인드로 부업을 하는 사람들은 시장에서 퇴출되고 그 업을 접는 것이 마땅하지만, 문제는 접는 사람만큼이나 또 유입되는 사람들이 많다보니 부업 시장은 늘 좌충우돌이다. 전문가의 서비스를 저렴하게 쓸 수 있다는 점만 보고 '부업인'들에게 일을 맡기는 것이 하나의 리스크가 될 정도로 이 문제는 심각한 편이다. 그런데 부업 시장에서 발생되고 있는 이런 문제들에 착안해서 머리를 조금만 굴려보면 좋은 방안이 나온다. 이름하여, '남들이 개판칠 때 나는 잘한다' 전략이다.

앞서 이야기한 것처럼 부업 시장이 요즘 워낙에 시끌벅적한 일로 가득하다보니 나는 부업을 함에 있어 정말 최선을 다했고, 고객의 목소리에 귀를 기울였다. 웬만하면 받은 금액보다 더 해준다는 마음(기버정신)으로 일을 하다보니 자연스레 고객들은 늘어났고, 매출이 증가했다. 이 모든 일은 내가 그동안 사업을 해왔기 때문에 가능했던 일이었다. 부업을 부업처럼 하지 않고, 사업처럼 하니 늘 그 결과는 성공적이었다. 사업가로 살 때는 '망하면 끝장이다'라는 마음으로 살아왔었다. 실제로 사업가는 생존과 직결되어 있다. 그런 점에서 내가 하는 부업도 누군가의 사업에 지대한 영향을 준다는 경각심을 가졌다. 이처럼 나의 생존과 관계 없이 이전처럼 '망하게 만드는 것도 끝장이다'와 같은 사업가의 마음으로 부업에 임했고, 결과적으로 부업을 사업처럼 하는 사람이 될 수 있었다.

부업과 사업의 결정적인 차이

부업은 말 그대로 Side-line이다. 모두가 일하는 시간에는 부업러 본인 역시 출근을 해야 하니 제대로 시간을 할애할 수 없으며, 본업에 비해 아무래도 신경을 덜 쓸 수밖에 없다. 또한 부업은 사업과 달리 대부분 '1인 기업'의 형태로 이뤄지기 때문에 마케팅, 디자인, 브랜딩 등 사업 전반에 필요한 요소를 모두 대표자가 구성하고, 처리할 수 있어야 한다.

사업의 경우, 보통 대표자는 이런 사업 전반에 필요한 요소를 확보하기 위해 사람을 고용하며, 사람들의 역량을 한데 모아 비즈니스를 움직인다.(업무 대부분이 분업으로 돌아가는 셈이다.)

나는 오랜 사업 경험 덕분에 브랜딩, 디자인, 마케팅 어느 것 하나 남에게 꿀릴 것 없다고 말할 수 있을 만큼 각 요소에 대한 능력치가 높다고 자부하는 편이다. 그래서 업무를 처리함에 있어 꽤나 넓은 범위의 업무를 홀로 처리할 수 있다. 하지만 아무리 내 능력이 뛰어나다고 해서 혼자서 이 일들을 처리하지 않는다.

그 이유는 이미 나는 퇴사를 했고, 직원을 고용한 시점에서 내 부업은 더 이상 부업이 아니고, '사업'이 되어버렸기 때문이다. 하지만 부업러로 살았던 시절에는 달랐다. 나의 하루는 전쟁을 방불케 할 정도로 정신이 없었다. 보통 오전 7시 정도에 일어나서 아침을 거르고 8시 30분에 출근해서 4시 30분에 퇴근(초등학교는 이 때 퇴근한다.)했다. 이렇게 하루 중 많은 시간을 본업에 집중한 뒤, 본업 이후의 시간을 잘게 쪼개고 스스로를 갈아서 부업을 했었다.

블로그 포스팅, 인스타그램 포스팅 등 잠재고객 확보를 위한 마케팅 채널 육성을 비롯해 홈페이지 제작, 로고 디자인 외주 등 각종 부업을 연달아서 처리하다 보면 하루를 어떻게 보냈는지 생각도 나지 않을 만큼 시간이 빠르게 흘렀다.

사업가가 된 지금과 부업인으로서의 과거 중 어떤 시간이 더욱 효율적일까? 당연히 사업가가 되어서 '분업을 실시했을 때'이다. 지금은 마케팅이나 디자인은 직원들에게 위임한 뒤 영업에 시간을 쏟고 있다. 아무래도 일감이 없는 회사는 생존율이 떨어질 뿐 아니라 대표가 영업할 때 그 성과가 가장 좋기 때문이다. 업무의 중요도를 보더라도 '영업'이 더 중요하고 말이다. 지금과 부업을 할 때를 비교해보면, 당연히 지금이 편하다. 솔직히 말해서 부업을 할 때는 정말 힘들었다. 잠도 줄여가면서 일을 해야하는 순간도 너무 많았고(납기 도래), 직장에서 집중하지 못해 상사에게 혼나는 경우도 많았다. 무엇보다 그런 스트레스를 받고 어디 가서 풀 수도 없으니(이야기 할 수 없으니) 그 점이 가장 답답했었다.

보통 부업을 하면 '경제적으로 안정된 상태'를 맞이할 것을 기대한다. 그래서 무언가 편안하고 안락한 상태가 지속될 것 같은 기분이 드는데 일단 이건 환상이자 허구이다. 나는 부업인으로 사는 동안 돈은 벌어도 돈을 쓸 시간이 없는 상태를 지속해왔다. 주말까지 반납해야 하는 경우가 잦았고, 친구들과 술 한 잔 할 여유가 없을 정도로 부업에 매진해야 했었다. 부업이란 키워드에는 반드시 본업이 따라온다. 이 말은 본업이 바빠지면 상대적으로 후순위인 부업은 밀리게 되며, 미뤘던 부업의 업무가 납기 등으로 마감이 도래할 때 그야말로 전쟁을 방불케하는 정신 없는 상황이 발생하는 것이다. 따라서 부업은 철저하게 '현금흐름 확보의 수단' 정도로 생각해야지, 부업을 하며 시간적, 경제적으로 풍족한 생활을 누리고 플렉스 하는 상상을 하는 것은 정신건강에 이롭지 못하다. 대부분의 N잡러들은 이런 부업의 특징을 간과하며, 결국 본업에 치이고 부업에 치이다가 부업을 관두는 결과에 이르게 된다.

부업을 설계하는 방법

결국 성공적인 부업을 만들어가기 위해서 가장 중요한 것은 무엇일까? 나는 '마인드셋'이라고 생각한다. 부업은 업 자체를 본업으로 삼는 사업과 많이 닮아있음에도 결정적으로 또 다른 본업이 존재한다는 점에서 큰 차이를 갖는다. 부업은 월급이라는 '안정'을 공고히 지킬 때 비로소 그 가치를 갖는다. 그래서 시간도 많이 들어가고 신경써야 하는 것들도 많은 만큼 두배, 세배 정신 없는 시간들을 보내게 된다. 이는 'N잡러'라는 용어만 보더라도 알 수 있다. N개의 Job을 갖는다고 해서 만들어진 이 신조어는 말 그대로, 여러 개의 수익 파이프라인을 가진 사람을 말한다.

N잡러의 속성은 무엇일까? 월급이라는 안정된 소득원을 지키면서, 부수적인 수입도 많이 만들고 싶은 사람이다. 쉽게 말해 '욕심쟁이'란

뜻이다. 우리가 어릴 적 보았던 흥부와 놀부를 생각해보자. 탐욕이 많았던 놀부의 결말은 그리 행복하지 않았다. 무언가를 얻으면 무언가를 내주어야 하는 현대 사회에서 안정도 볼륨도 모두 갖겠다는 것은 '욕심'이다. 그렇다면 부업은 우리로 하여금 무엇을 앗아갈까? 나는 부업을 하는 동안 정신을 빼놓고 살았다는 말이 맞을 정도로 바쁘게 살았다. 피곤한 것은 당연하고, 메모를 안 해두면 하루 일과가 헷갈릴 정도로 정신 없는 인생을 살아야 했다.(진지하게 내가 치매가 아닌가 걱정했을 정도로 말이다.) 사업 소득을 바탕으로 투자를 통해 자본 소득의 볼륨을 늘려가는 지금과 비교해보면, N잡러로 살던 그 시기의 나는 늘 시간에 쫓기던 그야말로 '광전사' 그 자체였다.

다시 한 번 강조하지만, 부업은 '현금 흐름 확보'를 위한 수단, 그 이상도 이하도 아니다.

반드시 명심해야 한다. 부업에서 낭만을 찾지 말자.

부업은 '허들'이 높지 않음을 명심하자

내가 교육업을 시작한지도 어느덧 2년 넘는 시간이 흘렀다. 그리고 이 짧은 시간이 흐르는 동안 시장의 분위기도 많이 바뀌었다. 특히 이 시장을 선도하는 '강사'라는 이름의 플레이어들의 얼굴이 많이 바뀌었다. 그만큼 사람들이 많이 들어왔다가 또 많이 빠져나가는 곳이라는 뜻이다. 그만큼 부업 시장은 '영속성'의 측면에서 보자면 정말 짧은 수명을 가진 곳이라고 말할 수 있다. '돈이 된다'는 아이템은 매일 같이 새롭게 등장하고 있으며, 기존의 수익화 아이템은 빠르게 바뀌는 트렌드 앞에 무너지고 사라진다. 그래서 부업을 할 때에 있어 가장 중요한 자세는 언제든 바뀔 수 있음을 가슴에 새기는 '마인드셋'이다.

부업이라는 용어의 속성이 그러하듯, 이 시장에는 모든 이야기가 '돈 이야기'로 귀결되는 특징이 있다. 그만큼 '돈이 되는 것은 어떤 것인가?'에 관심이 있는 사람이 많다. 이 말은 '돈이 되지 않으면 사라진다'는 말로 해석할 수도 있다. 그래서 '돈이 되는 기술'에 빠르게 치고 들어왔다가 빠르게 빠져나가는 사람들이 대부분이다. 하나의 기술에 거의 평생이라는 긴 시간을 바쳐 끊임 없이 높은 수준의 결과물을 완성해나가는 '장인 정신'과는 다소 거리가 있는 시장이며, 빠르게 치고 빠지길 원하는 사람들이 많은 시장인지라 '허들'이 낮은 기술들을 선호한다. 그래서 '어렵고 긴 시간이 들어가는 수익화 아이템'은 인기가 없다.

부업을 하면서 사람을 고용한다?

그 순간부터 부업은 더 이상 부업이 아니게 된다. 왜냐하면 다른 사람의 생계도 책임지게 되었기 때문이다. 그래서 (진정한 부업을 기준으로) 부업은 본질적으로 혼자서 '모든 것을 다 해내야 하는' 만능인의 삶이라 할 수 있다. 혼자서 브랜딩도 해야 하고, 디자인도 해야하며, 마케팅 채널도 육성하고 고객들을 모아 판매도 해야 한다. 그 외에 고객 CS와 같은 피드백도 해야 하니 정신이 없을 수밖에 없다.

그래서 부업을 할 때는 배움을 늘 가까이 해야 한다. 부족한 부분이 생기면 그만큼 리스크가 발생되는 부업 시장의 특성상 늘 새로운 기술을 가까이 하고, 그것을 배우기 위해 부단히 노력해야 한다. 그래서 나는 부업인은 곧 '잡캐'와 같다고 본다. 매일같이 배우고 수련하면서 모든 분야에서 보통 이상의 역량을 가져야만 '안정적인 사이드라인'을 구축할 수 있기 때문이다. 사업에 필요한 다양한 요소들을 보통 이상 수행해야하기 때문에 시간이 남을 때는 배움에 투자해야 한다. 즉 부업을 한다는 것은, 이전의 안락한 생활을 내려두고 광전사와 같은 바쁘고 정신 없는 삶을 사는 것을 의미한다.

나는 그래서 부업이 좋았다. 힘들게 번 월급도 쓸 시간이 없었으니 본업으로 번 돈과 부업으로 번 돈이 모두 저축이 되었었다. 그리고 코로나 이전, 좋은 시점이 왔을 때 부동산 투자를 감행했고 꽤나 큰 자본소득을 모으며 부업 덕분에 이전과는 다른 삶을 살게 되었다.

부업 덕분에 큰 빚 없이 아파트 및 상가 등 부동산 3채를 매매할 수 있었고, 최근에는 건물 매매를 앞두고 있다. 물려 받은 재산 하나 없이 흙수저로 시작한 나에게 이런 경제적 안락함을 준 것은 결국 '부업'이었다.

 29만 원 상당의 수익화 테크트리 강의
무료 쿠폰 코드 및 쿠폰 등록 후 강의 보는 법
(스마트폰 카메라를 이 qr에 가져다 대시면 링크가 나옵니다.)

겸직 금지 규정을
회피하는 방법

경기가 어려워지고 부업에 대한 관심이 치솟는 요즘이라 그런지 블로그의 이웃이나 SNS의 팔로워들에게 가장 많이 받는 질문이 하나 있다. 바로 '공무원 겸직 금지 조항을 회피해서 부업을 어떻게 하느냐?'에 관한 것이다. 아무래도 내가 초등교사 출신이라 더 그런 것 같다. 이 책에서 여러 번 강조한 것과 같이 직장에서 몰래하는 부업은 타인의 눈에는 다소 비도덕적으로 보일 수 있을지 몰라도 '안정적인 사업기반 구축'을 위한 가장 확실한 방법이다. 특히 사업에 대한 개념이 없는 초보자가 매달 꽂히는 안정적인 월급 없이 무턱대고 사업에 도전하면 자칫 잘못하면 나락으로 갈 수도 있다. 이러한 '지극히 합리적인 공포'를 느껴보지 않으면 모르겠지만, 이미 겪어본 나로서는 초보자들에게 무조건 '부업부터 시작하라'고 강조한다. 생각보다 사업은 멘탈

게임인지라, 무조건 버티고 승리한다는 정신력이 흔들리면 제대로 된 퍼포먼스를 낼 수 없다.

‖ 겸직금지를 회피하는 방법 ‖

나 역시 그런 이유로 초등학교 교사로 근무하면서(원래는 하면 안 된다.) 조심스레 N잡러로서의 삶을 시작했었다. 그리고 안정적인 월급의 비호 아래 키운 부업의 수입이 본업의 소득을 초과한 시점부터 퇴사를 준비했다.

다행히 퇴사에 성공했고 더욱 큰 성취를 얻어 월 25억 원 이상의 매출을 올리는 기업의 대표가 되었다. 하지만 내가 그러했듯 공무원을 비롯해 공기업에 재직 중인 사람들은 엄청난 제약을 가지고 있기에 늘 마음이 쓰인다. 그 제약의 이름은 다름 아닌 '겸직 금지'조항이다. 특히 고물가로 인해 우리가 받는 월급은 상대적으로 쥐꼬리만한 상태가 된 요즘, 공무원이나 공기업 또는 겸직을 금지하는 기업에 다니는 사람들은 부업을 할 수 없어 굉장히 답답해 하는 경우가 많다. 특히 지금과 같은 불경기에는 모아둔 돈까지 깎아 먹을 정도다. 게다가 겸직을 하다가 걸리면 교사 기준으로 '최소 감봉 내지 정직 수준'의 강도 높은 징계를 받기 때문에, 이러한 제도의 회피 요령을 모르고 무작정 부업을 했다간 큰 코 다칠 수 있다.

부업으로 막대한 돈을 버는 것은 사실 '환상'에 가깝다. 왜냐하면 우리는 필연적으로 하루라는 24시간의 한계에 갇히게 되는데, 이 중 잠자는 시간 8시간, 직장에서 일하는 시간 8시간, 그리고 출퇴근에 갖다 바치는 시간 2시간을 제외하고 나면, 밥먹고 씻고 쉬는 시간을 다 포함한다고 해도 하루 6시간 말고는 활용할 수 있는 시간이 없다. 이런 제약 속에서 돈을 벌어야 하는 N잡러(부업인)의 특성상 우리가 기대하는 것처럼 '월급 이상의 큰 소득'을 부업 초반부터 만드는 것은 굉장히 어려운 일이다. 사업이 초반 데스밸리Death Valley를 넘기고 시간이 지남에 따라 성장하면서 수입이 늘듯, 부업도 마찬가지이다. 특히 자본이 부족한 사람들은 최초에 새로운 기술을 익히고, 이걸 적용해서 수익화 단계로 넘어가면 월 50만 원을 버는 것도 버겁게 느껴질 때가 많다. 그래서 많은 사람이 '고작 50만 원 벌자고 저렇게 빡세게 살아야 해?'라고 하는데, 그건 부업을 통해 만들어진 돈이 갖는 숨겨진 가치를 모르고 하는 말이다.

내가 교사로 지내면서 한 달에 받는 돈은 각종 공제금을 제하고 나

면 약 250만 원 정도였다. 여기서 생활비, 교통비, 주거비, 통신비, 공
과금 등 매달 필수적으로 발생되는 비용을 빼고 나면 저축을 아예 하
지 못하거나, 정말 알뜰살뜰 쥐어짠다면 50만 원 정도 저축할 수 있었
다. (물론 이 정도 금액을 저축하기 위해서는 인간의 존엄성을 포기해야 했다.)

　여기서 50만 원을 힘들게 모은다고 가정했을 때, 1년이면 얼마를 모
을 수 있을까? 고작 '600'만 원이다. 부동산을 비롯해 각종 재화의 가
격이 폭등하는 요즘, 내 집 마련은 고사하고 삶의 질을 높여줄 자동차
한 대 갖기도 빠듯하다. 그런데 여기서 부업으로 50만 원을 더 번다고
가정해보자. 각종 공과금 등 고정 지출로 나갈 돈을 이미 다 쓴 상태
이기 때문에 저축액은 기존 50만 원에 부업으로 번 돈 50만 원을 더해
총 100만 원으로 '2배' 점프한다. 따라서 1년이면 1,200만 원을 저축하
게 된다. 600만 원이나 1,200만 원이나 그리 큰 차이가 아니기 때문에
2배로 늘어난 이 저축액도 별게 아닌 것처럼 느껴질 수도 있다. 하지
만 조금만 관점을 바꾸면 이게 얼마나 엄청난 일인지 알 수 있다. (부업
을 하기 전)과거의 자신이 1년에 걸쳐서 해낼 일을 6개월 만에 해낼 수
있게 되는 것이다. 그렇게 '인생'을 살아가는 속도가 빨라지고, '시간
이 압축되는 효과'가 생긴다. 나는 그게 부업이 가지고 있는 진짜 '힘'
이라고 생각한다. 부업을 시작하고 부업이 성장함에 따라 현재의 나는
과거의 나보다 약 100배 이상의 시간을 압축하게 되었다. 지금도 월에
5,000만 원 이상 저축하고 있으니 말이다. 과거와 비교할 때 100배 이
상 시간을 압축하게 되면서 내 삶의 모습도 크게 바뀌었다. 예전에는
꿈도 못 꿨던 '건물주'되기는 이제 해 볼만한 '과업' 중 하나가 되었고,
내 차 하나 갖기 빠듯했던 과거와 비교할 때, 지금은 차를 4대나 굴리

고 있으니 확실히 내 삶의 모습이 크게 변한 것을 알 수 있다.

우리가 명확히 알 수는 없지만, 성장에는 어떤 과정이 필요하다. 하지만 그 과정이 '시간 절약'이라는 형태로 즉각적으로 나타나는 것이 N잡러가 가질 수 있는 유일한 낭만이자 부업이 갖는 힘이다.

부업을 합법적으로 하는 방법

부업을 하고 싶을 때 명백한 '사업'(진짜 누가 봐도 사업)이 아닌 이상, 기관장의 허가를 득하고 '부업'을 할 수 있는 방법이 있다. 물론 추천하지는 않지만 말이다. 내 친한 지인의 경우도 공무원임에도 기관장의 허가를 얻은 사례가 있고, 친한 지인 중 하나인 '어비' 송태민 작가님도 SK에 재직하던 시절 부사장의 허가를 득해 부업을 했었다. 다만 이러한 방법은 우리나라의 사회 분위기 특성상 본인에게 좋지 않은 여파가 되어 반드시 후회할 일이 생긴다고 생각한다. 애초에 조직 사회라고 할 수 있는 직장에서 주어진 일 이외에 다른 일을 하고 있다는 사실이 공공연하게 알려지게 됨으로써 불특정 다수에게 '시기, 질투, 비난'을 당할 가능성이 높다. 아무래도 직장이란 곳은 좁은 사회이고, 뒷담화가 일상화된 곳이기 때문이다. 내가 있었던 조직에도 유명한 사례가 하나 있다.

경기도 교육청에 소속되어 있던 한 선생님이 겸직 허가를 득하고 유튜브를 해서 상당히 유명해졌다. 실제로 TV 방송까지 출연했으니 얼마나 유명한 선생님이었는지는 굳이 설명하지 않아도 알 수 있을 것이다. 하지만 그 끝은 결국 학부모들의 항의와 동료 교사들의 험담으로 끝이 났다. 그리고 인류애가 사라질 대로 사라진 그 선생님은 '의원면직'을 택했다. 물론 정당한 방법이 가장 옳은 길이라는 말도 있지만, 기관장의 허가를 득해서 하는 부업을 나는 추천하지 않는다. 애초에 부업이라는 것은 '단순히 본업 이외에 다른 일을 하는 것'에 그치는 것이 아니다. 안락한 본업의 울타리 안에서 '조용히' 소득을 증대시킬 때 그 부업은 빛을 발한다.

타인의 명의를 통해 사업 사실을 숨기는 방법

이 방법은 가족 혹은 지인의 명의를 통해 개인사업자를 개설하는 방법이다. 당연히 사업이라는 행위를 함에 있어 나의 이름이 들어가지 않는 만큼, 부업을 해도 걸릴 염려가 없는 방법이다. 왜냐면 엄연히 '다른 사람'의 사업이기 때문이다. 그래서 혹시나 사업을 영위하고 있다는 사실을 누군가에게 들킨다고 하더라도 실질적인 물증이 없어서 처벌 또한 어려운 특징이 있다. 하지만 이 방법 역시 굉장히 큰 리스크가 동반된다. 바로 사업 과정에서 흐르게 되는 돈을 '타인 명의의 계좌'를 통해 움직여야 한다는 것이다. 특히나 타인 명의의 통장에서 내 통장으로 돈을 옮기게 된다면 세금계산서, 현금영수증 등의 자료가 없으므로 필연적으로 '탈세'가 발생할 수밖에 없는 구조인데다가, 아무리 믿을 수 있는 사람이라고 하더라도 '돈'은 상상 이상의 일들을 동반하는 경우가 많다.

참고로 나는 다행히도 와이프가 교사가 아닌 평범한 전업주부였기 때문에(부부 공무원이면 이 방법을 행하는 게 쉽지 않다.) 아내의 명의를 이용해서 개인사업자를 만들 수 있었다. 이 방법은 돈이 남을 통하는 만큼 부부나 형제, 부모 수준으로 확실한 안전과 보안이 보장되는 명의가 아니라면, 개인 비용이 조금 더 들더라도 아래의 방법을 추천한다.

법인을 활용하는 방법

공무원을 비롯해 겸직 금지 규정을 가진 회사에서 근무 중인 직장인이 부업을 하고 싶을 때 가장 추천하는 방법은 '법인 경유'이다. 법인이란 법적으로 인정하는 인격체라고 보면 이해하기 쉽다. 실제로 법인은 한문으로는 法人, 영어로는 legal person이다.

법인은 부모의 출생 신고를 통해 탄생되는 '국민'인 자연인 이외의 것으로서, 법률에 의하여 권리능력이 인정된 단체 또는 재산, 법적인 독립체를 말한다. 개인(자연인)들의 생명이나 능력에는 스스로 한도가 있으므로, 어느 정도 대규모이며 비교적 영속적인 사업을 경영하기 위하여는 여러 사람의 협력 또는 일정한 목적을 위하여 바쳐진 재산이 필요하게 된다. 이러한 이유에서 법인의 실체가 되는 것은 사람이 집합한 것(사단(社團))과 재산이 집합한 것(재단(財團))인데, 이러한 것에 법률에 의해 권리능력이 부여된 것이 법인이다.

법인을 통해서, 자연인의 집합이 특정한 목적을 위해 하나의 합체된 개체로서 행위할 수 있으며, 일부 법체계에서는 자연인 1인도 본래 그가 가진 자연인으로서의 지위뿐만 아니라 이와 별개로 법인(1인 법인)

을 형성할 수 있도록 하고 있다. 그래서 내 경우에도 지분 없는 감사를 두는 형태로 1인 법인을 설립했었다.

법인은 결혼이나 출산을 제외하고는 건물 구입, 사업자 개설, 계약 체결 등 웬만한 법적 행위를 다 할 수 있다. 법인의 설립은 가까운 법무사 사무소를 이용하거나, 법인 운영을 하면 반드시 필요한 법인사업자 기장료를 1년 정도 이용하면 세무사 사무실에서 무료로 설립해주는 경우도 많으니, 검색 서비스를 이용한 후 기호에 맞게 설립하면 된다. 다만 여기서 주의할 점이 한 가지 있는데, 공무원이 법인 설립에 관여하는 것(대표이사와 같은 등기 이사가 되거나 등기 발기인이 되는 것)은 '겸직 금지 조항' 위반이라는 것이다.

‖ 법인 설립의 과정 ‖

그래서 법인을 활용한 부업을 하기 위해서는 법인의 설립부터 제 3자(가족이나 지인)에게 맡겨야 한다. 법인 설립 후 가급적 1달 이내에 법인을 구성하고 있는 회사 주식을 본인에게 무상 증여 혹은 주식 양도/양수를 하는 형태로(설정한 자본금의 10% 양도세 발생) 안전하게 법인의 대주주가 될 수 있다. 물론, 대표나 임원이 되어서는 안 되지만 말이다.

법인이 설립되고 나면 이걸 나의 아바타 삼아 사업자를 개설하기도 하고, 계좌를 만들 수도 있다. 많은 사람이, 법인을 운영하고 있음에도 혹시나 걸리면 어떻게 하냐고 하는데, 법인에서 따로 급여를 본인의 개인 통장으로 받지 않는 이상 직장에서 내 부업 사실을 알아차리는 것은 불가능하다. 여기서 절대 들키지 않는 핵심 포인트는 지분 없는 대표와 감사를 두고, 대주주의 지위를 가진 상태로 돈을 철저하게 법인 내부에서 써야 한다는 소리다.

그래서 괜히 돈 찾으려다가 (수상한 거래 내역을)걸리면 골치가 아파진다. 따라서 이 방법을 통해 부업을 할 때는 가급적 법인 명의로 부동산을 거래하거나(보통 아파트가 아닌 상가나 건물에 투자하게 된다.) 또는 법인 카드를 만들어 필요한 돈을 쓰라는 이야기이다. 또한 '청첩장', '부고장'과 같은 증빙 자료만 있다면, 매주 경조사비 20만 원 정도는 별 문제 없이 출금이 가능하다고 하니 틈나는 대로 자금 출금도 해야겠다. 법인은 내 아바타일 뿐, 그 법인의 돈은 엄연히 따지면 내 돈이 아니니 말이다.

법인이 반드시 필요한 때와 그렇지 아니한 때

법인은 별도의 복잡한 계약 관계 없이 특정 사업체나 재산에 대해 지분을 나눌 때 활용되기도 하며, 개인이 도저히 행할 수 없는 상황들에 투입하는 목적의 '아바타'로 활용된다. 초등교사이면서 동시에 자연인이었던 내가 개인 사업자를 내어 경제 활동을 하는 것은 '겸직 금지 조항'을 대놓고 위배하는 것이나, 법인을 통해 사업자를 만들고 그 사업자를 통해 수익을 만든다면 웬만해서는(본인이 스스로 드러내지 않는 이상) 그걸 알아차리기 어렵다.

|| 개인사업자 ||

과세표준	세율
1,200만 원 이하	6%
1,200만~4,600만 원	15%
4,600만~8,800만 원	24%
8,800만~1억 5,000만 원	35%
1억 5천~3억 원	38%
3억 원~5억 원	40%
5억 원~10억 원	42%
10억 원 초과	45%

|| 법인사업자 ||

과세표준	세율
2억 원 이하	9%
2억~200억 원	19%
200억 원~3,000억 원	21%
3,000억 원 초과	24%

또한 법인은 개인과 비교해서 훨씬 적은 세금을 낸다. 최고 세율 구간이 달라서 생기는 이 현상은 초반에 사업할 때는 알아차리지 못한다. 사업을 시작하고 시간이 흘러 훗날에 돈을 보다 많이 벌어보면 알게 되는 부분이라 여기서는 자세히 설명하지 않겠다. 그래서 큰 돈을

버는 사업가들은 필연적으로 세금 절감을 위해 법인을 만들게 된다. 개인 사업자를 통해 돈을 많이 벌면 반드시 겪게 되는 건강보험료 폭탄과 개인 종합소득세의 회피 목적이다. 하지만 청년창업 중소기업 세액 감면 혜택과 같은 (과밀억제권역 밖에 위치한 지방에 거주하는 만 34세 이하의 청년이 창업한 경우, 일정 업종에 대해 종합소득세 100% 감면까지도 가능하다.) 초보 사업가들은 잘 알지 못하는 각종 세금 감면 특혜들도 많으니 무작정 법인이 옳다고 생각해서도 안 된다. 그 혜택이 결코 가볍지 않으니 부업을 하기 위해 무작정 사업자부터 개설하지 말고, 혹시 모를 특별한 혜택을 의미 없이 날리지 않기 위해서라도 '세무사'와의 상담은 필수다. (참고로 나는 이걸 몰라 청년 창업 세액 감면 혜택을 많이 날려 먹고, 안 내도 될 세금을 많이 냈다.)

‖ 창업 중소기업 세액감면율 ‖

2024년 11월 25일 기준

구분	수도권과밀억제권역	수도권과밀억제권역 이외 지역
청년창업 *창업 시 만 15세 이상 34세 이하	50%	100%
일반창업	-	50%

수도권과밀억제권역

서울특별시
인천광역시: 강화군 옹진군, 서구 대곡동, 불로동, 마전동, 금곡동, 오류동, 왕길동, 당하동, 원당동, 인천경제자유구역 및 남동 국가산업단지 **이외 지역**
경기도: 전지역 *예외: 시흥시 반월 특수지역 **이외 지역**, 남양주시 호평동, 평내동, 금곡동, 일패동, 이패동, 삼패동, 가운동, 수석동, 지금동, 도농동

세무사는 절대 폼으로 있는 직업이 아니다

　사업을 시작하고 세금 폭탄을 맞은 뒤에야 만날 것만 같은 그 이름, 세무사. 사실은 창업을 하기 전부터 그들의 도움이 필요하다. 앞서 설명한 각종 세액 감면 혜택이나 절세 전략 등을 잡아주는 일을 하는 사람들이 세무사이기 때문이다.

　강남에 위치한 실력 있는 세무사를 기준으로 1시간 상담료는 보통 10만 원 정도 한다.(이후 발생할 세금의 액수를 생각하면 절대로 비싼 돈이 아니다.) 그런데 과거의 나는 이 돈이 어찌나 아까웠는지, 그냥 인터넷을 뒤져 창업할 사업체의 업종 코드를 찾고, 가까운 세무서에 가서 사업자등록증을 만들었다. 그런데 이는 훗날에서야 알게 되지만, 내게 있어 어마어마한 패착이 되었다. 앞서 설명했던 세액감면혜택을 통째로 날려 먹는 바람에 ¼ 수준으로 감면 받을 수 있었던 부동산 취득세는 물론이고(사업이 잘 돼서 비교적 빠르게 부동산을 취득했다.), 매년 내는 법인세까지(업종만 잘 내었어도 100% 감면 받을 상황이었다.) 굳이 맞지 않아도 될 세금을 두들겨 맞았기 때문이다. 그래서 겸직 금지 회피를 위해서든, 앞으로의 절세를 위해서든 사업 전에는 반드시 세무사를 한 번 만나서 상담을 받아보는 것을 추천한다. (우리가 몰래 부업한다고 해서 그들이 절대 고자질하거나 하지 않으니까.)

　법인은 겸직 금지 규정을 회피하는 일에 있어서도, 절세를 함에 있어서도 아주 효과적인 수단이 된다. 하지만 많은 사람이 살면서 법인을 만들어 볼 일이 거의 없기 때문에 이를 '굉장히 멀고 어렵게' 느끼는 경우가 많았다. 그리고 내가 속한 집단에서 '금하는 일'을 감행한다는 것 자체가 굉장히 비도덕적으로 보일 수도 있다. 하지만 우리는 명심해야 한다. 지금 바라보는 교장선생님 혹은 부장님이 내가 '최대한으로 열심히 살았을 때 얻을 수 있는 미래'라는 것을 말이다. 그렇기에 나는 '부업'을 생각으로만 그치지 않고 실행에 옮겼고, 그 결과 '대표이사'라는 직책과 더불어 월 25억 원 이상의 매출을 내는 사업체를 만들 수 있었다.

2단계:
소셜미디어로
고객군을 모으는 방법

오늘날 SNS로 불리는 소셜미디어가 갖는 파괴력이 어느 정도인지 모르는 사람은 없을 것이다. 그만큼 소셜미디어는 우리 일상에 있어 엄청난 영향을 줄 뿐만 아니라 고객들의 소비에도 지대한 영향을 미치고 있다. 그래서 많은 사람은 소셜미디어를 통해 팔로워를 늘리고, 나아가 수익화를 위한 레버리지로 활용하려고 한다. 나 역시 그러했다. 소셜미디어를 경험해본 대부분의 사람이라면 이에 공감할 것이다. 소셜미디어를 잘한다는 것은 곧 '돈을 잘 번다'는 말로 이해하면 될 정도로, 온라인 비즈니스뿐만 아니라 오프라인 비즈니스를 함에 있어서도 소셜미디어는 이제 성공을 위한 필수 전략이 되었다.

하지만 말이 쉽지, 소셜미디어를 시작하는 것부터가 난관이다. 막상 시작했다 하더라도 어떤 콘텐츠를 올려야 할 것인지부터 막막해진다. 힘겹게 시작한 소셜미디어의 팔로워는 요지부동이니 대부분의 사람들은 일찌감치 '인플루언서'가 될 꿈을 접는다. 나 역시 그러했던 사람 중 한 명으로서 '평범하디 평범한 초등교사 타이탄철물점'이 어떻게 많은 팔로워를 모을 수 있었는지를 이야기해보고자 한다.

나를 정의하기

브랜딩을 하는 이유는 '핵심 가치'를 차별점으로 드러내고, 그것을 상품의 아이덴티티로 삼기 위함이라고 설명했다. 소셜미디어를 잘하기 위해서는 떼려야 뗄 수 없는 용어가 바로 퍼스널 브랜딩Personal Branding이다. 왜냐하면 내가 드러내고자 하는 '핵심 가치' 없이는 내가 타게팅Targeting하는 잠재고객에게 제대로 도달할 수 없기 때문이다. 소셜미디어의 역사도 어느덧 10년 넘는 시간이 지났고, 소셜미디어를 구성하는 콘텐츠 노출 알고리즘은 엄청나게 고도화되었다. 이 말은 예전처럼 대충 콘텐츠를 올려서는 절대로 높은 도달률을 얻을 수 없음을 뜻한다. 예전만 하더라도 그저 '열심히' 하면 콘텐츠가 얻어걸려서 조회수가 폭발하고, 갑작스레 많은 팔로워를 얻기도 했지만 이제는 그렇지 않다.

그래서 성공적인 소셜미디어 운영을 위해서는 우선, 나를 정의하는 퍼스널 브랜딩의 과정이 필요하다. '나'를 막연하게 머리로 생각하는 것과, 간단명료하게 '핵심 가치'를 드러내 글로 정의하는 것은 큰 차이가 있다. 스스로를 한마디로 정의내려보자. 퍼스널 브랜딩을 위한 가장 '중요하면서도 결정적인 과정'임에도 불구하고 대부분의 사람은 여기서부터 막힌다. 왜냐하면 내가 가진 '가치'가 충분하다고 생각하는 사람은 거의 없기 때문이다. 그래서 가장 먼저 넘어서야 하는 허들은 스스로가 생각하는 '완벽한 모습의 나'부터 버리는 것이다.

인스타그램, 유튜브, 틱톡, 블로그와 같은 소셜미디어를 성공적으로 운영하기 위해서는 '뾰족한 주제'를 설정할 수 있어야 한다. 예를 들어 돈을 버는 방법, 수익화하는 방법, 부업의 중요성을 강조하는 '타이탄 철물점'이라는 블로그에, '동양 철학'에 흥미를 보이는 독자들은 큰 관심을 갖지 않을 것이다. 즉, 성공적인 소셜미디어 운영을 위해서는 우선 내가 업로드하는 콘텐츠가 '특정 주제'를 관통해야 하며, 그 주제에 관심을 갖는 사람들만을 정제해서 모아야 한다.

그래서 '나를 정의하는 과정'은 성공적인 소셜미디어 운영을 위해 무엇보다도 중요하다고 할 수 있다. 스스로 '나'라는 사람의 핵심 키워드(아이덴티티)를 정의하기 어렵다면 가까운 지인이나 가족 등 주변사람에게 물어 보는 것도 한 가지 방법이다. 다른 사람이 인식하고 있는 '나'는 어떤 사람인지 알아볼 수 있기 때문이다. 브랜딩에 있어 가장 중요한 것은 '홍보'가 아닌 '인식'이다. 따라서 다른 사람들의 의견을 들어보고 스스로를 정의하되, 다른 사람들이 정의하는 내 모습이 원하는 방향으로 '인식'되지 않고 있다면 그만큼 수정을 거치는 것이다.

브랜드 컨설턴트 겸 아이덴티티 디자이너로 명성이 자자한 마티 뉴마이어Marty Neumeier가 "브랜드는, 브랜드를 만든 당신이 말하는 그 무엇이 아니다. 브랜드는, 브랜드를 선택한 사람들이 말하는 그 무엇이다."라고 말한 이유는, 나의 퍼스널 브랜드 아이덴티티가 내가 아닌, 다른 사람의 시선에 따라 정의되고 선택되기 때문이다.

만약 스스로에 대한 정의가 잘 이뤄지지 않고, 다른 사람들도 나를 쉽사리 정의내리지 못한다면 앞으로 내가 다른 사람에게 어떤 사람으로 보이길 바라는지 정의하는 것도 좋은 방법이 되겠다. 이렇게 일련의 과정을 거쳐 나에 대한 정의를 내린 후, '나'라는 브랜드의 정의가 브랜드로서 가치가 있는지 살펴봐야 한다. 대중은 본인이 흥미 없는 분야에 대해서 아무런 관심을 가지지 않기 때문에 '나에 대한 정의'를 바탕으로 한 나의 퍼스널 브랜드가 가진 비전과, 이로써 얻을 수 있는 가치가 잘 드러날 수 있게 스스로를 기획해야 한다.

벤치마킹 타깃 찾기

소셜미디어 계정 육성을 어려워 하는 대부분의 공통된 특징은 '첫 시작'을 어려워한다는 것이다. 처음엔 마치, 끝없이 펼쳐진 황량한 사막을 바라보며, 그 와중에 열대우림을 상상해서 그려보라는 '사생대회'를 치르는 것처럼 막막하게 느껴질 수 있다.

분명 주제는 정했는데 앞으로 어떻게 콘텐츠의 결을 만들어 갈 것인지, 업로드 주기는 어떻게 할 것인지 등 정말 수많은 고민들이 발목을 잡는다. 그래서 소셜미디어를 갓 시작한 초보자들은 제풀에 지쳐 이도 저도 못해보다가 포기하는 경우가 많다. 그래서 초보자의 포지션에서는 '시작 할 수 있는 가장 좋은 방법'을 택해서 거기에만 집중해야 한다. 이게 바로 '벤치마킹'이다. 초보자는 정말 뛰어난 역량과 직감이 있지 않은 이상 콘텐츠 하나를 생산하는 일에도 엄청난 시간과 비용을 쏟아 붓게 된다. 처음에야 초보자 특유의 '열정' 하나로 버티지만 팔로워가 생각처럼 늘지 않는다면 금방 지치게 되고, 결국은 포기로 이어지게 된다.

그래서 나는 초보자들에게 이렇게 이야기 한다. '내가 언젠가는 따라잡고 싶은 나의 워너비'를 찾아 그 사람의 말투, 문체, 글꼴, 느낌, 강점부터 약점까지 그 모든 것들을 다 흉내내어 보라고 말이다. 그럼 똑같이 흉내내기 위해서 '이미 성공한 사람의 콘텐츠'를 시청하는 시간이 자연히 늘어날 수밖에 없고, 초보자들은 흉내내기 어려운 성공의 디테일을 찾을 수 있게 된다. 혹자는 이를 두고 '표절 아니야?'라고 할 수 있다. 하지만, 콘텐츠 내용만큼의 독창적인 나의 것을 가지고 가되 나머지를 벤치마킹하면 된다. 팔로워가 100명도 채 되지 않는 유저가, 180만 유튜버였던 〈신사임당〉 주언규 PD의 말투, 분위기를 흉내낸다고 해서 이미 성장한 인플루언서가 '너, 나 표절하는거야?'라며 이를 문제삼거나 하지는 않는다. 하지만 소셜미디어 유저들은 이미 많이 봐왔고 안정감이 느껴지는 당신의 콘텐츠를 보면서 그 안에서 또 다른 '새로움'을 발견할지도 모른다. 여러분이 가진 '완벽주의'가 여러분을 좀 먹기 전에 일단 시작하는 것이다.

차별점을 찾기

브랜딩에 있어 가장 중요한 것은 내가 내세우고자 한 '핵심 가치'를 다른 사람들이 '인식'함으로써 받아들이는 것이다. 그렇기에 내 상품에 대해 온전히 이해해야 하며 '가장 강력한 가치'이면서 동시에 대중들이 호응할 수 있는 '공감대'를 뽑아내 '핵심 가치'를 선정한 뒤, 이를 다른 상품들과의 '차별화 요소'로 내세울 수 있어야 한다.

‖ 보통의 퍼스널 브랜딩은 유튜브나 인스타그램 등의 영상매체를 통해 이뤄진다 ‖

소셜미디어의 성장과, 개인을 브랜딩하는 과정인 '퍼스널 브랜딩'은 떼려야 뗄 수 없는 관계인 만큼 나만의 차별점을 어떻게 드러낼지를 항시 고민해야 한다. 나의 브랜드가 고객이 선택할 수밖에 없는 특별

한 매력을 갖도록 해야 한다. 여기서 유의할 점은 유일무이한 가치를 찾는 것이 아니란 것이다. 업계 1등이 아니어도 좋고 세계 최초가 아니어도 좋지만, 고객의 시선을 사로잡고 선택 받을 수 있는 포인트를 고민해야 한다.

다만 퍼스널 브랜딩에 있어 걸림돌이 하나 있다면 '인간적인 매력'을 효과적으로 드러내는 방법이 그리 만만하지는 않다는 것이다. 소셜미디어에 얼굴과 목소리를 드러내고 나의 매력을 발산하는 것은 가장 빠르고 쉬운 성장의 방법이다. 하지만 초등교사였던 나처럼 겸직 금지 업종에 속한 사람들이거나, 외모에 자신이 없는 사람들, 카메라 울렁증이 있는 사람들이라면 이 방법을 사용할 수 없다. 이런 경우는 나의 차별점이 될 '특별한 포인트'를 다른 방향에서 빠르게 찾아내야 한다.

얼굴을 드러낼 수 없었던 나는 텍스트 매체인 블로그를 퍼스널 브랜딩의 도구로 활용했다

나는 부업을 하던 시절, 교사라는 신분 때문에 얼굴을 드러낼 수 없었다. 그렇다고 자본도 넉넉하지 않았으니 캐릭터와 같은 가상의 부캐를 만드는 것도 쉽지 않았다. 그래서 내가 쓴 나만의 차별화 방법은 전자책을 쓰고 이를 '편집 디자인'을 예쁘게 입혀 '퀄리티 높은 전자책'으로 둔갑시키는 일이었다. 그리고 이렇게 예쁘고 퀄리티 높은 전자책을 '무료로 배포'하는 블로거가 된다면 남들과 다른 차별점이 생기지 않을까 생각했다. 이렇게 처음부터 철저하게 기획된 나의 전자책 퀄리티가 높은 덕분에, 독자(이웃)들을 대상으로 한 전자책 무료 배포 이벤

‖ 무료 전자책 이벤트를 하던 당시 작성한 글 ‖

트는 성공적으로 이뤄졌고, 자연스레 '타이탄철물점'이라는 낯선 닉네임을 '인식'하는 사람들이 늘어났다.

‖ **타이탄철물점이 직접 발행했던 무료 전자책의 모습** ‖

그동안 사업을 하며 얻은 갖가지 시행착오와 나만의 인사이트, 그리고 어쩌다 얻게 된 '편집 디자인' 기술이 어우러져 만들어진 '예쁜 형태의 전자책'은 나만이 보여줄 수 있는 특별함이자 차별점이 되어줬다. 결국 '특별함'은 무에서 창조되는 것은 아니란 소리다. 가장 큰 특별함은 본래 본인이 가진 자산과 '실력'이 엮여 탄생된다. 사람들은 일단은 눈에 보여야 하고, 그것들로 인해 이익을 얻을 수 있어야 반응한다. '입바른 소리'보다, 명확한 이득을 주는 전략을 취함으로써 '나는 입만 번지르르한 인플루언서들과는 달라'라는 포지션을 차지할 수 있었고, 그 이후 나는 엄청나게 급격한 성장을 경험했다.

타이탄철물점 전자책 무료 나눔! (총 10권, 200만원 상당 드립니다.) (1,488)	13,182	2024. 2. 6.
인공지능으로 시작하는 SNS자동화 기초 다지기(ft. 무료 강의 모집 안내) (1,731)	8,667	2023. 12. 13.
90% 이상이 모르는 블로그로 돈 버는 마케팅을 하는 방법 (ft. 무료 특강 안내) (1,588)	10,095	2023. 11. 17.
블로그로 만드는 수익화(부업) 이렇게 합니다. (ft. 무료강의 안내) (261) 비공개	2,728	2023. 9. 20.
가난은 이렇게 뛰어넘는겁니다. (ft. 타이탄철물점 11번째 무료 전자책 이벤트 + 역대급 특강 안내!) (1,048)	8,997	2023. 8. 28.
농축수산물 유통으로 월 1000만원 매출 만들기! 타이탄철물점과 오프라인에서 만나요! (ft. 일레니(얼머니스쿨) (54)	2,626	2023. 8. 12.
온라인 쇼핑몰? 사실상 이게 전부다! [타이탄철물점 10번째 전자책 나눔, 잘 팔리는 상세페이지의 비밀 개정 ver] (984)	7,892	2023. 8. 3.
[공유] 무료강의 이벤트! 타이탄철물점 X 모네어 블로그 수익화 및 성장 로직 강의 (회보를 원하신다면 듣지 마세요.) (6) 비공개	192	2023. 6. 28.
부업 뭐부터 시작할지 모르겠죠? 부수입 테크트리 무료강의 모집 (6월 21일 8시 30분) (1,338)	7,603	2023. 6. 19.
과일 위탁판매로 경제적 자유? (ft. 농산물 커머스로 월 1억 매출 만든 썰) 온라인 유통 무료 강의 모집! (3,061) 비공개	14,378	2023. 6. 13.
스마트폰으로 배우는 초간단 영상 편집 무료 강의 오픈! (릴스, 쇼츠 부수러 가즈아!) (117)	1,908	2023. 5. 9.
1시간 30분 만에 생초보를 감성 설계자로 만드는 사진 보정 강의 후기 [타이탄철물점의 감성사진의 비밀 3탄] 및 강의 녹화본 VOD 무료 … (396)	3,129	2023. 3. 11.
타이탄철물점 8번째 전자책 무료 나눔, 1년 안에 연봉 10억 달성한 비결! 콘텐츠 해킹의 모든 것을 알려드립니다. (ft. 추가 모집) (1,893) 비공개	14,282	2023. 3. 11.
내가 찍은 사진을 보면 눈이 썩었던 이유, 그 비밀을 알아보는 시간! 감성사진의 비밀 무료 강의 공지 (1,286)	6,310	2023. 3. 2.
요즘 퍼스널 브랜딩은 인스타그램이 대세라던데? (ft. 2023년 Instagram 로직과 성장 방법을 모두 공개하는 무료 특강 모집) (1,959)	9,483	2023. 2. 20.
블로그 활용 무료 강의 5시간 실화냐? (ft. 강의 녹화본 나눔 이벤트) (1,105)	3,915	2023. 2. 17.
연봉 10억 사업가 타이탄철물점을 만든 네이버 블로그 실무 활용 비법을 담은 무료 강의 모집! (2,114) 비공개	10,465	2023. 2. 13.
2023년 첫 무료 전자책 이벤트! 타이탄철물점의 초고퀄리티 전자책 6종을 드립니다. (2,714)	20,345	2023. 1. 27.
2023년 더욱 확실하게 성장시킬 수익형 블로그 구축 무료 특강 모집합니다. (ft. 저보다 잘 버는 분은 신청하지 마세요.) (2,060)	11,671	2022. 12. 28.

콘텐츠라는 이름의 공장과 웹사이트란 이름의 매장

이 세상에 존재하는 수많은 N잡러들, 그리고 온라인 사업가들을 보면서 느끼는 감정이 하나 있다.

'대체 왜 저렇게 하고 있을까?'

소셜미디어는 앞서 설명한 것처럼 오늘날 압도적인 파괴력을 가진 매체가 되었다. 아무리 내가 사업적인 재능이 뛰어나고 마케팅 역량이 하늘에 닿았다고 한들 1,000만 팔로워를 가진 인플루언서를 뛰어넘을 수 없는 것처럼, 오늘날 소셜미디어로 인해 만들어지는 영향력은 '시장 경제'에 큰 영향을 끼친다. 그럼에도 소셜미디어를 키우는 것이 마치 '온라인 비즈니스의 전부'인 것 마냥 생각하는 것은 경계해야 한다고 생각한다. 소셜미디어도 결국 하나의 현상일 뿐더러 '사업가의 영원한 과제' 중 하나인 영속성을 마련해 주지는 않기 때문이다. 그리고 실제 내가 사업가로 포지션을 바꾼 후 만나게 된 수많은 인플루언서들만 보더라도 '큰 돈'을 벌지 못하는 경우가 많았다.

당연한 소리겠지만 성공적인 소셜미디어 운영을 위해서는 우선 '나'를 어떻게 정의하고 드러낼 것인지, 그리고 그 계정의 정체성에 맞춰 '잠재 독자들이 환호할만한 콘텐츠 제작'에 힘을 쏟아야 한다. 그리고 이런 여러 조건이 맞아 떨어질 때 콘텐츠는 '떡상'하게 된다. 콘텐츠를 매력적으로 생산하는 일은 소셜미디어를 운영함에 있어 가장 중요한 일이라고 할 수 있겠지만, 그만큼 엄청난 인풋(시간이나 금전적 비용)이 들어가는 만큼 '그 다음 단계의 프로세스'도 생각해야 한다. 콘텐츠의 조회수는 수백 만이 나오는데 정작 돈을 벌지 못하는 '의미 없는 노력'을 하는 크리에이터들을 너무도 많이 접하면서 늘 안타까운 마음을 가졌었다. 그렇다면 이렇게 많은 인풋이 들어가서 탄생되는 트래픽들은 어떻게 하는 것이 좋을까?

바로 '집객 터널'로 집어 넣는 것이다. 고객을 모아주고 그들이 모여서 활동할 수 있는 공간을 마련해주는 것이다. 그래서 나는 온라인 비즈니스를 성공시키는 방법 중 하나로 소셜미디어를 잘 하는 것을 당연히 꼽겠지만, 그만큼 중요한 과정의 하나로 '웹사이트 제작'을 꼽는다. 보통 웹사이트(홈페이지)를 그저 사업을 위해 어쩔 수 없이 만드는 (명함에 인쇄해야 깔이 사니까?) 구색 정도로 생각하는 경우가 많은데 이는 큰 오산이다.

웹사이트는 쉽게 생각하면 웹페이지들이 엮여서 만들어진 홈페이지를 뜻한다. 얼핏 생각하면 기업의 소개, 상품의 소개를 위한 목적으로 운영되는 게 웹사이트가 아닌가?라고 생각할 수 있겠지만, 웹사이트에는 보이지 않는 '강력한 무기'를 심을 수 있다. 예를 들어 현존하는 가장 강력한 온라인 트래픽 분석 도구, Google Analytics를 사이트에 심어서 고객의 행동을 분석하고 방문자를 트래킹하여 상품의 소구 구간들을 강화한다든가, Meta의 pixel 코드를 심어 한 번이라도 사이트를 방문한 사람들을 대상으로 리타게팅 광고를 진행할 수도 있다. 분명 이 과정에는 엄청난 고뇌가 들어갈 것이고, 보다 효율적이고 체계적인 시스템 설계를 위해 비용도 들어갈테지만 매우 정확한 고객 행동 데이터를 얻음으로써, 보다 완벽한 온라인 비즈니스 구조를 설계할수 있게 된다. 게다가 최근 카카오 ID 로그인, 네이버 로그인, 구글 어카운트 로그인 등 간편 로그인을 사이트에 부착해서 고객의 회원가입 전환율을 높일수도 있고, 이 과정에서 확보된 고객 연락처 데이터를 수집해서 이메일 마케팅이나 CRM마케팅에 활용할 수도 있다.

소셜미디어는, 콘텐츠라는 강력한 '전단지'를 생산할 수 있는 공장이다. 전단지의 퀄리티에 따라 엄청난 도달률과 홍보 성과를 만들 수도 있다. 그래서 소셜미디어를 잘하는 것이 곧 '온라인 비즈니스'를 잘하는 것으로 읽힐 정도로 오늘날 '온라인 수익화 구축'과 사업을 위해서 SNS는 더 이상 선택 요소가 아닌 필수 요소가 되었다. 하지만 콘텐츠는 그 자체만으로는 고객의 전환을 만들어내지 못한다. 물론, 콘텐츠가 '떡상'하면 그 반사 효과로 잠깐 반짝하는 매출 상승을 볼 수도 있겠지만, 그건 가뜩이나 영속성이 떨어지는 비즈니스 특유의 환경에서 바람직한 방향은 아닐 것이다. 따라서 소셜미디어라는 훌륭한 공장에서 찍어내는 상품들을 팔 수 있는 매장이 필요한데, 나는 웹사이트가 이 포지션에 부합한다고 생각한다. 기본적으로 마케팅이란 것은 단순히 노출을 늘리고 판매량을 늘리는 수준에 그치지 않는다. 왜냐하면, 고객을 좀 더 충성도 높은 고객으로 전환하는 과정을 비롯해, 리텐션을 일으키기 위한 수많은 변수들을 캐치하고, 나아가 상품 판매 최적화 요소를 구축하며, 가치를 만들고 장기적으로 성장하는 기업의 체계를 만들어가는 이 모든 것들이 마케팅이란 카테고리 안에서 이뤄지는 일이기 때문이다. 그렇기 때문에 이런 고도화된 역할을 충실히 수행할 수 있는 보다 체계적인 시스템을 가져야 하는데, 이는 단순한 SNS계정이나 구색만 홈페이지인, 껍데기뿐인 웹사이트에서는 절대 이뤄질 수 없다. 따라서 소셜미디어의 강력한 트래픽과 도달률을 완벽하게 내 돈으로 치환하고, 나아가 보다 완벽한 효율 구조를 만들기 위해서는, 콘텐츠로 인해 발생된 상품 전환을 보다 높일 수 있는 '매장' 격인 웹사이트는 필수라고 할 수 있겠다.

가장 중요한 가치, 신뢰

소셜미디어를 하는 이유는 곧 브랜딩을 위해서라고 할 수 있을 정도로, 많은 사람이 브랜딩과 소셜미디어를 연결지어 생각한다. 그러다 보니 소셜미디어를 시작하고, 팔로워를 모으기 위한 콘텐츠 생산에 집중하다 보면 자연스레 퍼스널 브랜딩과 연결될 수밖에 없다. 퍼스널 브랜드에는 개개인이 어떻게 살아왔고, 어떤 일을 하며 또 무슨 말을 하고 어떻게 행동하는지가 담기게 된다. 이후, 의도했든 의도하지 않았든 퍼스널 브랜드가 갖는 정체성이 곧 본인의 정체성이 된다. 실제로 그닥 퍼스널 브랜딩이 잘 이뤄지지 않은 '타이탄철물점'만 하더라도 이제는 내 본명보다 훨씬 많이 불리는 나의 '두 번째 이름이자 정체성'이 되어버렸다. 퍼스널 브랜딩은 그 과정에서 사람들과 유기적인 관계를 맺는다. 그 때문에 인지도가 높은 퍼스널 브랜드로 성장하고 나면 개인의 프라이버시까지도 브랜드에 포함될 정도이며, 이는 작고 큰 문제를 낳기도 한다.

브랜드가 성장하기까지는 정말 오랜 시간이 필요하다. 하지만 그게 무너지는 것은 한순간이라는 점에서 잘 될수록 더 조심해야 한다. 그리고 공든탑이 무너지는 이 심각한 상황은 브랜딩의 초기나 성장기에 오지 않는다. 왜냐하면 초기에는 대중의 관심도 낮고, 경쟁 브랜드 중에서도 두각을 나타내기 어렵기 때문에 나의 작은 실수들이 크게 드러나지 않기 때문이다. 하지만 퍼스널 브랜딩이 제대로 이뤄지고, 이 과정이 강력한 파급력을 가진 소셜미디어와 엮여서 이뤄졌다면 브랜드가 절정에 이르거나 성공가도를 달릴 즈음 큰 문제로 번질 수 있다. 과거의 잘못이나 현재의 사건 사고가 발목을 잡고, 공든탑이 무너지는 것이다. 실제로 온라인 상에서 다른 크리에이터들에게 저격을 당하거나, 사생활 이슈가 번졌던 인플루언서 대부분이 '최상의 절정 구간'에 있었다는 점이 이를 증명한다. 본인이 만든 강력한 파급력과 인지도가 미처 손을 쓸 새도 없이 나쁜 진실이 되어 스스로를 베어내는 것이다. 오늘날은 성공한 사람들에 대한 도덕적 잣대가 예전보다 훨씬 엄격해진 세상이다. 오죽하면 유튜브에서 '나락'이라는 용어가 유행할 정도로 잘 나가던 사람이 하루 아침에 조롱거리가 되는 것을 이제는 쉽게 목격할 수 있다. 소셜미디어는 강력한 집객 장치이자, 성장을 위한 '사기급 환경'이 되어주지만 훗날에야 일어날, 아니면 일어날지도 모르는 일에 늘 대비해야 한다.

어쩌면 마주치지 않을지도 모르는 이런 문제에 대해 좀 더 민감하게 대응해야 하는 이유는 퍼스널 브랜딩을 통해 성공한 대부분의 사람이 '한 번의 실수'로 끝나버렸기 때문이다. 그럼 이러한 문제를 극복하거나 해결하는 최선의 방법은 무엇일까? 항상 '신뢰'를 기반으로 활동하는 것이다. 무엇이 옳은지 그른지를 늘 생각해야 하며, '거짓'을 기반으로 한 콘텐츠 혹은 사회적으로나 관습적으로도 문제가 될 수 있는 콘텐츠를 생산하지 않는 것이다.

과거에는 많은 사람이 자신의 이익이나 성공을 위해 본인의 성과를 과장하거나, 학력을 위조하는 경우가 많았다. 하지만 소셜미디어의 영향력이 커지고, 온라인 유저들이 폭발적으로 늘어남에 따라 영원한 비밀은 없다는 것을 증명이라도 하듯 그들의 끝은 그리 좋지 않았다.

오랜 시간 소셜미디어에 집중하며, 성공한 사람들을 보면서 느꼈던 것이 하나 있다. 소셜미디어로 성공한 사람들의 끝이 반드시 좋지만은 않았다는 것이다. 하지만 가장 빠르고 확실한 성장을 보장하는 '초강력한 트래픽 수급 장치'이자, 나를 세상에 드러낼 수 있는 강력한 수단인 만큼 그 활용만 정직하게 한다면 소셜미디어는 누구나 멋진 미래를 그릴 수 있게끔 만들어 주는 고마운 '성공 도구'이다. 따라서 브랜딩의 과정에서는 늘 정직한 이야기를 전달하고 올바른 일을 함으로써 자신의 가치를 높일 수 있도록 노력해야 한다. 브랜딩은, 내가 알리는 것이 아니라 그 상품의 가치를 대중이 '인식해 줌'으로써 이뤄진다는 것을 잊지 말아야겠다.

3단계 :
타인의 생산성을
돈으로 바꾸는 방법

∥ 눈치 채지 못했을 뿐, 우리의 노동은 누군가에게 돈이 된다 ∥

인간에게 있어서 '시간'은 가장 공평한 요소이다. 정용진 회장, 이재용 회장도 인간인 이상 하루를 24시간으로 살아간다. 그런 점은 우리도 마찬가지이기 때문에 시간만큼 공평한 것도 없다고 한 것이다. 그러나 우리가 할애할 수 있는 '하루'라는 시간이 만들어내는 산출물은 사람에 따라 달라진다. 어떤 사람은 1시간만 일하고도 엄청난 돈을 벌고, 어떤 사람은 하루 종일 일하고도 쥐꼬리만한 돈을 번다.

주식회사 타이탄컴퍼니의 10월 매출액

위의 이미지는 글을 작성하고 있는 2024년 10월 31일 현재 찍혀 있는 10월간의 매출이다. 하루 1억 원에 가까운 매출이 발생한 것이다. 현재의 나는 '극한의 효율주의자'로 살아가는 만큼 하루에 발생되는 생산성의 차원이 다르다. 흙수저 시절과 비교해봤을 때 실로 어마어마한 성장 결과라고 할 수 있을 만큼 매출이 커졌다. 그렇다면 이런 엄청난 매출에는 어떤 비밀이 숨어 있는 것일까?

초효율

시키거나, 자동화하거나

돈을 벌기 위해서는 인생이란 시간의 집합을 '효율' 그 자체로 바꿔야 한다. 앞서 설명한 것처럼 하루라는 시간은 모든 인간에게 공평하게 적용되고 있음에도 불구하고, 어떤 사람은 작은 돈을 벌고, 어떤 사람은 큰 돈을 번다. 나도 제법 큰 매출을 인증했지만 이런 매출조차도 조그만하게 느껴질 정도로 세상에는 돈을 '효율적으로 잘 버는 괴물'들이 즐비하다. 그럼 대체 어떻게 돈을 버는 것일까?

나는 그 방법에 대해 이렇게 말하고 싶다.

'시키거나, 자동화 하거나'

안타깝게도 하루 24시간을 2,400시간으로 살아갈 수 있는 방법은 어디에도 없다. 그래서 우리는 결국 '공장'을 만들어야 한다. 공장을 운영한다는 것은 쉽게 말해, 내가 해야할 일(과업)을 남에게 시키거나, 또는 기계 등을 활용해 최대한 노동력의 투입을 줄이고 자동화를 시켜야 한다는 이야기다. 타인이 만드는 생산성을 저렴하게 구입하거나, 타인의 생산성을 높여 잉여 생산성을 돈으로 바꿔야 한다는 이야기이기도 하다.

이도 저도 안 된다면, 모든 업무를 수단과 방법을 가리지 않고 자동화시켜 시간을 아껴야 한다. 이재용 회장이 우리랑 똑같은 24시간을 살고 있음에도 불구하고 돈을 많이 버는 이유는, 종업원의 수가 13만 명에 달하기 때문(2023년 6월 기준)이다. 삼성은 직원들에게 월급이란 형태의 임금을 주고, 과업을 위임한다. 그 과업의 가격을 평범한 직장인은 알 수 없다. 확실한 것은 회사는 엄청난 돈을 벌고, 그 회사의 오너는 우리가 상상할 수 없는 수준의 돈을 번다는 것이다. 그 말을 조금만 생각해보면, 우리가 받는 월급에 비해 우리는 더 많은 생산성을 내고 있는 것이고, 그 잉여 생산성을 팔아 회사는 돈을 벌고 있다는 것이다. 그래서 직장인은 부자가 되기 어렵다. 엄청난 자산 투자 노하우를 갖지 않는 이상 벌어들이는 돈은, 월급이라는 울타리에 갇혀버리기 때문에 물가 상승률을 쫓아가기도 버거운 것이 현실이다.

결국, 돈을 벌고 싶다면 높은 생산성을 차지하기 위해 타인의 생산성을 헐값에 사야만 한다는 것이다. 이는 다소 잔인하고도 서글픈 이야기처럼 들리겠지만 애초에 자본주의 자체가 자본을 가진 사람에게 압도적으로 유리하게 설계된 시스템이다. 즉 돈이 없으면 지배 당하는 곳이란 이야기다. 그래서 나는 부업을 시작했다. 우리는 중학교 시절 생산의 3요소로 노동, 자본, 토지를 배웠다. 생산의 3요소를 가지면 '생산'을 점할 수 있고, 생산된 것들을 판매해 돈을 벌 수 있다. 하지만 자본이나 토지는 상황에 따라 우리의 것이 아닐 수도 있다. 그래서 우리가 가진 유일한 생산의 요소인 노동의 힘을 절대 낭비해서는 안 되며, 하루 중 남는 시간들을 빠르게 돈의 형태로 바꾸어 타인의 노동을 지배하기 위해 힘써야 한다. 이는 정말 잔인한 현실이지만 부자가 되려면 피할 수 없는 숙명이라고 할 수 있겠다.

현재 내가 운영하는 회사는 직원 수가 총 15명으로 이뤄져있다. 그런데 31일치 매출이 31억이니(공개한 매출 외에도 운영하는 회사들이 있어 매출들의 합이 30억 원을 조금 상회한다.), 직원 한 명당 한 달 동안 무려 2억원의 '생산성'을 만든 것이다. 그런데 직원들은 이 회사의 주인이 아니기 때문에, 그들의 생산성을 팔아 얻은 돈을 마음대로 가져갈 수 없다. 대표가 인심이 후덕한 사람이라면 그동안 노력한 직원의 노고를 치하하며 보너스를 내려줄 수 있을지는 모르겠지만 잉여 생산성 대부분은 대표의 것이 된다. 그게 자본주의를 통해 빚어지는 잔인한 진실이다.

20대 내내 사업에 전념하며 이런 불쾌한 진실을 비교적 일찍 피부로 느낀 나는 어떻게든 돈을 벌고, 직원을 고용하기 위해 애썼다. 하지만 결과는 좋지 않았고, 결국 몽땅 말아먹고 무일푼 신세가 되어 임용고시를 친 뒤, 월급을 받는 교사가 되었다. 교사로 지내는 삶은 보람찼지만 반대로 꽤나 큰 노동이 들어가는 일이었다. 아이들을 돌보고, 그들을 가르치며, 그들의 보호자인 학부모와 소통하고 학급을 운영하는 것은 결코 쉬운 일이 아니었다. 작은 중소기업 하나를 운영하는 느낌이 들 정도로 생각보다 자잘한 업무에 쏟게 되는 시간이 많았다. 그런데 나를 비롯해 동료 교사가 받는 월급은 아주 작았다. 그럼에도 이런 현상에 대해 아무도 부조리하다고 생각하는 사람이 없었다. 왜냐하면 공무원들은 '안정'을 추구했기에 스스로 선택해서 가진 직업인 경우가 많았기 때문이다. 그래서 하루라도 빨리 월급이란 이름으로 행해지는 집단최면에서 벗어나 돈을 벌고 타인의 생산성을 사들이고 싶었다. 그게 내가 부업을 시작한 이유였다.

하지만 말이 쉽지, 돈을 벌고 자본을 마련해 사람을 고용하고 그 사람이 제대로 된 생산성을 낼 때까지 가르치는 것은 결코 쉽지 않다. 그래서 초반에는 '시스템 설계'가 중요하다. 당장 사람을 고용할 수 없다고 한들, 언젠가는 고용될 사람까지 생각하며 시스템을 설계해야 하는데, 나는 이를 위해 '자동화'란 단어를 주목했다. 같은 일을 해도 어떤 식으로 일을 처리했느냐에 따라 투입되는 시간의 양이 달라진다. 그렇기에 SaaS와 같은 기업을 위한 서비스를 비롯해, 생성형 AI활용 등 개인이 동원할 수 있는 모든 수단과 방법을 강구해서 내가 사용하는 시간이 조금이라도 더 절약될 수 있도록 만들어야 한다. 이 과정이 잘 이뤄지면 이후 사람을 고용해도 금방 그들에게 교육할 수 있으며, 그들이 만들어내는 생산성을 높여 잉여 생산성을 내가 가질 수 있다.

월급쟁이가 부자가 되는 방법?

솔직히 말해서 월급쟁이가 부자가 될 수 없다고 생각하는 편이다. (부자에 대한 기준이 다르기 때문에 그 경계가 모호하지만 내가 여기서 말하는 부자는 최소 자산이 50억 원 이상 되는 사람을 말한다.) 성공한 사람들은, 평범한 사람도 노력하면 부자가 될 수 있다고 이야기하지만 그들은, 그들이 절대로 평범하지 않았다는 사실을 모른다. 워렌 버핏이 대중 앞에 서서 '여러분들도 열심히 노력하면 저처럼 큰 성과를 낼 수 있습니다'라고 한다면 누가 믿겠는가. 이미 그 사람부터 평범함이란 범주를 벗어났는데 말이다. 그래서 우리는 말도 안 되는 희망에 기대, 스스로를 희망고문하기보다는 현실적인 방안을 찾고 거기에 집중해야 한다.

초효율

월급쟁이가 부자가 될 수 없는 이유는 본인도 모르는 사이 '월급'이라는 울타리 안에 본인의 가능성을 가두기 때문이다. 고급 아파트, 슈퍼카 등을 나는 절대로 가질 수 없다고 단정지어 버리니 부자가 되는 일이 이뤄질리 만무하다. 결국 월급쟁이가 부자가 되려면 타인의 노동력을 돈을 주고 사서 생산성을 높이든가, 스스로의 남는 시간을 때려넣어가며 하루를 더욱 알차게 살아서 더 높은 생산성을 만드는 방법밖에 없다.

자본주의 사회에서는 자본이 없으면 절대 부자가 될 수 없다. 일단은 돈을 벌어야 그 돈을 부동산이나 주식과 같은 유가 증권에 투자할 수 있고, 매년 무섭게 치솟는 물가 상승률 앞에서 나의 재산 가치를 방어할 수 있다.

그런데 문제는, 개인이 사람을 고용하는 것도, 남는 시간을 털어 넣어 수익화를 만드는 것도 쉽지 않다는 것이다. 그래서 우선은 다른 사람들은 어떤식으로 돈을 버는지 그 원리를 파악하는 것이 중요한데 나는 '네트워킹'을 통해 이 문제를 해결할 수 있었다. 나보다 돈을 잘 버는 사람들은 그들만의 비결이 있었다. 그들이 어떤 식으로 사고하고 어떻게 행동하는지를 그대로 카피하며 매출을 높이고, 업무 효율성을 높여갔고 생산성을 높여 비로소 퇴사할 수 있었다.

자본주의의 합정

‖ 미국 M2(광의통화)량 : 1997 ~2022 ‖

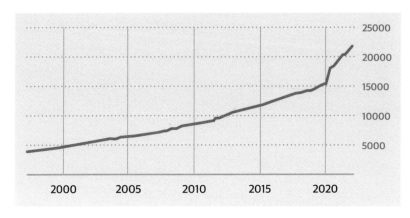

‖ 한국 M2(광의통화)량 : 1997 ~2021 ‖

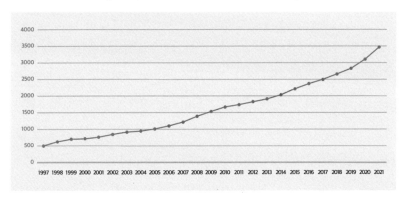

위의 이미지를 본 적이 있는가? 어렸을 적 삼촌이 만들어 준 '경제
신문'을 읽는 습관 탓에 성인이 되고, 두 아들의 아버지가 된 지금에도
나는 경제신문을 챙겨보는 편이다. 위의 지표는 그 과정에서 알게 된

M2(광의통화)[*]량 지표이다. 이는 우리에게 거대한 시사점을 던진다.

2024년 3월 기준, 한국과 미국을 비롯해 자본주의 체제를 택한 거의 모든 국가의 광의통화량은 역사적인 증가세를 보이고 있다. 한국은행 통계에 따르면, 2008년 금융위기 이후 한국의 광의통화량은 3배 이상 증가했으며, 미국 연방준비제도(FED)의 데이터 역시 같은 기간 약 4배의 증가를 기록했다. 이 말은 즉, 세상을 떠도는 돈의 유동량이 계속해서 증가함을 의미한다. 그렇다면 통화량 증가는 우리에게 어떤 영향을 미칠까?

화폐주의학파의 대가이자 노벨경제학상 수상자인 밀턴 프리드 먼Milton Friedman은 "과도한 통화는 너무 많은 화폐가 너무 적은 상품을 쫓아다니는 현상을 만든다"고 설명했다. 2008년 글로벌 금융위기 당시, 양적완화 정책을 주도한 프린스턴 대학의 벤 버냉키Ben Bernanke 전 연준 의장 역시 통화량 증가가 '자산 가격 상승'으로 이어진다고 분석했으며, 국제금융위기 예측으로 유명한 하버드 대학 케네스 로고프Kenneth Rogoff 교수는 실물자산이 통화량 증가에 대한 자연스러운 헤지^{**} 수단이라고 강조했다. 실제로 토지, 부동산, 귀금속 등 공급이 제한된 자산의 가치는 통화량 증가에 비례하여 상승했다.

---

* 광의통화 : 넓은 의미의 통화를 뜻하며 M2로 표현되기도 한다. 현금, 요구불예금 등 유동성이 높은 통화와 더불어 정기예금, 금융채 등 비교적 유동성이 낮은 통화까지 포함한 통화를 의미한다.

** hedge : 환율, 금리 또는 다른 자산에 대한 투자 등을 통해 보유하고 있는 위험자산의 가격변동을 제거하는 것

골드만삭스 리서치는 통화량 증가가 자산 가격 상승의 주요 동인이라고 분석했으며, 2008년 이후 주요국 통화량 증가와 자산 가격 상승의 상관관계가 0.87에 달한다고 밝혔다. 또한 맥킨지 글로벌 연구소는 2030년까지 글로벌 자산 가격의 지속적 상승을 전망했다. 주요 원인으로는 통화량 증가, 인구증가, 도시화를 꼽았다.

이런 지표들을 통해 우리는 어떤점을 배울 수 있을까?

세계 최대 헤지펀드 브리지워터 어소시에이츠의 설립자이자 〈원칙 Principles〉의 저자로 알려진 레이 달리오 Ray Dalio는 '위험 균형 포트폴리오'를 제안했다. 그는 부동산 40%, 주식 30%, 채권 20%, 금과 원자재 10%의 자산 배분을 권장했다. 케이스-쉴러 주택가격지수 개발자이자 예일대 로버트 쉴러 Robert Shiller 교수는 부동산이 장기적으로 인플레이션을 상회하는 수익률을 기록했다고 분석했다. 실제로 지난 100년간 글로벌 부동산 실질 수익률은 연평균 7.1%를 기록했다.

현대 금융시스템의 구조적 특성과, 정부와 중앙은행의 경제성장 정책으로 인해 통화량 증가는 불가피한 현상이 되었다. 한정된 공급과 증가하는 통화량의 대비는 자산 가치의 지속적 상승을 야기했으며, 수요 증가는 이러한 추세를 더욱 강화한다. 이 말은 즉 돈을 벌어서 자산을 확보하지 않으면 금융시스템의 구조적인 특성 때문에, '우리는 가만히 있어도 자연스럽게 가난해진다'는 것을 의미한다. 혹자는 말한다. 인구가 감소하고, 경제가 어려워지기 때문에 부동산의 가치는 폭락할 것이라고 말이다. 나 역시 그런 말을 믿었던 사람 중 하나였지만 결과적으로 지금 부동산의 가격은 괴랄하다는 말이 어울릴 만큼 엄청나게 올라버렸다. 나는 이런 시장 구조를 알려주지 않는 현재 사회 시스템에도 큰 문제가 있다고 생각한다. 학교에서 '시장경제'를 제대로 교육하지 않는 만큼 본인도 모르는 사이 가난한 사고에 젖어드는 경우를 너무도 많이 봐왔다.

현대 경제학의 아버지로 불리는 노벨경제학상 수상자 폴 새뮤얼슨Paul Samuelson이 언급한 "투자는 현명한 기다림의 기술"이라는 말처럼 돈을 벌고, 그 돈을 사용해 자산을 구입하는 것은 '내 자산 가치를 방어'하고, 나아가 더 나은 삶을 기대하게 만드는 일이라고 할 수 있겠다. 지금의 자본주의는 우리에게 인류 역사상 가장 풍족한 환경을 만들어 줌과 동시에 많은 사람에게 박탈감도 선물했다. 통화량 증가가 지속되는 현대 경제에서, 돈을 벌고 나아가 이를 자산 투자하는 것은 선택이 아닌 필수가 되었다. 현금 보유는 장기적으로 자산 가치가 떨어짐에 따라 구매력 감소가 일어남을 의미하며, 실물자산 투자만이 진정한 자산 가치 보존의 해답이 될 수 있다.

이는 자본주의가 갖는 가장 큰 함정이며, 이미 우리가 겪고 있는 차가운 현실이다.

승자와 패자

쓸쓸하게 다가오는 자본주의의 차가운 민낯을 보니 어떠한가? 나는 이런 현실 속에서 어떻게 하면 생존할 수 있을지 치열하게 고민했다. 내가 해내지 않으면 저 차가운 현실은 나를 넘어서 내 자식들에게 전가될 것임이 분명했다. 그래서 나는 이 차가운 자본주의의 특성을 적극적으로 파악해 이 룰을 완벽히 숙지하고 이 사회에서 '승자'의 포지션에 서기로 마음 먹었다.

‖ 자본주의 체제에서는 그 룰을 이해한 만큼 돈을 벌 수 있다 ‖

그 방법은 시스템을 만들고, 이를 자동화하는 일이었다. 그리고 해당 시스템을 운영할 사람을 찾고, 그들의 노동력을 저렴한 가격에 구입하는 '레버리지' 전략을 취하는 일이었다. 이제는 사람의 노동력마저 인공지능에게 대체되는 시대다. 앞으로는 사람의 노동력이 더욱 가치를 잃을 것이고, 지금까지와 같이 '월급'이라는 울타리에 순응한 사람들은 차가운 자본주의 사회에서 도태될 것이다.

'자동화'라는 말은 그동안 너무 어려운 말이었다. 그럼에도 이 세상에서 승자가 되기 위해서는 그 틀을 이해해야 한다. 자동화 시스템을 만들어 타인의 생산성을 지배해 돈을 벌고, 나아가 자산을 늘리는 이 잔인한 숙명의 굴레에서 승자가 될 것인가, 아니면 패자가 되어 영원히 도태될 것인가? 이제 스스로가 결단을 내려야 한다.

4단계 :
퍼스널 브랜딩 촉진제
이벤트 전략

돈을 벌기 위해서는 무언가를 팔아야 한다. 이왕이면 비싸게 팔면 돈을 더 쉽게 벌 수 있다. 그래서 우리는 개인의 가치를 높이는 퍼스널 브랜딩을 하게 된다. 그런데 이 퍼스널 브랜딩에 대한 신드롬과도 같은 열풍이 불면서, 이제는 너도 나도 그 중요성을 깨닫고 브랜딩에 도전하는 탓에 스스로의 핵심 역량을 알리는 일이 더욱 어려워졌다.

많은 사람이 인스타그램 등을 통해 본인을 소개하는 릴스 영상을 만들어 올리고, 좋은 정보 콘텐츠를 만들어 업로드함에도 유의미한 결과를 얻지 못하는 것을 보며 참 가슴 아팠다. 조금만 더 일찍 시작했어도 투입하는 시간과 노력 대비 훨씬 좋은 결과를 얻을 수 있었을텐데 그러지 못하는 것 같아서 말이다. 과거와 달리 플레이어의 수가 늘어난 지금은 이전과는 다른 방법을 써야 한다. 영상을 몇 개 올리지 않아도 많은 팔로워를 얻던 시대만큼 조회수도 안 나오거니와, 크리에이터의 수가 늘어난 만큼 널널한 도달률도 가져 올 수 없는 것이 요즘의 현실이다. 그래서 이제는 퍼스널 브랜딩을 하는 방법이 많이 바뀌었다.

여전히 좋은 콘텐츠를 올리고 본인만의 차별점을 부각시키는 것은 브랜딩의 좋은 전략이지만, 이제는 그것만으로는 충분하지 않은 것 같다. 많은 사람이 퍼스널 브랜딩에 도전하는 만큼 경쟁이 치열해졌고, 코로나가 종식되며 줄어든 온라인 트래픽을 더 나눠가져야 하는 현실 속에 우리는 어떻게 '효율적이고 빠른 성장'을 도모할 수 있을까?

바로 '이벤트'를 활용하는 것이다. 실제로 나는 조금 늦은 타이밍에 네이버 블로그를 시작해야 했고, 인스타그램이나 유튜브는 퇴사를 한 이후에야 시작할 수 있었다. 이미 많은 사람이 퍼스널 브랜드를 이미 구축하고 돈을 쓸어담고 있는 상황 속에서 너도 나도 퍼스널 브랜딩을 하느라 정보성 콘텐츠를 찍어대니 내가 기대하는 조회수를 얻는 것은 '하늘의 별따기'였다. 그래서 조금이라도 남들과 다른 차별점을 어떻게 하면 가질 수 있을까 고민하던 중, 인간이라면 누구나 가지고 있을 '욕심'을 활용해보기로 했다. 사람은 기본적으로 '공짜'를 좋아한다. 유튜브나 인스타그램이 나날이 성장하는 만큼 수많은 정보들이 세상에 쏟아져 나왔고, 우리가 흔히 말하는 '좋은 정보'는 더 이상 희소하지 않다는 점을 활용했다.

내 전략은 다름 아닌 '전자책 무료 나눔 이벤트'를 활용하는 전략이었다. 결과부터 이야기하자면 전자책 무료 나눔 이벤트를 주기적으로 여는 나의 차별화 전략은 성공적이었다. 이전보다 훨씬 많은 팔로워를 얻을 수 있었고, 팔로워가 많아진 만큼 훨씬 큰 영향력을 행사할 수 있게 됐다. 그리고 팔로워가 늘어날수록 매출은 신기할 정도로 수직 상승했다.

∥ 전자책 무료 나눔이벤트는 효과적인 마케팅에 있어 ∥
∥ 주요한 수단으로 활용되는 미끼 전략이 되어주었다 ∥

도대체 좋은 정보를 제공하는 콘텐츠를 만드는 것과 전자책을 제공하는 것이 무슨 차이가 있냐고 생각할 수도 있겠지만, '콘텐츠는 소유할 수 없지만, 전자책은 소유할 수 있다'는 점을 남다른 차별점으로 대중들에게 어필할 수 있었다. 물론 전자책을 쓴다는 행위 자체가 많은

시간이 들어가기 때문에 효율과는 거리가 먼 방법이지만, 정체된 콘텐츠 시장 속에서 나만 유일하게 성장할 수 있는 '차별화 전략'이 되어주었다.

전자책에 들어가는 노동의 양이 적지 않은 만큼 처음 전자책 이벤트를 준비할 때는 기대보다는 걱정이 앞섰다. 왜냐하면 잠재적 경쟁자라고 할 수 있는 많은 크리에이터들이 콘텐츠 제작에 몰두하고 있었기 때문이다. 그런 상황에서 전자책을 쓰느라고 시간을 뺏기고, 왜인지 모르게 뒤처지는 것 같은 기분이 들 때마다 언제고 멈추고 싶단 기분이 들었다. 하지만 한 번 야심차게 뽑아든 칼로 무라도 썰어보자는 그런 의지로 꿋꿋하게 전자책을 썼고, 이벤트를 실시했다.

그리고 한 가지 더 특별한 비결을 이야기해보자면 앞서 잠깐 언급했던 '편집 디자인'을 익혀 전자책을 예쁘게 만들었다는 점이다. 많은 글을 써야 하는 전자책 콘텐츠는 그 특성상 많은 에너지를 동반한다. 그래서 전자책을 쓰는 일이 쉽지 않았음에도 불구하고, 생각보다 많은 사람이 전자책을 썼고, 그걸 무료로 나눠주거나 저렴한 가격에 판매하고 있는 현실이었다.

그래서 나는 전자책 이벤트를 개최하기에 앞서 다른 사람들의 전자책을 10권 이상 확보해서 분석을 시작했다. 그런데 생각보다 전자책의 퀄리티가 높지 않은 경우가 많았다. 한글이나 워드와 같은 프로그램을 활용해 글만 덕지덕지 적어놓은 A4용지 덩어리 같은 전자책이 시중에 유통되는 것을 보면서, 조금이라도 읽기 좋고 '소유하고 싶은 전자책'을 만든다면 이벤트에 참여하는 사람이 많아지지 않을까 생각했다. 그런 소유하고 싶은 예쁜 전자책을 만들기 위해서라도 '편집 디자인'을 익혀야 했다.

‖ **실제 내가 디자인한 전자책 이미지** ‖

　내 전자책은 위의 이미지와 같이 이런 높은 퀄리티로 제작되었고, 심지어 돈도 받지 않았다. 그렇다고 공짜였느냐? 아니었다. 내가 요구한 것은 블로그 상에서 공유를 뜻하는 '스크랩'과 전자책 이벤트를 신청하는 '댓글과 공감', 그리고 운영하는 카카오채널의 친구 추가였다. 해당 미션을 전부 수행한 사람만 전자책을 받을 수 있도록 했다. 결과적으로 '무료'라는 이름으로 사람들의 시선을 사로잡을 수 있었고, 돈을 받지는 않았지만 사람들의 수고로움을 받음으로써 '전혀 손해보지 않는 장사'를 할 수 있었다.

퀄리티가 높은 전자책을 나누니 당연하게도 많은 신청자가 몰렸다. 그런데 거기서 끝이 아니었다. 전자책 나눔을 위한 조건 중 하나로 '공유하기' 기능인 스크랩하기를 걸어두었기 때문에 나의 이벤트는 더욱 널리 확산되었다. 초기에 모아둔 트래픽(구독자)이 스크랩을 함에 따라 나의 이벤트가 닿지 않은 (원래는 나를 전혀 몰랐을)불특정 다수에게도 이벤트 공지가 확산될 수 있었다.

이런 전자책 무료 나눔과 같은 이벤트는 기본적으로 '무료'를 좋아하고, '소유'를 좋아하는 사람들에게 있어 특별하게 다가왔을 것이다. 게다가 전자책 이벤트에서 '빠른 성장의 가능성'을 발견한 나는, 이러한 전자책 이벤트를 그동안 블로그를 운영하며 무려 15번에 걸쳐 진행했다. 총 15권의 전자책을 쓰는 만큼 많은 시간과 고통, 노력이 들어갔다. 중간에 포기하고 싶은 순간도 있었지만, 모두가 비슷한 형태의 콘텐츠를 찍어내듯 생산하는 시대에서 '소유'가 가능한 형태의 고퀄리티 콘텐츠를 생산하니 성장 속도는 경쟁자들을 압도했다.

그리고 이후에야 내가 설계한 이 방식이 세일즈 퍼널 구축에 있어, 고객을 집객하는데 중요한 역할을 하는 '미끼 상품'이란 것을 알 수 있었다. 이후, 고객의 행동과 고객 심리에 대해 보다 깊이 분석을 마친 나는, 이를 퍼스널 브랜딩을 위한 '강력한 레버리지 수단'으로 활용하기 시작했다.

미끼 상품은 고객이 유입되는 세일즈 퍼널의 초기 단계(Top Funnel 전략)에서 중요한 역할을 한다. 콘텐츠가 홍수처럼 쏟아지는 오늘날, 미끼 상품은 이제 선택이 아닌 필수가 되었다. 사실상 미끼 없이는 잠재 고객들의 의미 있는 반응을 기대하기 어려울 정도로 세상에는 내가 만드는 콘텐츠 외에도 볼거리가 너무 많아졌다. 그렇다면 미끼 상품은 어떤 역할을 하는 것일까? 주요 기능은 다음과 같다.

1. **고객 유치:** 저렴한 가격이나 무료 제공으로 잠재 고객의 관심을 끈다.
2. **신뢰 구축:** 고품질 미끼 상품으로 브랜드 신뢰도를 높인다.
3. **가치 입증:** 고객에게 제품이나 서비스의 가치를 직접 경험하게 한다.
4. **고객 데이터 수집:** 미끼 상품 제공 과정에서 고객 정보를 얻을 수 있다.
5. **상위 제품 판매 유도:** 미끼 상품 사용 후 더 비싼 제품 구매로 유도한다.

미끼 상품은 고객을 퍼널로 유입시키고 장기적인 관계를 구축하는 데 효과적이다. 그래서 퍼스널 브랜딩의 과정에서도 '이벤트'는 더디고 지루한 브랜딩 과정에 있어, 보다 빠른 성장을 보장하는 강력한 촉진제가 되어준다. 내게 있어 이벤트 전략은 우연한 시작이었다. 게다가 이미 존재해왔던 오래된 마케팅 전략이었음에도 불구하고 그 효과는 실로 엄청났다. 단순히 좋은 콘텐츠만 발행하고 팔로워가 되어달라고 읍소하는 시대는 이제 끝이 났다. 사람들은 팔로워가 많은 게 어떤 가치를 갖는지 너무도 잘 안다. 인플루언서가 큰 돈을 벌고, 영향력이 큰 사람이 비즈니스를 어떤식으로 구축하는지 코로나를 거치며 너무도 많이 봐온 것이다. 그래서 이제는 팔로우 버튼을 누른다는 행위 자체에 대해 굉장히 보수적이다. 뿐만 아니라 사용자의 관심사를 파악해서 관심사에 맞는 콘텐츠를 보여주는 오늘날의 소셜 미디어 알고리즘 탓에 굳이 구독(팔로우)을 하지 않아도 내가 보고 싶은 '관심 있는 콘텐츠'를 얼마든지 추천 받고 볼 수 있는 세상이 되었다. 그렇기에 우리는 더욱 '기버'가 된다는 마음으로 이벤트 전략을 적극적으로 활용해야만 성장을 경험할 수 있다. 이벤트를 만들고 사람들의 관심을 끌어모으는 일은 적지 않은 시간을 필요로 하지만, 요즘처럼 팔로워를 모으기 어려운 시대에서는 그 어떤 방법보다 가장 강력하고 파급력이 크다는 사실을 잊지 말자.

아, 물론 아무리 좋은 방법도 과도한 사용으로 이어지면 우리가 궁극적으로 얻고자 했던 브랜드 가치를 떨어뜨릴 수 있으므로 주의가 필요하다는 점도 잊지 말자.

5단계 :
일하지 않고 돈을 버는
수익 자동화 전략

부업을 시작했다면 언제가 되었든, 그 결과는 '사업'으로 귀결될 수밖에 없다. 그래서 우리는 부업을 하고 있더라도 일찌감치 '사업가'의 길을 걸을 준비를 해야 한다. 부업의 필연적 코스가 결국 '사업'인 이유는 무엇일까?

부업을 시작하면서 처음부터 큰 돈을 버는 사업가를 꿈꾸는 이들은 거의 없을 것이라고 생각한다. 애초에 부업이라는 것의 전제 자체가 '안정 지향'이며, 급격히 오르는 물가와 같은 현실에서 오는 '리스크 회피' 목적이 강하기 때문이다. 하지만 부업도 키워나가다 보면 점차 그 모습이 사업과 유사해지기 시작하며, 때로는 본업의 수입을 뛰어넘기도 한다. 나는 첫째 아들이 태어나고 월급으로 벌어들이는 수입에서 부족함을 느껴 부업의 길을 선택했었다. 그래서 큰 돈을 바라기보다는 안정적으로 꾸준히 얻을 수 있는 '소박한 수입'을 꿈꿨다. 돈이라는 것은 당연히 많이 벌면 좋겠지만, 애초에 부업으로는 큰 돈을 벌수 없다고 생각했었다. 그런데 부업을 하기 위해 필요한 기술의 숙련도가 높아지고, 고객을 응대하는 요령 등이 생기며 부업이 점점 익숙해졌고, 그렇게 '안정'을 위해 시작했던 내 부업은 점차 다른 방향으로 흘러가기 시작했다. 게다가 큰 기대 없이 시작했던 소셜미디어가 점차 자리를 잡아가며, 퍼스널 브랜드가 정착함에 따라 받는 단가가 높아졌고 부업으로 벌어들이는 소득이 늘어나기 시작했다. 부업의 소득은 이윽고 본업의 소득을 추월했고, 본업에 쏟는 시간이 굉장한 낭비처럼 느껴질 정도로 부업으로 벌어들이는 액수가 커졌다.

출퇴근하는 시간까지 포함해서 하루 평균 10~11시간을 갖다 바쳐야 하는 본업으로 벌어들이는 돈은 월 300만 원 이하인데, 하루에 4~5시간을 쓰는 부업의 소득이 커지면 우리는 자연스럽게 고민에 빠져들 수밖에 없다. '본업을 유지하는 것이 과연 효율적인 일인가?'하는 생각이 고개를 드는 것이다. 이런 고민의 순간이 찾아오면 우리에게는 몇 가지 선택지가 주어진다. 사람을 고용해서 부업에서 발생되는 생산성을 더욱 높이거나, 본업을 그만두고 그동안 본업에 사용하던 시간을 투입함으로써 부업에 투입되는 시간의 양을 더 늘려 '생산성을 높이는 것'이다. 물론 본업을 정리해야 할지도 모른다는 그 현실이 부업인에게 있어서는 다소 아이러니하게 느껴질 수도 있다. 하지만 이런 순간까지 왔다면 스스로에게 엄청난 자부심을 가져도 좋다. 왜냐하면 본업을 포기해야 하는지에 대한 고민을 할 정도라면 엄청나게 잘 벌고 있다는 소리고, 열심히 살았다는 이야기이기 때문이다.

나 역시 월 1,000만 원의 부업 소득을 달성하고 처음으로 이런 고민의 순간을 마주했을 때는 정말 고심한 끝에 '사람을 뽑는 결정'을 내렸었다. 대표는 본업을 하느라(심지어 어린 학생들을 가르치러 초등학교에 가는데) 출근할 수 없는데 직원을 뽑는 모양새가 몹시 이상했다. 대표가 퇴근하고 회사로 돌아오면 직원은 퇴근을 준비하는 영 낯선 모양새였지만, 나름 그 시스템도 나쁘지 않게 굴러가서 6개월 가량 직원과의 '이상한 동거'를 이어갈 수 있었다. 직원을 뽑아보니 혼자서 부업을 할 때는 몰랐던 경험도 할 수 있었는데, 생산성이 이전과 달리 크게 높아지면서 내가 벌어들이는 수익은 더욱 커지는 경험을 했었다. 그럼에도 본업을 그만둘 생각까지는 미치지 않았다. 우선 부업이 충분히 무르익지 않은 것도 있었고, 무엇보다 본업에 대한 왠지 모를 미련과 걱정이 내 발목을 잡았다. 지금에 와서 그 당시의 상황을 돌이켜 보아도 본업을 쉽사리 그만두지 못했던 이유는 잘 모르겠다. 임용고시를 준비하며 공부하느라 썼던 막대한 시간이 아까워서였는지, 부모님이 자랑스러워했던 교사라는 직업을 버리는 일이 맞는 일인지 큰 망설임이 있었고, 결과적으로 한 걸음 진보하는 '도전'이라는 선택보다, 현재도 충분히 먹고 살만하니 그 '안전'을 택한 것 같다.

하지만 직원으로 틀어 막고 있던 문제들은 시간이 지날수록 더욱 심각해졌다. 직원도 사람인 이상, 별 배울 것도 없는 직장에 자신의 귀중한 시간을 투자하고 싶지 않았을 것이다. 뿐만 아니라 회사의 감시자도 없으니 점차 업무 태도는 나태해졌을 것이다. 그래서인지 점점 고객 응대 문제 등 트러블이 많아졌고, 내가 꿈꿨던 안정적이면서도 돈을 많이 버는 삶은 허상이라는 것을 깨달을 수 있었다.

부업이 사업으로 바뀌는 순간

부업은 사업과는 다르면서도 대체적으로 사업과 비슷한 모습을 하고 있다. 가장 결정적인 차이가 하나 있다면 '본업'이라는 게 존재함으로써 부업은 어쩔 수 없이 늘 2순위의 포지션을 가져간다는 점인데, 만약 부업이 본업의 소득을 앞지르기 시작한다면 결국 부업도 사업과 동일한 상태가 된다. 어쩌면 그때가 N잡러로서(부업인으로서)의 위치가 급격히 바뀌는 가장 중요한 순간일지도 모른다. 다만 사업은 '영속성'이 없다는 점(사업으로 얻는 소득은 시시각각 변하며, 탕후루마냥 시장 트렌드가 바뀌는 경우엔 아예 사업 아이템이 증발해버리는 경우도 있다.)때문에 부업을 본업으로 전향하는 게 굉장히 망설여지는 순간이 찾아올 것이다. 그런데 반대로 생각해보면 우리가 월급을 받는 직장도 영속성이 없다. 왜냐하면 대표가 망하면 보통 그 회사도 같이 소멸하기 때문이다.

물론 지금 당장은 이런 순간을 고민할 필요는 없다. 생각보다 많은 사람은 이 시점까지 도달하지 못한다. 그들의 능력이 떨어져서가 아니다. 부업이 본업을 앞지르기 위해서는 우리가 상상하는 그 이상의 노력과 효율이 투입되어야 한다. 그러나 만약 극한의 효율을 실현하고 본업을 어떻게 해야 할지 고민해야 하는 순간이 찾아온다면 명심해야 할 것이 있다. 바로 재정관리(재정 상태를 효율적으로 유지하고 운영하는 활동)다.

재정관리의 중요성은 아무리 강조해도 지나치지 않다. 부업과 사업의 가장 큰 차이점 중 하나는 재정규모와 복잡성이다. 예를 들어, 디자인 회사에서 디자이너로 지내면서 프리랜서 디자이너로 부업을 하다, 일이 잘 풀려서 디자인 회사를 차리는 경우를 생각해볼 수 있다. 이때 가장 중요한 것은 개인재정과 사업재정을 철저히 분리하는 것이다. 이는 세금 문제 해결과 재무 건전성 유지를 위해 필수적이다. 이를 위해 전문 회계사와 상담하여 체계적인 재무 계획을 세우고, 예상치 못한 상황에 대비한 충분한 비상금을 마련해두는 것이 현명하다.

또한 법률에 대한 이해와 미처 생각하지 못한 각종 규제에 대한 이해도 중요하다. 초보 사업가로 넘어갈 때 많이 하는 실수 중 하나는, 여러 가지 훌륭한 제도를 활용하지 못하거나, 조심해야 할 법적 책임을 간과하는 경우이다. 특히나 사업이 잘 풀려서 개인 사업자에서 법인으로 전환할 때 법적 책임의 범위가 크게 달라진다. 온라인 쇼핑몰을 운영한다고 가정해보자. 이 경우 소비자보호법, 전자상거래법 등 관련 법규를 숙지하는 것이 필수적이다. 이러한 법적 요구사항을 무시하면 막대한 벌금이나 영업정지 등의 심각한 처벌을 받을 수 있고, 까딱 잘못하면 회사가 망하는 방아쇠가 될 수도 있다.

시간 관리와 업무 위임 능력도 사업 성공의 핵심 요소다. 1인 유튜버에서 콘텐츠 제작사로 성장하는 경우, 혼자서 모든 일을 처리하던 습관에서 벗어나 효율적인 시간 관리가 필요하다. 모든 업무를 직접 처리하려다 보면 중요한 전략적 의사결정에 소홀해질 수 있다. 따라서 핵심 업무에 집중하고, 나머지는 신뢰할 수 있는 직원이나 외부 전문가에게 위임하는 것이 바람직하다.

시장 조사와 경쟁 분석의 중요성도 간과해서는 안 된다. 부업 수준에서는 미처 파악하지 못했던 시장의 복잡성을 이해해야 한다는 것이다. 당장은 일이 잘 풀렸다고 할지라도 하루 아침에 시장이 변하는 곳이 바로 이 사업가들의 세계이다. 따라서 시장 트렌드나 경쟁사 동향을 제대로 파악하지 못하면 빠르게 도태될 수 있다. 정기적인 시장 조사와 고객 피드백 수집을 통해 변화하는 시장 환경에 민첩하게 대응하는 것이 중요하다. 뿐만 아니라 네트워크 구축은 사업 확장에 있어 필수적인 요소다. 제대로 사업을 하기 위해서는 부업의 포지션으로 가볍게 일을 할 때보다 더 넓고 다양한 네트워크가 필요하다. 하지만 대부분의 사람이 이런, 시간 투자나 들어가는 비용을 아까워하는 경우가 많기 때문에, 기존에 가지고 있었던 좁은 인맥에만 의존하게 되는 경우가 많다. 하지만 사업은 아는 만큼 보이고, 외부 환경이나 시장 상황에 영향을 많이 받는 활동이기 때문에 네트워크를 통해 혹시 모를 상황들에 미리미리 대비해야 한다. 그렇지 않으면 '영속성'이 없는 사업 특성상 사업 확장은 필연이라고 할 수 있는데, 생각치도 못한 곳에서 한계를 경험하게 될 수 있다. 사업은 정말 빠르게 그 환경이 변하는 특성을 가지고 있다. 게다가 그 흐름을 쫓지 않으면 늦든 빠르든 필연적으로 도태되기 때문에 업계 세미나나 네트워킹 이벤트에 적극적으로 참여하고, 경험 많은 멘토를 찾아 조언을 구하는 것이 도움이 될 수 있다.

N잡러에서 사업가로의 전환은 분명 도전적인 과정이다. 그러나 이러한 주요 요소들을 신중히 고려하고 준비한다면, 열정과 경험을 바탕으로 성공적인 사업을 일구어낼 수 있을 것이다. 중요한 것은 항상 배우는 자세를 갖추고, 변화를 두려워하지 않는 태도다.

사업 초기에 명심해야 할 중요한 포인트

개인적으로 생각할 때 부업이 잘 풀려서 '사업'의 형태로 넘어갈 때가 사업가로서 겪었던 수많은 경험 중 가장 즐거웠던 것 같다. 사업가가 된다는 것은 자본주의 사회에서 보다 중요한 역할로 넘어간다는 것을 의미한다. 사업가의 목표는 '자본가'이며, 사업가가 됨으로써 자본가에게 종속되는 노동자의 포지션을 벗어나는 것이기 때문에, 그것만으로도 가슴 설레고 짜릿한 경험이 될 수 있다. 그만큼 창업은 흥미진진한 여정이지만 동시에 많은 도전과 위험이 따르는 과정이다. 그래서 수많은 난관을 거쳐 성공적인 사업가로 변모하기 위해서는 철저한 준비와 전략적 접근이 필수적이다. 사업은 앞서 설명한 바처럼 영속성이 없는 만큼, 어설프게 준비하고 시작하면 좋지 않은 결과로 돌아올 수 있다. 물론 본능적으로 사업을 잘 이끌어 가는 '변종'도 드물게 존재하지만, 내 경우는 별다른 조사 없이 사업을 시작한 탓에 아쉬운 실수를 저지르거나 불필요한 비용을 낭비하기도 했다.

이처럼, 가슴 뜨거워지는 순간인만큼 더 주의해야 할 시점이 사업 초기다. 그래서 사업 초기에 명심해야 할 중요한 포인트를 정리해봤다. 아래의 사업 초기 전략 몇 가지만 인지해두어도 많은 이들이 죽어나가는 이 사업 시장에서의 생존율을 높일 수 있다.

첫째, 철저한 시장 조사와 견고한 비즈니스 모델 수립이 필요하다. 한국엔젤투자협회의 2023년 보고서에 따르면, 스타트업 실패의 42%가 시장 수요 부족으로 인한 것으로 나타났다. 이는 시장 조사의 중요성을 명확히 보여주는 통계다. 잠재 고객의 니즈를 정확히 파악하고, 경쟁 환경을 분석하며, 자사의 차별화 포인트를 명확히 하는 것이 중요하다. 또한, 비즈니스 모델 캔버스Business Model Canvas와 같은 도구를 활용하여 수익 구조, 핵심 자원, 주요 활동 등을 체계적으로 정리해야 한다. 이를 통해 사업의 전체적인 구조와 가치 제안을 명확히 할 수 있으며, 투자자나 파트너와의 커뮤니케이션에도 도움받을 수 있다.

둘째, 상세한 재무 계획 수립과 다각화된 자금 조달 전략이 필요하다. 한국은행의 2023년 기업 경영 분석에 따르면, 신생 기업의 약 30%가 자금 부족으로 3년 내 폐업하는 것으로 나타났다. 이는 적절한 재무 관리와 자금 조달의 중요성을 보여주는 지표다. 초기 투자 비용, 운영 비용, 예상 수익 등을 포함한 상세한 재무 계획을 수립해야 한다.

또한, 자기 자본, 대출, 투자 유치 등 다양한 자금 조달 방법을 검토해야 한다.

셋째, 효과적인 인적 자원 관리와 기업 문화 조성이 필수적이다. 맥킨지의 2023년 글로벌 인재 동향 보고서에 따르면, 강력한 기업 문화와 효과적인 인재 관리 전략을 가진 기업이, 그렇지 않은 기업에 비해 3배 높은 재무적 성과를 보이는 것으로 나타났다. 이는 인적 자원 관리의 중요성을 명확히 보여준다. 초기 단계에서는 핵심 인재 확보가 중요하다. 어떤 사람이 회사에 들어오느냐에 따라 그 성패가 갈릴 정도로 사업 초기 단계에서는 '사람'이 하는 일의 중요도가 매우 높은 특징이 있다. 그래서 좋은 사람을 뽑고, 나아가 이들의 역량을 최대한 발휘할 수 있는 환경을 조성하는 것은 우리가 반드시 명심해 두어야 할 점이라고 볼 수 있겠다. 초기 사업은 언제든 흔들릴 수 있고 사업을 통해 벌어들이는 소득마저 들쭉날쭉한 편이기에 회사 구성원이 느끼는 안정감이 떨어질 수 있다. 그렇기에 함께 하는 멤버들로 하여금 명확한 비전과 가치를 바탕으로 한 기업 문화를 만들어가는 것이 중요하다. 이는 직원들의 동기부여와 생산성 향상으로 이어질 수 있으며, 애써 키워온 귀중한 인재가 유출되어 사업 경쟁력이 떨어지는 것을 막을 수 있다.

넷째, 창업 중소기업을 위한 세액 감면 혜택을 적극 활용해야 한다. 이는 초기 단계에서의 재무적 부담을 크게 줄일 수 있는 중요한 요소다. 중소벤처기업부의 2023년 통계에 따르면, 세액 감면 혜택을 받은 창업 기업의 3년 생존율이, 그렇지 않은 기업에 비해 15% 높은 것으로 나타났다. 이는 세금 혜택이 기업의 초기 생존과 성장에 상당한 영향을 미친다는 것을 보여준다. 현재 시행 중인 주요 세액 감면 제도로는 창업 중소기업 세액 감면, 중소기업 특별세액 감면, 연구 및 인력개발비 세액 공제 등이 있다. 특히 창업 후 5년 이내의 중소기업은 법인세 또는 소득세의 50%를 감면받을 수 있으며, 수도권 과밀억제권역 외 지역에서 청년이 창업한 경우에는 100%의 감면 혜택을 받을 수 있다.(2024년 11월 8일 기준) 또한, 연구개발 활동을 수행하는 기업의 경우 관련 비용에 대해 최대 25%의 세액 공제를 받을 수 있다. 이러한 혜택을 적극적으로 활용하기 위해서는 세무사나 회계사와의 상담을 통해 자사에 적용 가능한 감면 제도를 정확히 파악하고, 필요한 서류를 사전에 준비하는 것이 중요하다.

 이상의 4가지 포인트는 사업을 시작하는 초보 창업자들이 반드시 고려해야 할 핵심 요소들이다. 철저한 시장 조사와 비즈니스 모델 수립은 사업의 기초를 튼튼히 하는 데 도움이 되며, 상세한 재무 계획과 다각화된 자금 조달 전략은 기업의 재무적 안정성을 높인다. 효과적인 인적 자원 관리는 사업의 안정성을 높여주고 나아가 지속적인 성장 동력을 장착시켜준다. 마지막으로 강조했던 세액 감면 혜택의 활용은, 초기 기업의 재무적 부담을 크게 줄여줄 뿐만 아니라 사업이 꽤나 성장했을 때에 금전적인 이득을 크게 보장하는 만큼 반드시 살펴봐야 할 부분이라고 할 수 있다.

부업을 벗어나 사업의 단계로 넘어가는 시점이 온 순간부터 우리는 '사업가'라는 타이틀을 달게 되며 이는 끊임 없는 학습과 적응의 과정임을 명심해야 한다. 그래서 사업가가 되고 나면 필연적으로 끝없는 바쁨에 직면하게 된다. 시장 환경과 기술의 변화에 민감하게 대응하기 위해서, 지속적으로 사업체의 전략을 점검하고 개선해 나가기 위해서라도 끊임 없이 움직이는 과정을 갖는 것이다. 사업의 여정은 도전적이지만, 철저한 준비와 전략적 접근을 통해 성공적인 사업을 일구어낼 수 있다.

초보 사업가를 위한 SaaS 추천

SaaS Software-as-a-Service, SaaS는 클라우드 애플리케이션과 기본 IT 인프라 및 플랫폼을, 인터넷 브라우저를 통해 최종 사용자에게 제공하는 클라우드 컴퓨팅 형태이다. 이런 SaaS는 서비스 공급자가 클라우드Cloud를 통해 소프트웨어를 제공하고, 사용자는 클라우드를 통해 소프트웨어를 사용하는 방식이다. 대표적인 SaaS 중 하나인 사무용 프로그램인 마이크로소프트 오피스MicroSoft-Office 365를 예로 들면, 프로그램을 로컬 PC에 설치해서 사용하는 것이 아니라, 인터넷상에 존재하는 특정 클라우드 서비스에 접속해서 이용하는 것이다.

SaaS의 장점은 저렴한 초기 투자 비용과, 구매 및 설치는 물론 업그레이드 등에 소요되는 리소스를 줄임으로 인해 유지보수 비용 또한 절약된다는 점이다. 특히 오늘날과 같이 언제 어디서나 인터넷 접속이

가능한 환경이면, 가지고 있는 디바이스를 활용해 클라우드에 접속해서 소프트웨어 이용이 가능하다. 특히 이용하는 사용자로 하여금 별다른 업데이트가 없어도 늘 최신 상태와 동일한 버전version의 프로그램을 제공할 수 있다는 장점이 있다.

반면에 SaaS의 단점은 무엇보다도 소프트웨어 사용과정에서 발생하는 보안 문제가 있으며, 대부분은 구독형식으로 특정 기간에 따른 과금 방식을 사용하기 때문에 사업 초기에는 그 비용이 매우 부담스럽게 다가올 수 있다.

SaaS의 대표적인 예로는 Google Docs, Microsoft Office 365와 같은 애플리케이션 서비스 제공업체(ASP)와, 인사 관리 소프트웨어, 전자 상거래 시스템, 고객 관계 관리 툴, 통합 개발 환경(IDE)을 제공하는 엔터프라이즈 서비스가 있다.

우리가 이 SaaS에 주목해야 하는 이유가 있다. 굉장히 광범위한 서비스들을 SaaS라는 하나의 단어로 묶은 탓에 '특정 기능이 좋다'는 형식으로 설명하기는 어렵지만, 최근 인터넷의 발달과 AI의 발달로 인해 SaaS의 성능이 뛰어나기에, 효율적인 업무 시스템 구축을 추구하고, 인건비를 크게 늘리지 않으면서 높은 성과를 꿈꾸는 사람들이라면, SaaS에 주목하고 그 기능을 잘 익힐 필요가 있다.

내가 운영하는 회사의 경우에도 아래에 추천할 몇 가지 SaaS를 도입하고 그 기능들을 엮음으로써 최소 3명 이상의 인건비를 절감했고, 회사 운영 효율도 굉장히 높일 수 있었다. (엄청나게 높아진 매출은 덤이고 말이다.)

아래의 서비스들은 초보 사업가를 위한 추천 SaaS 목록이자, 내가 직접 배우고 회사에 적용한 SaaS들이다. 초기 투자가 어렵고, 인건비를 많이 늘리기 싫은 사업 초기의 사업가라면 아래의 서비스들에 주목하고 회사에 도입하는 것을 적극 추천한다.

• 1. 포트원

포트원(아임포트)은 다양한 결제 서비스 제공업체(PG사)와 결제 수단을 하나의 시스템으로 통합한 결제 솔루션이다. 본래의 용도는 온라인 쇼핑몰이나 서비스를 운영할 때, 고객이 신용카드, 계좌이체, 가상계좌 등 다양한 방식으로 결제할 수 있게 해주는 서비스인데 한 번의 연동으로 여러 PG사의 서비스를 이용할 수 있어 굉장히 편리한 편이다. 특히나 이 서비스는 현재 무료로 제공되고 있고, 워드프레스와 같은 CMS를 사용할 때 본인이 개발자가 아니어도 쉽게 결제 시스템을 구축할 수 있으며, 결제 데이터를 한 곳에서 관리할 수 있다. 현재 내가 운영 중인 회사에서도 활용하고 있는 서비스이며, 다른 하위 판매자들에게 정산을 해야 하는 기업이라면 도입해보는 것이 좋을만큼 정산 쪽에 특화된 기능을 제공한다.

• 2. 채널톡

채널톡은 웹사이트나 앱에 실시간 채팅 기능을 추가할 수 있는 고객소통 플랫폼이다. 주로 웹사이트 내에서 다이렉트로 고객의 문의를 받음으로써 실시간으로 응답하거나, 자주 묻는 질문에 대해 자동 응답을 설정할 수 있다. 또한, 채널톡의 부수적인 기능을 활용해 고객의 행동 데이터를 분석하여 마케팅에 활용할 수도 있다. 게다가 사내 메신저로 많이 활용되는 슬랙Slack과 연동이 가능해, 슬랙을 활용하고 있는 기업이라면 웹사이트에 채널톡을 도입함으로써 보다 만족스러운 고객 서비스를 구축할 수 있게 된다. 단점은 유료 플랜부터 가격이 비싸지는 점이 있으나 매년 말 정부 지원금(사업자 바우처)을 활용해 매출이 어느 정도 나오는 기업이라면 무료로 이용할 수 있다.

• **3. 슬랙** Slack

슬랙은 팀 내 커뮤니케이션을 위한 비즈니스용 메신저 플랫폼이다. 실시간 메시지 교환, 파일 공유, 음성 및 화상 통화, 외부 앱 연동 등을 통해 팀 협업을 효율적으로 할 수 있다. 슬랙은 업무에 따라 혹은 프로젝트에 따라 특정 주제별로 채널을 만들어 관련 대화를 구조화할 수 있는 장점이 있어 인원이 적은 기업이라고 하더라도 도입하는 것을 추천한다. 특히나 오늘날에는 클라이언트들과(고객과) 이메일이나 카톡을 통한 소통을 지양하는 면이 있기 때문에 고객도 슬랙으로 초대해서 빠른 소통이 가능하도록 응대 시스템을 설계할 수 있다.

• **4. 노션** Notion

노션은 문서 작성, 데이터베이스 관리, 프로젝트 관리 등을 한 곳에서 할 수 있는 올인원 워크스페이스 도구이다. 회사 내 위키백과를 만든다는 말이 딱 어울릴 정도로 회사의 지식 베이스 구축에 용이하고, 슬랙을 연동해서 팀 프로젝트 관리, 개인 업무 관리, 회의록 작성 등 다양한 용도로 활용할 수 있다. 특히 인터페이스가 굉장히 편리해서 '드래그 앤 드롭'으로 쉽게 페이지를 구성할 수 있으며, 다양한 형태의 콘텐츠를 한 페이지에 통합할 수 있어 정보 관리가 편리하다.

• **5. 그랜터** Granter

그랜터는 최근 ㈜타이탄컴퍼니에 도입하고 굉장히 만족스럽게 사용하고 있는 SaaS이다. 그랜터는 중소기업을 위한 클라우드 기반 회계 관리 서비스고, 일일 거래 내역 기록, 자동 분개, 재무제표 작성, 세금

신고 등 전반적인 회계 업무를 처리할 수 있다. 사업 초기에는 회계 지식도 많이 부족하고 회계 담당 직원을 뽑기에도 애매한 경우가 많은데, 그랜터는 복잡한 회계 지식이 없어도 직관적인 인터페이스를 통해 쉽게 회계 관리를 할 수 있다. 게다가 오늘날 각광 받는 인공지능 기술을 활용한 자동 분개 정확도 향상, 세무 관련 자동 조언 기능 등이 추가되어 더욱 편리한 재무 관리가 가능해지고 있다.

• 6. 리틀리 Litt.ly

리틀리는 URL 단축 및 분석 서비스를 제공하는 플랫폼으로 긴 URL을 짧게 줄이고, 링크 클릭 수, 클릭한 사용자의 위치, 디바이스 등의 데이터를 수집하여 분석할 수 있다. 리틀리는 이미 많은 사람이 알고 있는 서비스이나, 그 진짜 위력을 모르고 있는 경우가 많다. 리틀리는 단순히 긴 주소를 짧게 줄여주는 것 외에도 해당 링크를 통해 접속한 사람들을 카운트하고 그 경로를 분석하여 마케팅 캠페인의 효과를 쉽게 측정할 수 있다. 게다가 대부분의 기능을 무료로 활용할 수 있어서 초보 사업가에게 있어 더 없이 좋은 마케팅 측정 도구라고 할 수 있다.

• 7. 메일침프 Mailchimp

메일침프는 한국인들에게는 굉장히 생소한 서비스이다. 이메일 마케팅을 위한 종합 플랫폼인데, 이메일 마케팅과 관련된 도구들이 오늘날 세일즈 퍼널 구축을 위한 중요한 도구로 주목 받고 있음에도 불구하고 메일침프는 그렇지 않았다. 그 이유는, 메일침프 유저 대부분이 워드프레스와 연동하는 형태로 활용하기 때문인데 워드프레스 기반의 홈페이지를 운영하는 사람이라면 반드시 사용해야 하는 도구라고 할 수 있을 정도로 그 위력이 대단한 특징이 있다. 메일침프는 기본적으로 이메일 템플릿 제작, 구독자 목록 관리, 자동화된 이메일 발송, 캠페인 성과 분석 등을 할 수 있는데, 진짜 기능이라고 할 수 있는 마케팅 기능을 잘 활용하는 것이 중요하다. 특히 메일침프의 기능 중 하나인 고객 세그먼테이션을 통해 타게팅된 캠페인을 진행할 수 있으며, 최근 AI를 활용한 개인화 콘텐츠 추천, 최적 발송 시간 예측 등의 기능이 강화되어 더욱 효과적인 이메일 마케팅이 가능해질 것으로 보인다.

• **8. 플로우** Flow

플로우는 팀 프로젝트 및 작업 관리를 위한 협업 도구로 오늘날 스타트업을 비롯해 중소기업에서 적극적으로 도입되고 있는 SaaS이다. 특히 프로젝트 단위로 업무 수행이 많아지는 오늘날, 비즈니스의 특성에 맞게 설계가 되어 있어 프로젝트 계획 수립, 작업 할당, 진행 상황 추적, 파일 공유, 팀 커뮤니케이션 등을 한 곳에서 관리할 수 있다. 직관적인 칸반 보드 형식으로 업무 프로세스를 시각화할 수 있어, 프로젝트의 전체적인 진행 상황을 쉽게 파악할 수 있다.

• **9. 피그잼** FigJam

피그잼은 피그마의 부속 도구 개념으로 등장한 온라인 협업용 화이트보드 도구이다. 실시간 화상 미팅이 많아진 요즘 특히 많이 활용하고 있는 도구 중 하나로 팀 브레인스토밍, 아이디어 시각화, 프로세스 매핑, 와이어프레이밍 등 다양한 창의적 협업 활동에 활용할 수 있다.

게다가 실시간으로 여러 사람이 동시에 작업할 수 있어 줌(zoom)과 같은 원격 화상 미팅 프로그램과 함께 활용하면 원격으로도 효과적인 아이디어 교환이 가능하다. 상당히 강력한 기능을 제공함에도 무료로 활용이 가능하고, 학생인증을 통해 유료 기능도 무료로 쓸 수 있어 사업 초기는 물론 멤버들과의 의견 교환을 위해 유용하게 쓸 수 있는 도구라고 할 수 있다.

• 10. 구글 캘린더 Google Calendar

생각보다 많은 사람이 그 위력을 잘 모르는 구글 캘린더는 개인 및 팀의 일정을 관리할 수 있는 온라인 캘린더 서비스이다. 대부분의 캘린더가 그러하듯 개인 일정 관리, 팀 미팅 일정 조율, 업무 시간 예약, 반복 일정 설정 등을 할 수 있는데 다른 구글 서비스(Gmail, Google Meet 등)와의 원활한 연동으로 효율적인 일정 관리가 가능하며, 여러 기기에서 동기화되어 언제 어디서나 일정을 확인할 수 있다. 뿐만 아니라 직원들의 일정까지 함께 공유가 가능해서 회사에 도입하면 꽤나 안정적인 일정 관리가 가능하다. ㈜타이탄컴퍼니 역시 구글 캘린더 컨설팅까지 받을 정도로 적극적으로 도입하고 있는 기능 중 하나로, 초보 사업자라면 구글 캘린더 하나만 제대로 써도 웬만한 스케줄 사고는 없다고 할 수 있을만큼 간단하면서도 탄탄한 기능을 보여준다.

앞서 설명한 SaaS 서비스들은 각각 결제, 고객 서비스, 팀 협업, 문서 관리, 회계, 링크 관리, 이메일 마케팅, 프로젝트 관리, 아이디어 시각화, 일정 관리 등 다양한 영역을 커버하고 있다. 그래서 부업을 주로 하는 N잡러는 물론이고 초기 자본이 부족한 초보 사업가들이 비즈니스를 체계적으로 운영하는데도 큰 도움이 될 것이다.

오늘날 대부분의 SaaS들이 무료 버전을 제공하는만큼 처음부터 무작정 결제하는 것보다 무료 기능부터 시작해보고, 비즈니스 성장에 따라 필요한 기능을 추가해 나가는 것이 좋겠다. 위의 툴을 잘 익히고 나아가 그 툴을 활용하는 방법들을 정리하며 회사에 적용해간다면 업무는 구색을 갖추게 될 것이고, 더욱 시스템이 잡힌 회사가 될 수 있을 것이다. 게다가 SaaS의 기능이 발전하는 속도는 AI가 도입되며 더욱 가팔라지고 있기 때문에, 좋은 SaaS를 도입하고, 그걸 잘 적용시켜 효율적인 시스템을 구축하는 일은 중소기업이나 1인 기업들의 '유일한 성장 전략'이라고 할 수 있을 정도다.

누구나 일을 많이 하지 않고 돈을 버는 수익 자동화 전략을 꿈꾼다. 나 역시 그런 사람 중 하나였고, 수많은 실패 속에서 그건 허상이라고 여긴 적도 있었다. 하지만 2023년부터 등장하기 시작한 인공지능 도구와 나날이 발전하고 있는 SaaS 덕분에 이것들을 활용하여 효율성을 극대화 해나간다면 '노동력'이나 '초기 자본'이 현저히 부족한 1인 기업가도 많은 시간을 절약하며, 효율적으로 기업을 운영할 수 있을 것으로 보인다.

게다가 오늘날의 도구들은 배타적이었던 기존의 방식에서 벗어나 통합 기능(다른 서비스와의 연동 기능)을 제공하고 있기 때문에, 이런 기능들을 최대한 활용하여 데이터의 자동 동기화와 워크플로우 자동화를 구현할 수 있게 되었다. 따라서 수익 자동화가 더는 꿈이 아니게 된 것이다.

‖ 공부하는 만큼 성장할 수 있는 시대가 도래했다 ‖

SaaS를 이토록 설명하고 인공지능 등을 강조한 이유는, 앞으로 부를 축적할 수 있는 거의 '유일한' 방법이 될 가능성이 높기 때문이다. 우리는 '돈', '재화', '노동' 등 여러 형태로 존재하는 자본 중에서 '노동을 얼마나 잘 활용하느냐'가 중요한 시대를 살아가고 있다. 특히 노동은 한정된 시간 속에서 얼마나 생산성을 만들어내느냐로 그 가치가 결정되는데, 남들보다 노력함으로써 그리고 더 성실하게 살아감으로써 높은 생산성을 얻는 시대는 이제 막을 내렸다. 그렇기에 조금 어렵게 느껴지고 매번 새롭게 출시되는 다양한 서비스로 인해 정신 없는 세상임에도 불구하고 '새로운 문물'을 익히고 우리의 삶에 온전히 적용시켜야 하는 것이다.

아직 인공지능은 하루가 다르게 성장하고 있고, SaaS 역시 그런 행보에 발맞춰 성장하고 있다. 이 엄청난 기술들이 완전히 성장하지 않았다는 점에서 아직 우리에게도 '기회'는 남아있다. 앞으로의 세상은 얼마나 효율적으로 삶을 살아내고, 그 속에서 남들보다 얼마나 더 많은 생산성을 창출하는가에 따라 그 계급이 달라질 것이다. 그리고 그 기회를 잡을 수 있는 '좋은 시기'는 이제 얼마 남지 않았다. 한시바삐 인생을 '최적화'라는 단어로 무장하지 않는다면, 이미 새로운 기술로 무장을 시작한 사람들과 돌이킬 수 없을 정도로 그 간극이 벌어져 다시는 쫓지 못할 수도 있다.

더 이상, '나중에'라는 핑계가 먹히는 않는 잔인한 세상이다. 하지만 초반에 얼마나 노력을 더하느냐에 따라 '자동화'도 충분히 가능한 세상이 온 만큼, '효율을 추구하는 노력의 방향'만 더해지면 일하지 않고도 충분히 돈을 벌 수 있는 '이상적인' 세상이 코 앞으로 다가왔다.

6단계 :
인생을 최적화하는
마지막 테크트리, 초효율

월 1,000만 원만 벌면 인생이 정말 행복할 것이라고 믿었던 시절이 있었다. 그래서 이를 악물고 아득바득 부업을 전전한 결과, 내 통장에는 처음으로 월 1,000만 원이라는 금액이 찍혔다. 이전에는 벌어보지 못했던 돈을 벌었다는 기쁨도 잠시, 다음 달에도 그 다음 달에도 또 힘든 여정을 이겨내야 한다는 중압감이 나를 짓눌렀다. 남들보다 많이 벌고, 돈을 더 쓸 수 있는 그 여유는 좋았지만 그 대가가 굉장히 컸다. 일단은 나를 위한 시간이 없었다. 나는 게임을 좋아하는데 그 좋아하는 게임을 할 시간도, 유행하는 드라마 한 편 볼 여유도 없었다. 그때 이런 생각을 했다.

'무언가 잘못 흘러가고 있구나. 이러다 일만 하다 죽겠다.'

그렇다. 인생은 노력이란 단어, 성실이라는 단어만 가지고는 절대 '성공'과 연결지을 수 없다. 월 1,000만 원을 번다고 해서 성공한 것이 아니듯, 우리에게 주어진 '삶'이란 형태의 그 짧은 시간을 제대로 즐기기 위해서는 큰 돈을 버는 것도 중요하지만, 그걸 버는 과정이 더욱 중요해진다. 아무리 많은 돈을 벌어도 그걸 쓸 수 있는 시간이 없다면 그건 굉장히 잘못된 '수익화 방식'이다. 그래서 나는 월 1,000만 원을 넘게 벌고 있었던 로고디자인 외주 부업과 상세페이지 디자인 외주 부업을 내려놓고 다시 한 번 '평범한 월급쟁이'의 신세로 돌아갔다. 그리고 곰곰이 생각하고 새로운 전략을 만들기 위해 부단히 노력했다.

그렇게 만들어진 말이 지금 '타이탄철물점'의 슬로건이라고 할 수 있는 '의미 없는 노력 금지'이다. 지금의 내가 아무리 남들보다 돈을 많이 벌 수 있다고 한들, 24시간이라는 인간이 극복할 수 없는 '시간의 제약'이 있다. 나는 돈도 많이 벌고, 시간도 최대한 아껴서 내가 힘들게 번 돈을 누리며 살고 싶었다. 그래서 나는 어떻게든 '돈을 벌고' 나아가 '시간도 벌어' 인생을 최적화하고 싶었다. 한 때는 이런 '최적화'라는 말을 하는 사람들을 모두 사기꾼으로 생각한 적도 있었지만, 그 순서를 명확히 설명해주지 못했을 뿐 그런 최적화의 세상은 분명 존재한다. 나는 일 중독자 수준으로 일하는 것 자체를 좋아하지만, 내가 없어도 회사는 잘 돌아간다. 직원들과 시스템으로 구성된 회사는 내가 없어도 열심히 움직이고 수익을 창출할 것이며, 그렇게 발생한 수익의 대부분은 회사의 오너인 내가 가져가게 된다. 나도 모르는 사이 '효율적인 삶'이 만들어진 것이다. 이러한 생각의 전환이 가능했던 이유는 내가 했던 '외주'라는 부업 때문이었다. 외주는 분명 월급 외적인 소득을 안겨주는 고마운 부업 수단이었지만, 어깨를 갈아가고 뇌를 쥐어짜며 만든 그 결과물은 늘 '1회성'에 그치는 수익만 안겨줬다. 반대로 내게 일을 맡긴 사업가들이 그로 인해 나보다 더 큰 돈을 버는 모습을 보며, 어쩌면 내가 하고 있는 이 소득활동이 '의미 없는 노력'일 수도 있겠다는 생각이 들었다.

그래서 앞으로는 노력은 하되, 훗날 뒤돌아봤을 때 아쉬움이 남는 '의미 없는 노력'은 하지 않기로 다짐하며, 내 블로그의 슬로건을 '의미 없는 노력 금지'로 삼았다. 다소 이기적으로 비칠 수도 있는 이 슬로건을 갖게 된 이후, 나의 인생은 정말 180도로 바뀌기 시작했다. 시간을 쏟는 일이라면 항상 '그 가치'를 따지기 시작했고, 들어가는 인풋 대비 큰 아웃풋을 얻을 수 있는 일을 고르기 시작한 것이다. 이런 효율적인 삶에 대한 고민은 점차 내 인생 전반의 모습을 바꾸기 시작했다.

사람에게는 누구나 본인이 선호하고, 좋아하는 일이 있듯 반대로 싫어하는 일도 있다. 내 경우엔 극단적으로 단순한 업무를 싫어하는 편이었는데, 이런 일을 하지 않기 위해서 사람을 고용했다. 싫어하는 일을 안해도 되니, 내가 좋아하는 일에만 집중할 수 있었고 더 높은 생산성을 만들어 낼 수 있었다. 생산성이 높아지니, 버는 돈도 자연스레 많아졌다. 이후, 중요한 일과 그렇지 않은 일을 나눠 그렇지 않은 일은 외주를 맡기거나 사람을 고용해서 처리했다. 철저하게 내가 좋아하고, 고부가가치의 일만을 골라서 처리했고 이는 더욱 효율적인 모습으로 변모했다. 그렇게 회사가 성장하니 사람이 늘어났고, 늘어난 직원의 수만큼 내가 관리할 수 있는 역량이 얼마 되지 않음을 깨달을 수 있었다. 그래서 돈을 주고 경영컨설팅을 신청하거나, 특정 분야에서 엄청난 성과를 내고 있는 연사들을 초청해 강의를 요청하고, 그들의 시스템을 복제해 나의 회사에 적용시켰다. 나라고 처음부터 노션과 슬랙을 연동하고, 채널톡을 사이트에 부착해 고객 상담 시스템을 체계화했던 것이 아니었다. 비효율적인 것을 찾아 가장 빠르고 확실한 방법을 통해 그걸 고쳐왔던 것이다. 이후, 직원들이 처리하고 있는 일들 중 반복적이고 쓸데없이 시간만 많이 들어가는 일들을 조금씩 고쳤다. 내가 싫어하는 일은 직원들도 싫어하는 일이었고, 그런 일들을 없애나갈수록 회사의 퇴사율은 떨어지고 성장의 폭은 더욱 가팔라졌다.

그렇게 비효율을 개선하며 살아온 지 어느덧 3년의 시간이 흘렀다. 2021년도 11월, 야심차게 시작했던 '타이탄철물점'은 월 1,000만 원을 번다고 자랑하던 그 시절을 뛰어넘어 이제는 월 25억 원을 버는 남자가 되었다. 게다가 회사는 무럭무럭 성장해서, 꼭 대표가 일일이 힘을 쓰지 않아도 돈을 벌 수 있게 되었으니 이것이야말로 초효율의 삶이 아니고 무엇이겠는가.

하지만 내게도 여전히 걱정들이 남아있다. 내게는 두 명의 아들이 있는데 첫째는 5살, 둘째는 3살인 만큼 아이들이 다 자랄 때까지 '생존'해야 하는 과제가 남은 것이다. 둘째가 20살이 되는 때가 오면 내

나이도 53살이 된다. 아직은 막연하고 멀게 느껴지는 나이지만, 그때까지 나는 이 '영속성'이라고는 찾아볼 수 없는 비즈니스 판에서, 늘 새롭게 변하는 시대의 과업에 적응하며 아득바득 '생존'해야만 하는 것이다.

이런 고민들이 커지자, 이윽고 나는 일하지 않고 돈을 벌 수 있는 방법을 탐색하기 시작했고, 얼마 전 그 답을 찾을 수 있었다. 효율화의 과정을 통해 그동안 벌었던 돈을 '자본주의'가 준 최고의 선물이라고 할 수 있는 '자산'에 투자하는 것이다. 투자는 늘 실패를 동반하지만 성공의 열매는 그 실패를 커버하고 남을 정도로 값지다.

하기 싫은 일을 안 하려고 애쓰다 보니 직원이 생겼다. 직원들이 하기 싫어하는 일을 조금이라도 더 편하게 만들어주려고 노력하니 시스템이 만들어졌다. 그렇게 튼튼한 회사가 만들어졌음에도 요즘에야 세상이 워낙 획획 바뀌는만큼, 언젠가는 그 영광도 끝일거라고 생각하니 미래가 불안했다. 그 미래를 좀 더 안정적인 형태로 바꾸려다보니 투자를 시작하게 되었고, 꽤나 좋은 성적을 올릴 수 있었다.

결국 인생은, 더럽고, 불편하고, 짜증나고, 하기 싫고, 불안한 '인생의 찌꺼기'들을 개선해나가는 과정이었다. 그 과정은 절대로 쉽지 않지만 그 과정을 직접 행함으로써 우리의 인생은 더욱 '효율적인' 모습으로 변모한다.

평범한 초등교사였던 나도 이런 불편한 감정들에 맞섰기에 인생을 바꿀 수 있었다. 이 책을 읽는 여러분들도 '맞서는 삶'을 살았으면 좋겠다. 그 속에 '초효율'에 대한 힌트가 있으며, 스스로에게 안성맞춤인 인생 공략 방법이 존재한다. 이 책을 읽은 여러분이 초효율에 도달하길 간절히 빈다. 그리고, 그 험난한 과정에서 일어날 수많은 만남과 인연, 교훈을 통해 모두가 정상에 서는 그 날까지 여러분들의 앞날을 응원하겠다.

가난하게 태어난 것은
당신의 잘못이 아니다

자, 드디어 이 책이 끝났다!

처음에는 짧게 내 경험담을 담으려고 시작했던 이 책, '초효율'은 집필 과정을 거치며 엄청나게 길어졌다. 책을 낸 작가가 되고 싶다는 처음의 소박한 목표는 '많은 사람의 인생에 희망을 주고 싶다'는 거대한 목표로 발전했고, 내가 성장한 과정과 그 과정에서 챙기면 좋을 여러 가지 꿀팁들을 녹여 넣다보니 책의 두께는 '이런 상태'가 되었다.

당신이 이 책에서 배운 모든 내용은, 만약 나에게 컨설팅 의뢰를 한다면 내가 당신의 사무실에 앉아서 말해줄 내용과 크게 다르지 않다. 그만큼 내 성장에 대한 비밀을 풀어헤쳤으며, 이제 당신도 '초효율의 성장 궤도'에 올라탈 비법을 알게 된 것이다.

이 책에서 소개한 전체 과정을 간략하게 요약하자면 아래와 같다.

- **1단계**. 노력으로 성공하는 것은 불가능하다는 것을 빠르게 인식한다.
- **2단계**. 우리에게 주어진 최고의 자본인 '노동'의 가치를 끌어 올린다.
- **3단계**. 여러분이 만든 스스로의 가치를 비싸게 구입해줄 사람들이 모여있는 곳을 공략한다.
- **4단계**. 당신의 정체를 '아이덴티티'로 무장해서 남들이 당신을 인식하도록 만든다.
- **5단계**. 수익을 극대화하고, 중요도가 낮은 일은 타인에게 적극적으로 위임한다.
- **6단계**. 오늘날 빠르게 발달하고 있는 SaaS와 AI를 적극적으로 공부하고, 당신의 시스템에 도입하여 시간을 더욱 아낀다.
- **7단계**. 파트너십을 통해 당신이 가진 한계를 극복한다.
- **8단계**. 이 과정을 통해 만들어진 새로운 자본 '돈'을 활용해 '자산'에 투자한다.
- **9단계**. 당신이 만든 이 모든 유산을 당신의 후대에 선물한다.

내게 있어 인생은 '지옥'이었다. 하지만 보다 효율적인 것들을 쫓아 '남들보다 빠른 성취'를 만들다 보니 이제는 한 달에 25억 원을 버는 상태까지 올라왔다. 한 때는 내게 이 지독한 가난을 물려준 부모를 원망해보기도 했고, 서민에게 가혹한 사회 시스템을 욕하기도 했다. 하지만 달라지는 것은 없었다. 왜냐하면 내가 겪고 있는 이 모든 지독한 일들이 '내 잘못'으로 인해 만들어진 것은 아니었기 때문이다. 사업가가 되고 걸었던 여정 또한 순탄하지 않았지만, 그 과정에서 인생의 재미를 배울 수 있었고, 그 모든 비밀을 하나의 공식으로 만들기까지는 더 많은 시간이 필요했다. 세상에는 여전히 많은 비밀이 숨어있다. 그걸 찾아가는 재미를 느끼며 더 나은 삶을 살아가는 것, 그리고 그걸 많은 사람과 나누는 것이 현재 나의 목표이다.

세상의 비밀을 하나씩 깨우쳐가며 사업에 처음 적용하고 느꼈던 그 설렘과 흥분을, 이 책을 읽은 여러분들도 꼭 느꼈으면 좋겠다. 그리고 이 책이 누군가에게는 '훌륭한 성공 비법서'가 되어 인스타그램이나 블로그에 떠돌아다닐 그 날을 기대하며 글을 마무리하겠다.

잊지 말자.
가난하게 태어난 것은 당신의 잘못이 아니다.
지금부터라도 '더 멋지게' 살아내면 그뿐이다. 인생의 숨은 비밀을 찾으며, 언젠가는 모두가 각자의 정상에서 만나길 기대한다. 아듀!

초효율

ⓒ오윤록

초판 5쇄 인쇄 2024년 11월 29일

지은이 오윤록(타이탄철물점)
편집인 김진호
디자인 김지혜
마케팅 타이탄북스
펴낸곳 타이탄북스
이메일 titanclassbook@gmail.com

ISBN 979-11-990158-0-7(03320)